Informatik-Fachberichte

Herausgegeben von W. Brauer
im Auftrag der Gesellschaft für Informatik (GI)

96

Organisation und Betrieb der Informationsverarbeitung

6. GI-Fachgespräch über Rechenzentren
Kassel, 21./22. März 1985

Herausgegeben von W. Dirlewanger

Springer-Verlag
Berlin Heidelberg New York Tokyo

Herausgeber

Werner Dirlewanger

Gesamthochschule (Universität) Kassel, Hochschulrechenzentrum

Mönchebergstr. 11, 3500 Kassel

CR Subject Classifications (1982) : K.6

ISBN 3-540-15207-5 Springer-Verlag Berlin Heidelberg New York Tokyo
ISBN 0-387-15207-5 Springer-Verlag New York Heidelberg Berlin Tokyo

© by Springer-Verlag Berlin Heidelberg 1985
Printed in Germany

Druck- und Bindearbeiten: Weihert-Druck GmbH, Darmstadt
2145/3140 – 5 4 3 2 1 0

VORWORT

Der vorliegende Tagungsband enthält die Vorträge des Fachgesprächs über Rechenzentren 1985, veranstaltet am 21. und 22. März vom Fachausschuß 3.4 "Betrieb von Rechenzentren" der Gesellschaft für Informatik und durchgeführt vom Hochschulrechenzentrum der Gesamthochschule (Universität) Kassel. Es ist die 6. Tagung in einer nun schon traditionsreichen Reihe (1975 in Karlsruhe, 1977 in Göttingen, 1979 in Bonn, 1981 in Erlangen und 1983 in Tübingen). Das Ziel dieser Reihe ist es, in regelmäßigen Abständen Fach- und Führungskräfte der Datenverarbeitung aus Wirtschaft, Verwaltung und Wissenschaft zusammen-zuführen, um die aktuellen Probleme des Rechenzentrumsbetriebs zu diskutie-ren, Denkanstöße zu Lösungen zu geben und Wandlungen in Zielsetzung und Aufgabenspektrum des Rechenzentrums zu verfolgen.

Während das letzte Fachgespräch (1983) noch weitgehend von der Frage geprägt war, wohin sich das im Umbruch befindliche Rechenzentrum, bzw. sein Aufgabenspektrum entwickeln wird, ist das Fachgespräch 1985 dadurch gekenn-zeichnet, daß die Antwort schon gut erkennbare Konturen angenommen hat. Daraus haben sich folgende Schwerpunkte des Fachgesprächs ergeben:

1.   Als Folge der inzwischen starken Durchdringung der Auftraggeber des Rechenzentrums (also der die Datenverarbeitung anwendenden Fachabteilungen des Unternehmens) mit leistungsfähigen Kleinrechensystemen ist eine qualitative (und quantitative) Wandlung des Aufgabenprofils eingetreten: Während die Inanspruchnahme für klassische Aufgaben absinkt, wird zunehmend ein neuer Typ einer Organisationseinheit benötigt. Diese hat unterstützende und koordi-nierende Arbeiten für den mündig gewordenen (d.h. gute DV-Kenntnisse besit-zenden und der Problemanalyse, sowie der Programmierung weitgehend fähig gewordenen) Anwender zu leisten. Der neue Anwender ist dadurch gekennzeich-net, daß er durch seinen "PC" ausreichende Speicher- und Verarbeitungskapazi-täten "vor Ort" besitzt und sich imstande sieht, wesentlich schneller und flexibler in gewissen Bereichen Problemlösungen vorzulegen, als es die klas-sische DV-Organisationsform vermag. Letzerer gelang es nicht, die Durchlauf-

zeiten vom Auftauchen eines Problemes bis zur Vorlage eines fertigen Ergebnisses so zu beschleunigen, wie dies heute vom Anwender gefordert wird. Nicht nur der so viel zitierte Auftragsrückstau ist das Problem (denn dieser könnte evtl. durch kräftige Erhöhung der Kapazitäten in der DV-Abteilung abgebaut werden); vielmehr ändert sich die Fragestellung vieler Aufgaben heute so schnell, daß der klassische schwerfällige Weg über Aufgabenanalyse, Software-Entwicklung und DV-Produktionslauf die Lösung erst dann präsentieren kann, wenn die Frage in der ursprünglichen Form gar nicht mehr besteht. Wesentlich zu dieser zeitlichen Instabilität der Fragestellungen hat der Einsatz der Kleinrechner selbst beigetragen. Sie tauchen breit verteilt in allen Fachabteilungen auf und erlauben es im Zusammenhang mit problemnahen, benutzerfreundlichen Sprachen dem Anwender in vielen Fällen, sich die Lösung schnell selbst zu verschaffen. Damit liegt beim Anwender oft die ganz wesentliche Mitwirkung, ja oft die fast alleinige Gestaltung der Problemlösung. Die klassische DV-Organisation verliert damit eine ihrer Grundaufgaben. Andererseits entsteht ein neuer Bedarf. Er betrifft die zentrale Beratung und die Koordination der vom Anwender eingesetzten Werkzeuge. Die Kleinrechnerhardware ist hierbei nur die Basis, während die Lösungsverfahren einschließlich ihrer softwaremäßigen Realisierungen oder gar Generatoren für Lösungen die eigentlichen Werkzeuge sind. Neben der beratenden Anwenderunterstützung ist eine unternehmensweite Koordination unerläßlich. Die "individuelle Datenverarbeitung" darf (und könnte) nicht verhindert werden; sie aber einem freien Wildwuchs zu überlassen könnte katastrophale Folgen für das Unternehmen haben. Die individuelle Datenverarbeitung verlangt also nach einer gesteuerten und kontrollierten Einführung und ebensolchen Einsatz. Organisationseinheiten, die solche neuen Aufgaben wahrnehmen, sind in allen Bereichen (Wirtschaft, Behörden, Wissenschaft, ...) zunehmend zu finden. Ihre Aufgaben und ihr Methodenspektrum läßt sie als mehr oder weniger weit entwickelte Varianten dessen erkennen, was seit kurzem als "Information Centre" mit einem Namen belegt und damit auch begrifflich institutionalisiert wurde.

2.   Die eben beschriebene Umorientierung bedeutet zwar eine quantitative Verringerung der Aufgaben des klassischen Rechenzentrums, jedoch gibt es weiterhin eine Reihe von Aufgabengebieten, bei denen dieser Weg die adäquate Lösung ist. Diese Organisationsform hört also nicht auf zu bestehen. Während aber früher dort Kosten- und Rentabilitätsfragen weniger eine Rolle spielten, oder gar wegen eines (nur aus der damaligen Zeit heraus verstehbaren) DV-Prestigedenkens wissentlich in den Hintergrund gedrängt wurden, unterliegt der DV-Einsatz heute bezüglich der von ihm verursachten Kosten, einer vernünftigerweise nüchtern gewordenen Betrachtung. Der DV-Einsatz als solcher ist

eine Selbstverständlichkeit geworden, und er muß sich - auch das ist ein Wandel seit dem GI-Fachgespräch vor zwei Jahren - zunehmend die Frage nach seiner Effizienz gefallen lassen. Im Zuge dieser Entwicklung trat schon vor längerer Zeit die im Rechenzentrum anfänglich nur schwach ausgeprägte Kostenkontrolle auf den Plan. Heute wird die Frage nach der Effizienz bezüglich des Anlagen- und Personalaufwandes sehr streng verfolgt und es werden insbesondere starke Rationalisierungs- und Automatisierungsanstrengungen unternommen. Ein Brennpunkt des Interesses sind deshalb Werkzeuge (natürlich fast immer solche, die DV-gestützt sind) zur effizienten Bewältigung der DV-Produktion. Aus der Tatsache, daß die DV-Technologie neben den immensen Fortschritten im Kleinrechnerbereich auch weiterhin am oberen Ende der Größenskala der Systeme attraktive Fortschritte macht, ergibt sich, daß auf absehbare Zeit in ausreichendem Umfang so große DV-Installationen bestehen werden, daß zu deren Betrieb und Einsatz eine entsprechende Organisation - eben das Rechenzentrum bzw. die DV-Abteilung - nötig ist. Brennende und sicher nicht nur kurzfristig aktuelle Probleme sind deshalb die Automatisierungshilfen, die Sicherheitsfragen und natürlich die Betriebserfahrungen aus Rechenzentren mit Anlagen der heutigen Größtrechner-Generation. Eine entsprechend große Anzahl der Beiträge geht auf diese Themen ein.

3. Als dritter Schwerpunkt zeichnete sich das Thema "Kommunikation" ab, womit der Aspekt der betrieblichen und steuerungsmäßigen Bewältigung des Datenverkehrs zwischen Rechnern angesprochen wird. Unzweifelhaft nehmen die Kommunikationsbedürfnisse zu, und der Einsatz großer, sowie kleiner heterogener offener Netze hat die Anfangsphase bereits hinter sich. Erste Konzepte zum Netzmanagement sind bereits entwickelt; die Entwicklung ist jedoch noch stark im Fluß. Hier geben die Beiträge der Autoren einen wertvollen Einblick in den momentanen Stand.

Die Tagung geht auf die drei genannten Schwerpunkte durch 20 Beiträge ein, die in 6 Teilthemen eingruppiert wurden:

> DV-Leistung am Arbeitsplatz
> Das Benutzerservice-Zentrum
> Datennetze
> Rechenzentrumsbetrieb
> Sicherheitsgesichtspunkte
> Vektorrechner

Allein die ersten beiden Teilthemen füllen schon fast den ersten Tag des Fachgesprächs, womit sich auch das Gewicht ausdrückt, das die Frage nach einer Umstrukturierung im Rechenzentrumsbereich zur Zeit hat. Interessant ist, zu beobachten, daß für den - weiterhin bestehenden - klassischen Rechenzentrumsbetrieb, der ein weitgehend abgeschlossenes System ist, der Sicherheitsaspekt am weitesten durchdacht ist. Dort stehen Lösungen nicht erst am Anfang, sondern es ist schon eine Phase erreicht, die sich durch Feinarbeit an anerkannten Grundkonzepten auszeichnet. Ganz im Gegensatz dazu sind Sicherheits- und auch Datenschutzfragen bei anderen DV-Organisationsformen (insbesondere bei der individuellen Datenverarbeitung und beim Information Centre) noch völlig offen und harren der Lösung. Es treten dort Grundsatzfragen technischer und rechtlicher Art auf, die voraussichtlich wesentlichen Einfluß sowohl auf die weitere technische und strukturelle Entwicklung nehmen werden, wie vielleicht auch eine grundsätzliche Änderung des Rechtsdenkens im Datenschutzbereich bewirken könnten.

Abschließend sei allen gedankt, die am Zustandekommen dieses 6. GI-Fachgesprächs und des vorliegenden Tagungsbandes mitgewirkt haben: Der Gesamthochschule (Universität) Kassel für ihre Unterstützung, insbesondere für die Bereitstellung der Tagungsräume; den Mitarbeitern des Hochschulrechenzentrums für ihre Einsatzbereitschaft bei der Vorbereitung und Durchführung der Tagung; den Mitgliedern des Programmausschusses; und schließlich dem Springer-Verlag für die gute Zusammenarbeit und die prompte und sorgfältige Herausgabe dieses Tagungsbandes.

Besonderer Dank gilt den Verfassern der Beiträge, die sich der Mühe unterzogen haben, ihr Wissen und ihre Erfahrungen so aufzubereiten, daß sie anderen als Anregung dienen. Sie haben es trotz knapper Terminierung ermöglicht, den Wunsch der GI nach rechtzeitiger Vorlage des Bandes zur Tagung zu verwirklichen. Der etwas späte Termin zur Erstellung der Vortragsabdrucke war für die Autoren sicher beschwerlich, denn die Beiträge mußten weitgehend innerhalb weniger Wochen erstellt werden. Die Tatsache aber, daß damit die Inhalte erst relativ kurz vor der Tagung niedergelegt wurden, ergibt einen Aktualitätswert, der gar nicht hoch genug geschätzt werden kann. Es ist sicher, daß die Leser dies den Autoren besonders danken werden.

Kassel, im Januar 1985

W. Dirlewanger

Programmausschuß

W. Dirlewanger
Hochschulrechenzentrum der
Gesamthochschule (Universität) Kassel

M. Graef
Zentrum für Datenverarbeitung
der Universität Tübingen

H. Grohmann
International Education Centre
Advanced Marketing Institute
IBM of Belgium

F. Peischl
Leibniz-Rechenzentrum der
Bayr. Akademie der Wissenschaften, München

O. Schem
Kraftwerkunion, Erlangen

I. Vögeli
Schweizerische Bankgesellschaft, Zürich

K. Wendler
DATEV e. G., Nürnberg

INHALTSVERZEICHNIS

DV-LEISTUNG AM ARBEITSPLATZ

Integration von verteilten PC-Workstations in die
Organisation und den Betrieb der Informationsverarbeitung
Nastanski, L. / Hildebrandt, B. 1

Die dezentrale Datenverarbeitung
- Chance oder Überforderung der Verwaltung -
Kiel, D. 16

Dezentrale Rechnerversorgung eines Informatikinstituts
- Ein Erfahrungsbericht -
Roth, C. / Schütt, T.E. / Vogel, P. 30

Ein Vorentscheidungsmodell zur Bestimmung des
Zentralisations- bzw. Dezentralisationsgrades für
Informationssysteme
Roithmayr, F. 45

Entscheidungskriterien für den Einsatz und die
Auswahl von dezentralen Arbeitsplatzsystemen in
Hochschulumgebung
Bittmann, P. / Hegering, H.-G. / Lohrmann, J. 58

Haben Hochschulrechenzentren eine Zukunft?
Haarmann, T. 75

DAS BENUTZERSERVICE-ZENTRUM

Aufgaben und Organisation eines Benutzerservice-Zentrums
- Erfahrungsbericht eines Information Centre -
Müller, B. 83

Probleme des Datenschutzes und der Datensicherheit
im Information Center-Konzept
Böhm, K. 103

DATENNETZE

Aufbau eines deutschen Forschungsnetzes
- Stand der Realisierungen und Konzepte zum Betrieb -
Truöl, K. 114

Integrierte Dienste zum Netzmanagement
- Definition - Konzepte - Lösungen -
Hahn, F. 126

Netzwerkmanagement
- Eine Herausforderung -
Pée, A. 142

RECHENZENTRUMSBETRIEB

Automatisierung des Rechenzentrumsbetriebes
Wagner, F. 158

Changemanagement der OfDV
- Systemverwaltung -
Breiholdt, K. / Krüger, J. 167

Ablaufsicherung und Abstimmkontrolle von Batch-Läufen
Lohse, H.-H. 182

Rechnerunterstützte Planung und Steuerung des
Produktionsablaufes in der Stapelverarbeitung mit
dem Programmsystem OPC
Hohmann, H.D. 196

AVAS: Ein Auftragsverwaltungs- und -abwicklungssystem
für das Betriebssystem BS2000
Will, H. 199

Rechenzentrum der Zukunft
- Organisation und Betrieb eines BS2000-Software-
entwicklungsrechenzentrums -
Hämmelmann, G. 207

SICHERHEITSGESICHTSPUNKTE

Sicherheit der Datenverarbeitung
Kastenmüller, S. 215

Praktische Back-up-Lösungen zur Sicherung der
Kontinuität der Datenverarbeitung
Götze, W. 229

VEKTORRECHNER

Supercomputer als Mehrprozessoranlage
- Erfahrungen und Ergebnisse -
Hoffmann, G.-R. 245

Anschriften der Verfasser 260

Integration von verteilten PC-Workstations in die Organisation und den Betrieb der Informationsverarbeitung

Ludwig Nastansky
Bernhard Hildebrandt

1. Problemstellung

Im Zuge zunehmender Nutzung professioneller Personal Computer an Arbeitsplätzen in Fachabteilungen zeichnen sich erhebliche Struktur-änderungen der gesamten betrieblichen Informationsverarbeitung ab. Dieser Wandel betrifft insbesondere auch Fragen des organisatorischen Systemdesigns und praktischen Managements dezentral verfügbarer Hard-ware- und Softwareressourcen im Umfeld von PC-Workstations.

Nach der zumeist pionierhaften Aufbruchphase bei dezentralen Erstinstallationen von PC-Arbeitsplätzen, die regelmäßig ohne oder mit nur geringer Beteiligung der etablierten und eigentlich zuständi-gen Instanzen im DV-/Rechenzentrumsbereich vonstatten ging, zeigte sich sehr schnell das Selbstverständliche: die Nutzung derartig kom-plexer Systeme, wie sie Universal-Mikrocomputer darstellen, kann nur integriert im Rahmen des gesamten Informationssystems gesehen werden.

Dabei ist es jedoch konzeptionell wenig sinnvoll, in hergebrachter Sicht Zentralisierung allzu sehr zu betonen und die Betreuung von PC-Workstations unter ähnlichen Gesichtspunkten wie die von Terminals am zentralen Host vorzunehmen. Die Ersetzung der betrieblichen Instanz "Rechenzentrum" durch das modische "Information Center" könnte dazu verleiten. In der essentiellen Substanz von PCs steht die Verteilung von Informationen auf der Grundlage selbständiger leistungsfähiger Informationsverarbeitungs- und Kommunikationssysteme. Das Rückgrat dazu liefern die allerorten im Aufbau befindlichen oder vereinzelt schon verfügbaren LANs. Entsprechend muß die organisatorische Archi-tektur des betrieblichen Informationssystem auf Dezentralisierung ausgerichtet sein.
Auf der anderen Seite ist es genausowenig sinnvoll, Dezentralisierung mit einem Organisationskonzept zu verwechseln, das Wildwuchs zuläßt. Wie so häufig gilt auch für dieses organisatorische Designproblem die

platte Weisheit, daß eine optimale Struktur eher in der Mitte zwischen den extremen Ausprägungen zu finden ist.

Konkret sprechen für die notwendige Integration dezentraler PCs Argumentklassen wie:

- Architektur- und Kostenüberlegungen bei Auswahl, Beschaffung und anschließender Aufrechterhaltung der Betriebsbereitschaft der Sachmittel, vor allem PC-Hardware und -Software,
- Betreuung des Benutzerumfeldes, etwa bei Schulung, Anwendungsberatung und - unterstützung,
- Koordination der Aufgabenfelder der PC-Workstations, insbesondere etwa bei Tool-Einsatz im Bürobereich für: Text, Datenmanagement, Kommunikation, Kalkulation, Graphik oder Termin-/Projektmanagement,
und
- Kriterien im grundsätzlichen und methodischen Bereich des Designs eines funktionsfähigen betrieblichen Informations- und Kommunikationssystems.

2. Praktisches Problem und Erfahrungen mit verteilten PC-Workstations

Die Verfasser sind verantwortlich für Konzeptionsfragen, die laufende Betriebsbereitschaft und den Weiterausbau der dezentralen PC-Workstations am Fachbereich Wirtschaftswissenschaften der Uni/GH Paderborn.

Die Dimensionen der Informationsverarbeitung an diesem Fachbereich sind in Qualität und Quantität vergleichbar denen eines Mittelbetriebes. Etwa 100 feste Mitarbeiter/-innen haben ein breites Profil an Informationsverarbeitungswünschen im Hinblick auf den PC-Tooleinsatz im Büroinformations- und Kommunikationssystem, dedizierte Anforderungen und individuelle Aufgabenstellungen kommen hinzu. Überlagert ist ein Massenservice im studentischen Bereich, der eigentlich auf die vorhandene Studentenzahl von etwa 2500 Studenten (= Endnutzern) am Fachbereich ausgerichtet sein müßte (diese Zahl im Augenblick aber nicht verkraftet).
Zur Zeit werden etwa 70 PC-Workstations (ca. 14 verschiedene Typen, 8 verschiedene Hersteller; Peripherie von etwa 25 Herstellern) und etwa 150 volldokumentierte lizensierte Softwareprodukte vorgehalten. Ein

sicherlich etwas absurder, gleichwohl gebräuchlicher Indikator für die installierte Größenordnung im Hardwarebereich mag die Hauptspeicherkapazität sein: die Nutzer/-innen können in einem gegebenen Zeitpunkt verteilt über alle PCs auf insgesamt über 20 MB RAM zugreifen. Zu der im A-Bereich verfügbaren professionellen Software gehören u.a.: vier Betriebssystemfamilien; alle weiterverbreiteten höheren Programmsprachen mit Entwicklungsumgebungen; nichtprozedurale integrierte PC-Systementwicklungsumgebungen wie: Symphony/Lotus, Open Access, usw.; Datenbanksysteme; gängige PC-Tools für Text, Datenmanagement, Kommunikation, Graphik, Tabellenkalkulation ; Endnutzersysteme einer Komplexität wie: SPSS, diskrete Simulationssysteme oder Mathematische Optimierung.

Fast alle PC-Workstations sind auch als Dialog- und Filetransferterminals im RS-232C Hochschulnetz nutzbar, (schnelle) LAN-Cluster für PC-Familien sind im Aufbau. Der gesamte Installationswert an Hard- und Software liegt bei etwa 1,5 Mio. DM.
Das angesprochene System von PC-Workstations steht neben dem Terminalsystem unintelligenter dezentraler Arbeitsplätze an den zentralen Hosts im Rechenzentrum.

3. Strategien vs. taktisches Vorgehen bei PC-Ausbau

Obwohl, wie einleitend als selbstverständlich vermerkt, für die integrierte Verteilung der Informationsverarbeitung und -speicherung auf zentral verfügbare Hosts und dezentrale PC-Workstations in einem geschlossenen Informations- und Kommunikationssystem umfassende Strategien notwendig sind, bestimmt taktisches Vorgehen angesichts des extrem schnellen technischen Fortschritts gerade im PC-Bereich leider dominierend den Alltag.

Phase 1. In der ersten Phase der Grundausstattung mit PC-Workstations im Zeitraum 1980-83 haben wir versucht, soweit wie möglich eine Zentrierung auf Endnutzeranwendungen und die dazu notwendige Minimalkoordination in den Vordergrund zu stellen.

Konkretisiert an den beiden wichtigsten Anwendungsklassen: (1) Bürobereich mit Text, Datenmanagement, Kommunikation sowie später (Tabellen-) Kalkulation und (2) Systementwicklung mit entsprechenden Softwareentwicklungsumgebungen hatte dies z.B. die Konsequenz, daß keine Konzentration auf bestimmte Hardwarehersteller für PCs und Peripherie

im Vordergrund stand, wie dies oft zur Vermeidung von Wildwuchs
gefordert wird.
Vielmehr lag die Priorität bei Anwendungskompatibilität. Es wurden
nur PCs installiert, auf welchen die ausgewählten Softwarepakete des
Bürobereichs und für Systementwicklung lauffähig waren. Entsprechend
wurde nur ein Betriebssystem (seinerzeit CP/M-80) unterstützt. Zwingend wurde für alle Schnittstellen zur Peripherie bzw. zu den zentralen Hosts die RS-232C Klasse verlangt. Im Spektrum der Papierausgabe-
geräte (Matrixdrucker, Typenraddrucker) wurden nur Systeme installiert, bei denen die entsprechenden Druckertreiber in der Standard-
software verfügbar waren. Entsprechendes galt für monochrome und
Farb-Sichtgeräte. Vollständige Kommunikationsmöglichkeiten zwischen
den PCs wurden durch (gesicherte) Filetransferprotokolle ermöglicht;
Diskettenkompatibilität war keine notwendige Bedingung. Jedes System
ist mit Terminalemulationssoftware im Hochschulnetz prinzipiell be-
treibbar.

Ergebnis dieses Konzeptes war Vielfalt in der Hardware mit wenig
prinzipiellen Kompatibilitätsschwierigkeiten. Ohne Frage ergab sich
jedoch eine große Zahl technisch prinzipiell zwar überschauberer,
organisatorisch jedoch nur unter großen Anstrengungen in den Griff zu
bekommender Detailprobleme. Dies haben wir jedoch als einen
unvermeidlichen Preis für die enorme Flexibilität in der gesamten
Endnutzerdienstleistung des PC-Systems angesehen. Alle Arbeitsplätze
konnten grundsätzlich die beiden angesprochenen Anwendungsklassen
abdecken. Darüberhinaus waren jedoch auch ihre Spezialitäten
ausnutzbar, wie etwa: vollständige interaktive Farbgraphik-
Entwicklungsumgebungen, schnelle Softwareentwicklungssysteme mit RAM-
Disk Zusatzausstattung, Großseiten-Farbbildschirme, APL-Umgebungen,
u.v.a.m.

Phase 2. Seit den ersten Einsatzjahren professioneller PCs haben
sich nach und nach Industriestandards herausgestellt. Dies gilt für
die Peripherie bei (logischen) Bildschirmmodellen wie auch Druckermo-
dellen. Insbesondere setzt sich Standardisierung aber auch in Archi-
tekturkonzepten für die PC-Hardware durch.
In dieser Phase des Weiterausbaus galten für uns nach wie vor die
o.a. Kompatibilitätsanforderungen der Phase 1, hinzugenommen haben
wir jedoch schärfere Hardwareanforderungen. Neu zu beschaffende PCs
sollten z.B. Bus- und Diskettenkompatibilität besitzen.
In Planung befindet sich derzeit ein Konzept zur Vernetzung der
einzelnen PC-Arbeitsplätze. Dazu sollen zwei Cluster geschaffen wer-

den, die sowohl untereinander kommunikationsfähig sind, wie auch mit dem im Aufbau befindlichen Hochschulnetz. Die als Cluster zu verbindenden Subsysteme bilden im Bereich der Lehre die in den verschiedenen Poolräumen installierten PC-Arbeitsplätze (MacIntosh) und im Bereich von Lehre, Forschung und Selbstverwaltung die in den Mitarbeiterbüros installierten IBM-PC/Kompatible. Weiterhin wird für die vor einiger Zeit gegründete User Group (derzeit ca. 120 Studenten), eine Kommunikationsschnittstelle via Modem an den Hochschulrechner aufgebaut. Für die Kommunikation zwischen den in einzelnen Clustern zusammengefaßten lokalen Netzwerken (LAN) und dem Hochschulnetz sind Bridges und für die Kommunikation nach außen (Datex-P)- Gates vorgesehen.

4. Informations-Management bei verteilten PC-Workstations

Die unterschiedlichen z.T. hochdifferenzierten PC-Systeme und weitere Besonderheiten eines verteilten Massenbetriebes haben weitreichende Auswirkungen auf die Organisation und insbesondere das Beschaffungswesen dezentraler Informationssysteme.

So ergab sich insbesondere eine Ausweitung der bei Neubeschaffungen zu überprüfenden Kompatibilitätskriterien, die eine Verträglichkeit mit den bereits installierten PC-Systemen gewährleisten sollen. Zu beachtende Randbedingungen bei Softwarebeschaffungen können etwa die Kapazität von Arbeits- und Massendatenspeichern, vorhandene oder benötigte Schnittstellen, notwendige Treiber zur Bedienung angeschlossener Ein-/Ausgabeperipherie, Verträglichkeit von Datenträgern und -austauschformaten und vorhandene Kommunikationsschnittstellen der für die Implementierung vorgesehenen Zielsysteme sein.

Für das in diesem Umfeld notwendige Informationsmanagement wurde in den letzten Jahren ein umfassendes und flexibel zu handhabendes zentral verwaltetes Informationssystem implementiert. Im einzelnen werden mit dem angesprochenen Informationssystem Daten über installierte Hard- und Software, Wartungs- und Reparaturaufträge sowie Informationen über das über den gesamten Benutzerbetrieb verteilte Anwendungs- und Systemwissen verwaltet. Zweckentsprechende Auswertungen dieser Daten nach unterschiedlichsten Kriterien erfolgen in sogenannten Katalogen (s.Abb. 1).

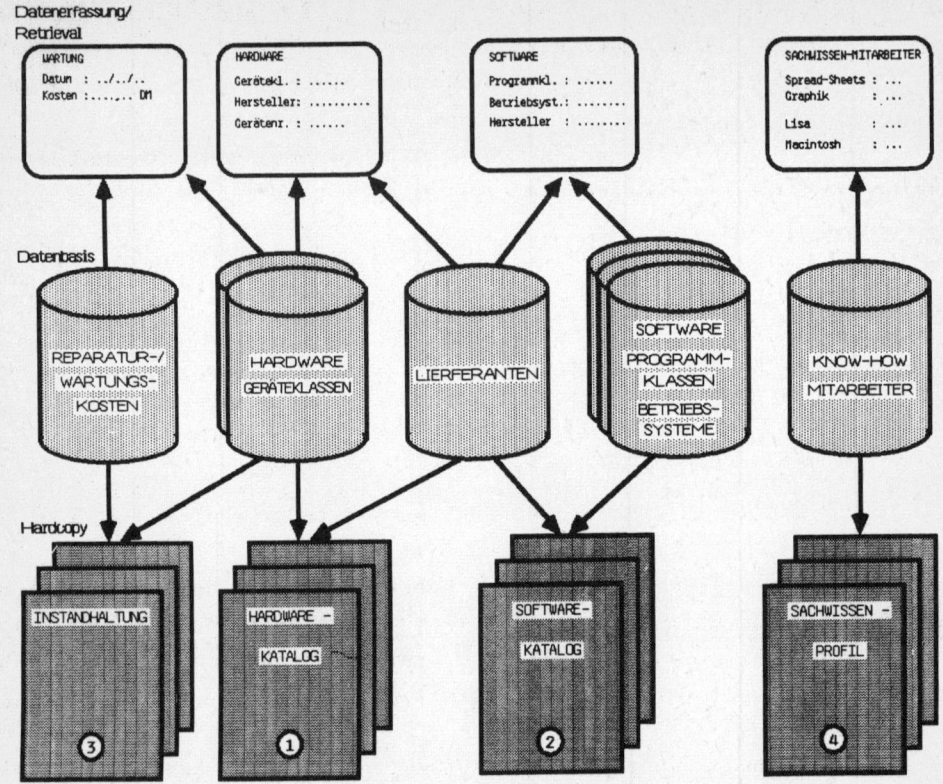

Abb. 1: Informationssystem für dezentralen Benutzerbetrieb

Im Hardwarekatalog (1) werden Informationen gesammelt, die regelmäßig für den Abschluß von Wartungs- und Versicherungsverträgen, zur Erstellung von Inventarlisten, zur Planung und Steuerung von Wartungsmaßnahmen, bei Reparaturaufträgen, bei Entscheidungen über Instandsetzung oder Neubeschaffung, bei Preisverhandlungen, zur Überprüfung von Gewährleistungsansprüchen und für das Beschaffungswesen im allgemeinen benötigt werden. Eine weitere auf die Besonderheiten des PC-Marktes abgestellte Rubrik dient der Erfassung von Lieferanten und sachkundigen Ansprechpartnern, die bei auftretenden Problemen Auskünfte erteilen können. Besonders bei den vom Beschaffungswesen abzuwickelnden Aufgaben hat sich der Hardwarekatalog zur Spezifikation bei Bestellungen und zur Planung der Vorratshaltung an Datenträgern und Verbrauchsmaterialien (z.B. Papier, Folien, Typenräder, Farbbänder und Zeichenstifte) als nützlich erwiesen.

Der in Abb. 2 wiedergegebene Datenbankauszug zeigt den Datensatz einer nach Geräteklassen sortierten Liste der am FB Wirtschaftswissenschaften installierten Hardware. Im einzelnen umfaßt der Datensatz Angaben über Geräteklasse, Herstellerangaben, Bezeichnung, Lieferant, Kaufpreis, Gerätenummer (interne Inventarnummer), Lieferdatum, Standort, Wartungszuordnung und Finanzierung. Standardmäßige Auswertungen dieser Datensammlung erfolgen gegenwärtig in Listen, die nach unterschiedlichen Sortierkriterien, wie beispielsweise Geräteklasse, Standort, Gerätenummer oder Hersteller erstellt werden. Weitere fallweise Abfragen nach beliebigen Such- und Sortierkriterien lassen sich im Dialog abwickeln und auf Druckern ausgeben.

Geräteklasse	Hersteller	Bezeichnung	Preis	Standort	Lieferjahr	G-Nr.
FARBGRAPH.-TERMINAL	ISC	8001	7347,83	C 4.206	1980	FB5-113
FARBGRAPH.-TERMINAL	ISC	8001R IGS CP/M	23339,02	B 3.331		FB5-114
FARBGRAPH.-TERMINAL	ISC	8001R IGS	23339,02	B 3.331		FB5-115
GROSSBILDPROJEKTOR	ELECTROHOME	38-B02903-60	17876,34	B 3.331	1984	FB5-151
INTERFACE	GRABAU		,	B 3.331		FB5-162
INTERFACE	GRABAU		,	B 3.331		FB5-165
INTERFACE	GRABAU		,	B 3.331		FB5-167
INTERFACE	WI&OR		180,00	B 3.331		FB5-156
INTERFACE	WI&OR		200,00	B 3.331		FB5-157
INTERFACE	WI&OR		169,50	C 4.206		FB5-158
INTERFACE	WI&OR		,	B 3.331		FB5-159
INTERFACE	WI&OR		,	B 3.331		FB5-166
INTERFACE	WI&OR		,	B 3.331		FB5-166
LAUFWERK	NIXDORF	8"		B 3.243	1984	FB5-174
LAUFWERK IMS	SHUGART		1356,60		1983	FB5-171
LAUFWERK ZU JSC-8001R		BCB-JMS-8001/SX/SPF				FB5-173
LAUFWERKE CROMEMCO	TANDOM		994,40	B 3.331	1983	FB5-172
LIGHT PEN	ISCC		1864,50	B 3.331	1981	FB5-181
LIGHT PEN	ISCC		1			
MICROCOMPUTER	AMPEX	DIALOGUE 80				
MICROCOMPUTER	APPLE					
MICROCOMPUTER	APPLE	LISA PROFILE, HARDDISK				
MICROCOMPUTER	APPLE	LISA ZENTRALEINHE				
MICROCOMPUTER	APPLE	MACINTOSH, M				
COMPUTER	APPLE	MACINTO				
ER	APPLE	MAC				
	APPLE					

Abb. 2: Hardwarekatalog (sortiert nach Geräteklassen)

Wie bereits eingangs erwähnt, werden derzeit ca. 150 dezentral implementierte Softwarepakete vorgehalten, die im Softwarekatalog (3) verwaltet werden. Zur Strukturierung dieser Softwarebibliothek sind verschiedene Gliederungskriterien denkbar. Bei dem am Fachbereich Wirtschaftswissenschaften der UNI/GH Paderborn implementierten Informationssystem erfolgt gegenwärtig eine funktionsorientierte Katalogisierung mit einer Zuordnung auf 11 Programmklassen: Betriebssysteme, Utilities, Kommunikation, Programmiersprachen, Programmsupport, Integrierte Systeme, Text- und Dokumentenverarbeitung, Tabellenkalkulation, Graphik, Datenverwaltung/Datenbanken und sonstige Software.

Für jedes im Anwenderbetrieb eingesetzte Programm werden Angaben über Hersteller, Seriennummer, Version, Lieferdatum, Lizenztyp und -vereinbarung sowie umfangreiche Detailinformationen zu Datenträgern und Dokumentationsunterlagen der Originalsoftware (Anzahl Disketten, Format, Speicherbedarf, Standort etc.) verwaltet (Abb. 3). Weiterhin haben sich Angaben über die von den einzelnen Softwarepaketen unterstützten Terminal- und Druckertreiber als unbedingt erforderlich erwiesen. Insbesondere bei der Beschaffung von PC-Peripherie werden diese Informationen benötigt, um die Verträglichkeit mit der vorhandenen Systemumgebung prüfen zu können.

```
*********************************************************
*                S O F T W A R E - K A T A L O G        *
*********************************************************

Erstbeschaffung: J          Update: N      Update-Nummer:

*********************************************************
Programmklasse

System    : N    Spread-Sheet: N    Textverarb.: N    Datenbank: N
Utilities : N    Graphik     : N    Sprache    : N    Branche  : N
Transfer  : N    Integriert  : J    Support    : N    Sonstige : N

*********************************************************

Programmname  : SYMPHONY
Hersteller    : Lotus Developement Corp.
Seriennummer  :
Version       : 1.0

Lieferdatum   :
Lieferant     : Computerpartner Kiel

Lizenzdatum   :
Lizenztyp     :
Lizenzvereinb.:

*********************************************************

Kaufpreis excl.:   2700 DM    Auftrags-Nr.    :   /  /  /
Rabatt        :          %     Titel          :   -
Skonto        :          %     Geschäftskreis :   /
                               Erlaß          :

*********************************************************

CP/M-80 : N     CCP/M  : N     MSDOS : N     UNIX : N
CP/M-86 : N     CODIS  : N     PCDOS : J

Sonstiges Betriebssystem:

*********************************************************

Software-Standort : B3. 337      Dokumentation-Standort: B3. 337
Software deutsch  : N            Dokumentation deutsch : N
Software englisch : J            Dokumentation englisch: J

Anzahl-Disketten : 06
Disk-Format      : 5 "
Speicherbedarf   :         kB

*********************************************************

Kurzinformationen/Bemerkungen:
Symphonie umfaßt: 1. Install Program Disk   2. Install Library D.
3. Tutorial Lessons Disk 4. Help and Tutorial Disk
5. Program Disk 6. Print Graph Program Disk
```

Abb. 3: Datenbankauszug zum Softwarekatalog

Für den Anwendungsbetrieb werden turnusmäßig aktuelle Auszüge dieses Softwarekataloges an die Benutzer weitergeleitet. Der Softwarekatalog dient im allgemeinen unterschiedlichsten Informationsbedürfnissen.

Weitere Besonderheiten gegenüber gewohnter Mainframeumgebung liegen im Bereich des Instandhaltungsmanagements der in unterschiedlichen Ausbaustufen und Konfigurationen verteilten PC-Arbeitsplätze. Um einen hohen Verfügbarkeitsgrad der dezentralen PC-Workstations zu gewährleisten, werden auf der Grundlage dieses Kataloges Wartungspläne erstellt, die Hinweise über durchzuführende Reinigungs- und Justierungsarbeiten sowie vorgeschriebene Funktionstests für die einzelnen Geräteklassen enthalten. Planung und Kontrolle erfolgen auf der Grundlage erfaßter Ist-Daten über angefallene Reparatur- und Wartungsmaßnahmen sowie endstandene Kosten. Diese Informationen können insbesondere für den Nachweis besonderer Fehleranfälligkeit sowie für Gewährleistungsansprüche erforderlich sein. Weiterhin soll der Wartungskatalog bei gemeldeten Schadensfällen Auskünfte darüber erteilen, ob eine Instandsetzung durch Versicherungs- oder Wartungsverträge abgedeckt ist.

Während die bisher angestellten Überlegungen in der einen oder anderen Weise auch für Rechenzentren und dort zu verwaltende Hard- und Softwareressourcen ihre Bedeutung haben, stellen die im Umfeld eines PC-Benutzerbetriebes zu verwaltenden Daten über vorhandene System- und Anwendungserfahrungen ein speziell mit den Besonderheiten eines dezentralen Anwendungsbetriebes verbundenes Informationsproblem dar. Dokumentation und Zugriff auf Anwendungswissen wird im Umfeld eines PC-Benutzerbetriebes zur Notwendigkeit. Programmdokumentationen von PC-Standardsoftware umfassen häufig mehrere hundert Seiten Text. Die benötigten Einarbeitungszeiten für Endnutzer sind entsprechend lang.

Der Nutzen einer umfangreichen und regelmäßig aktualisierten Dokumentation der bei den einzelnen Endnutzern vorhandenen System- und Anwendungserfahrungen bildet eine wesentliche Grundlage für die Erarbeitung und ggf. Abwicklung von Schulungsmaßnahmen, die Auswahl von Softwarepaketen zur Lösung von Anwendungsproblemen, sowie zur stetigen Verbesserung von Auswahlkriterien für Softwarebeschaffungen.

Sachwissenprofil

Name : Hildebrandt
Vorname: Bernhard
Datum : 26/06/84

Bewertungsschlüssel:
- keine Kenntnisse
1 Grundkenntnisse
2 Gute Kenntnisse
3 Umfangreiches Wissen

Textverarbeitung   !- !1 !2 !3 !

Wordstar, Mailmerge   ! ! ! !X!
Wordindex   ! ! !X! !
Lisa Write   !X! ! ! !
:   ! ! ! ! !

Spread-Sheets

Multiplan   ! ! ! !X!
SuperCalc   ! ! ! !X!
:   ! ! ! ! !

Abb. 4: Erfassungsbogen für Mitarbeiter-Sachwissen

Problematischster Punkt der Wissens- und Erfahrungsdokumentation ist hier sicherlich die qualitative Bewertung der Kenntnisse, die von den Mitarbeitern selbst vorgenommen wird (Abb. 4).

Für die Bewertung der Kenntnisse sind 4 Schlüssel vorgesehen: - = Keine Kenntnisse, 1 = Grundkenntnisse, 2 = Gute Kenntnisse, 3 = Umfangreiches Wissen. Nach den bisherigen Erfahrungen erfolgt diese Einschätzung durchaus selbstkritisch und soweit möglich objektiv. Zum einen wirkt sich das Selbsteinschätzungsverfahren im Hinblick auf die evtl. herangetragenen Probleme in Zurückhaltung aus, andererseits ist mit dem Kenntnisstand ein gewisses Prestige verbunden, das durchaus dazu anreizt, vorhandenes Anwendungswissen preiszugeben. Weitere positive Effekte dieser Selbstbeurteilung dürften darin zu sehen sein, daß hier Anreizmechanismen zur Verbesserung von Anwendungswissen entstehen, die auch die Bereitschaft zur Teilnahme an Schulungen und den Informationsaustausch innerhalb der Anwendergruppen fördern.

5. Eingliederung und Organisation des PC-Benutzerbetriebes

Die im weiteren diskutierten Fragen haben sich aus den in den letzten Jahren mit dem Management und der Organisation der in diesem Umfeld gesammelten Erfahrungen entwickelt. Im Vordergrund stehen dabei Überlegungen wie sie derzeit auch in vielen Unternehmensorganisationen zur Eingliederung dezentraler Informationssysteme in bestehende DV-Organisation diskutiert werden. Hier geht es neben der organisatorischen Abwicklung neu entstehender Aufgaben auch darum, den Rahmen abzustecken, innerhalb dessen PC-Benutzern Freiräume bei der Gestaltung dezentraler Informationssysteme einzuräumen sind und weiterhin Konzeptionen für die Aufgabenverteilung, zwischen Fachabteilungen sowie zentraler und dezentraler DV-Organisation, bei der Entwicklung bereichsübergreifender PC-Anwendungen zu entwickeln.

Weiterhin ist zur Bestimmung des PC-Nutzungsprofils von folgendem Hintergrund auszugehen: PCs werden zu 72% für ad-hoc Auswertungen eingesetzt, 70% der für diese Zwecke benötigten Daten sind bereits in den Datenverwaltungssystemen der Rechenzentren gespeichert. Von diesen Daten werden gegenwärtig 17% für unternehmensweite, 52% für abteilungsbezogene und 21% für sachbearbeiterbezogene Auswertungen verwendet (Quelle: MIT). Der zu erwartende Anteil dezentraler Verarbeitungskonzepte am Gesamtumfang wird aus den für die nächsten Jahre prognostizierten Verhältnis von Dialogstationen zu Sachbearbeitern ersichtlich. Lagen die Relationen 1980 bei 1:23 und 1983 bei 1:11, so wird bis zum Jahr 1990 von einem Verhältnis von 1:2 ausgegangen. Wobei der Anteil der PCs an diesen Dialogstationen auf 50% geschätzt wird.

Wie diese Daten und andere in der Praxis gesammelte Erfahrungen zeigen, besteht ein großer Bedarf an Verarbeitungskonzepten, die Datenzugriffe auf zentrale Datenbestände und Auswertungen auf dezentralen PC-Workstations ermöglichen. Charakteristisch für diese wie für eine Vielzahl anderer hier zu lösender Probleme ist, daß hard- und softwaretechnische Lösungen inzwischen verfügbar sind, es jedoch weitgehend an durchgängigen organisatorischen Konzepten fehlt. In pragmatischer Sichtweise lassen sich für die Organisation des Anwendungsbetriebes zwei PC-Anwendungsklassen unterscheiden :

Persönliche PC-Anwendungen, bei denen es sich um Problemlösungen vergleichsweise geringer Komplexität und die Verarbeitung kleinerer Datenmengen für Auswertungen im persönlichen Verantwortungsbereich handelt. Typisch für diese Anwendungsumgebung sind ad-hoc Auswertungen.

Integrierte PC-Anwendungen, die Standardanwendungen darstellen, keinen kurzfristigen Änderungen unterliegen, teilweise Bestandteil eines bereichsübergreifenden Berichtswesens sind und auch auf verteilt oder zentral verwaltete Datenbestände zugreifen. Von diesen Anwendungen sind auch zentrale DV-Anwendungen betroffen, da sie teilweise abgelöst oder in ihren Funktionen dahingehend verändert werden, dezentral erfaßte Daten zu verarbeiten oder Extrakte aus zentralen Datenbeständen zur Verarbeitung auf PC-Workstations bereitzustellen.

Für die organisatorische Abwicklung der in diesem Umfeld angesiedelten Aufgaben werden in jüngster Zeit verschiedene Konzepte unter Schlagworten wie Benutzer-Service, Service-Center oder Individuelle Datenverarbeitung diskutiert, mit denen teilweise auch unterschiedlich starke Ausrichtungen auf die zu unterscheidenden Anwendungsklassen zum Ausdruck gebracht werden.

Bei dem im weiteren diskutierten Organisationskonzept steht eine Strategie zur Eingliederung dezentraler Verarbeitungskonzepte unter dem Aspekt weitestmöglicher Integration in bestehende zentrale DV-Organisationen im Vordergrund. Die zentrale DV-Organisation bleibt dabei in ihrer Struktur erhalten und bildet zusammen mit dem zu errichtenden Personal Computing die Organisationseinheit Integrierte Informationssysteme (Abb. 5).

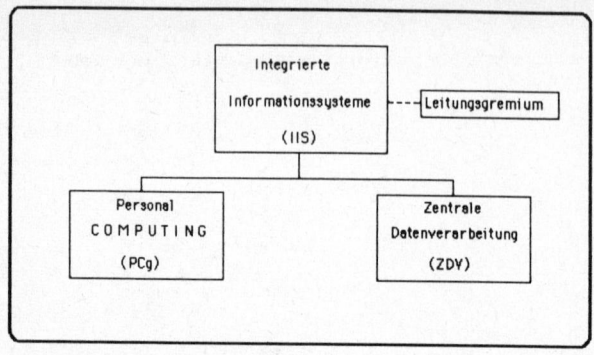

Abb. 5: Organisation Integrierte Informationssysteme

Um Reibungsverluste bei der Durchsetzung von Beschlüssen - die beide Bereiche betreffen - zu vermeiden, kann es sinnvoll sein, ein Leitungsgremium, das sich aus leitenden Mitarbeitern beider Bereiche zusammensetzt, mit beratender oder mitbestimmender Funktion vorzusehen.

Weit über die DV-Organisation hinausgehende Auswirkungen entstehen mit zunehmender Dezentralisation durch eine Verlagerung von Aufgaben wie sie bisher typischerweise in Rechenzentren abgewickelt wurden auf einzelne PC-Anwender in den Fachabteilungen. Für eine Unterstützung bei der Abwicklung dieser Aufgaben ist eine umfassende Infrastruktur bereitzustellen.

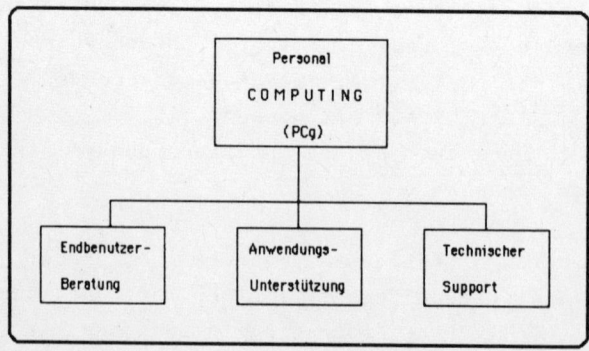

Abb. 6: Organisation Personal Computing

Personelle Ausstattung und Aufgliederung sollten sich an der jeweiligen Ausbaustufe orientieren und in funktioneller Sichtweise die in Abb. 6 gezeigte Struktur mit Endnutzer-Beratung, Anwendungs-Unterstützung und Technischem Support umfassen.

Zu den einzelnen von der Endnutzerberatung wahrzunehmenden Aufgaben gehören bei dieser Dreiteilung allgemeine Informations-, Beratungs- und Serviceaufgaben. Von ihr werden Informations- und Schulungsveranstaltungen angeboten, bei denen sich Mitarbeiter der Fachabteilungen über Einsatzmöglichkeiten und Anwendungslösungen informieren sowie mit grundsätzlichen Hard- und Softwarefunktionen vertraut machen können. Darauf aufbauende Schulungsmaßnahmen sollen Endnutzer dazu befähigen, Anwendungsprobleme unter Verwendung von PC-Softwaretools selbständig zu lösen. Für individuelle oder fallweise Beratungswünsche die im Zusammenhang mit Text- und Dokumentenverarbeitung, Datenmanagement oder Graphik stehen, sollte ein spezieller Beratungsservice zur Verfügung stehen.

Weiterhin sollte die Endnutzer-Beratung an der Auswahl und Beschaffung neuer Softwarepakete beteiligt sein und ein Vorschlagsrecht erhalten. Hier geht es einmal darum, daß viele Einzelaspekte, die eine Kompatibilität zur vorhandenen Systemumgebung sicherstellen, bei Neubeschaffungen Berücksichtigung finden und zum anderen Doppelbeschaffungen zu vermeiden.

Für den Anwendungsbetrieb sollten soweit möglich nur Kopien der zentral verwalteten Originalsoftware und -dokumentationen weitergegeben werden. Weiterhin wird es häufig erforderlich sein, Dokumentationsunterlagen zu erstellen, die auf die speziellen Erfordernisse der Endnutzer ausgerichtet sind.

Zu den wichtigsten Aufgaben der Anwendungs-Unterstützung zählt die Bereitstellung von Software- und Entwicklungssupport für Fachabteilungen. Dieser Support umfaßt das gemeinsame Erarbeiten von Spezifikationen bis hin zur Konzeption und Realisation integrierter Anwendungslösungen. Insbesondere die im Zusammenhang mit der Dezentralisation bisher zentral abgewickelter DV-Aufgaben anfallenden organisatorischen Aufgaben erfordern ein mit anderen Bereichen koordiniertes Vorgehen. Ein Konzept, daß die Aufgabenzuordnung und Koordination bei der Entwicklung integrierter Anwendungslösungen zeigt und in ähnlicher Form derzeit auch in größeren DV-Organisationen praktiziert wird, ist in Abb. 7 wiedergegeben.

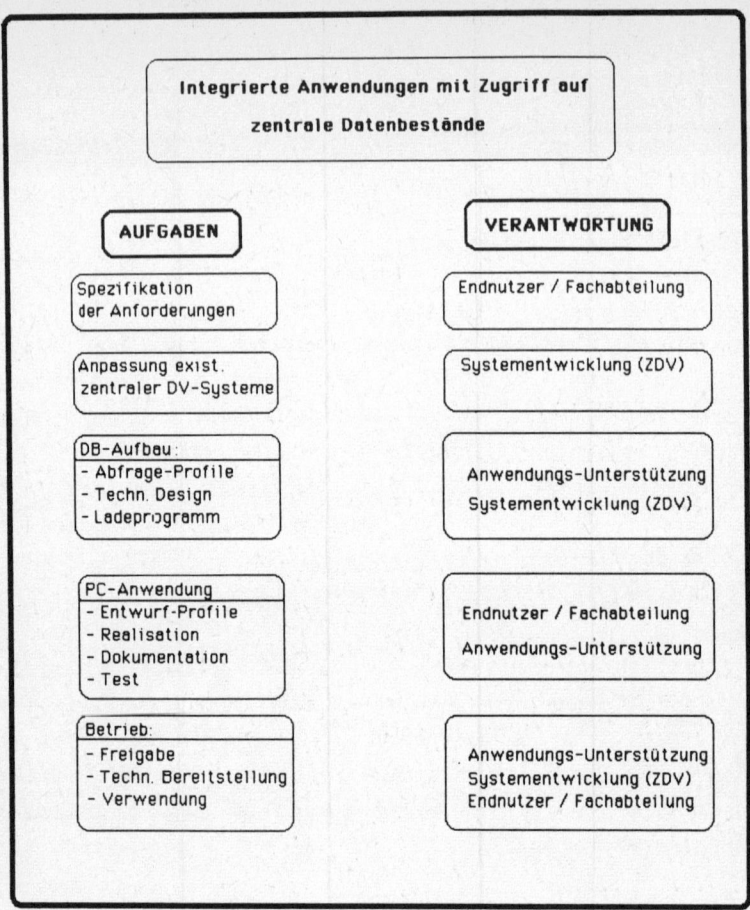

Abb. 7: Aufgabenkoordination bei Integrierten Anwendungen

Die Anwendungsunterstützung bildet hier eine zentrale Koordinations-
stelle zwischen Rechenzentrum und Fachabteilungen, die sich auch mit
Fragen des Datenschutzes, der Datensicherung sowie der Entwicklung
von Qualitätsstandards für PC-Anwendungslösungen befaßt. Wobei unter
Qualitätsstandards Richtlinien für das Design von Anwendungslösungen
(Aufbau von Bildschirmmasken und Menüs) und Dokumentationsunterlagen
zu verstehen sind, die auch bei Urlaubsvertretungen oder in Krank-
heitsfällen eine Einarbeitung durch andere Mitarbeiter gewährleisten.

Der Technische Support wickelt Aufgaben ab, wie sie in Rechenzentren überwiegend durch Spezialisten von Hardwareherstellern oder
Softwarehäusern wahrgenommen werden. Dies sind im Rahmen der Instandhaltung die Planung, Steuerung und Kontrolle von Wartungs- und
Reparaturarbeiten. Die Installation neubeschaffter Hardwaremodule,

mit Test und Inbetriebnahme sowie Einweisung der Mitarbeiter, erfolgt hierbei ebenfalls unter fachkundiger Anleitung dieses Bereiches.

6. Zusammenfassung

Die Verfasser stellen in diesem Beitrag Strategien für eine integrierte Entwicklung dezentraler Informationssysteme unter besonderer Berücksichtigung der Kompatibilität auf unterschiedlichsten Ebenen dar. Diskussionsschwerpunkte bilden die Berücksichtigung endnutzerzentrierter verträglicher Architekturen und die organisatorische Abwicklung eines Endnutzer-Anwendungsbetriebs mit verteilten PC-Workstations.

In zusammenfassender Sicht bleibt festzuhalten, daß für die allmählich eintretenden grundsätzlichen Änderungen gegenüber gewohnter Mainframe-Umgebung ein neuer organisatorischer Rahmen zu schaffen ist. Wobei zu berücksichtigen ist, daß zukünftig auch Arbeitsabläufe weniger arbeitsteilig und in mehr Eigenverantwortung abgewickelt werden. Insbesondere die mit der Organisation des dezentralen Benutzerbetriebs befaßten Stellen werden sich zukünftig auf die Besonderheiten eines verteilten Massenbetriebes mit z.T. hochdifferenzierten Systemen einstellen müssen.

Literatur:

Hildebrandt, B.: DV-Organisation für Personal Computer. Arbeitspapier Schwerpunkt Wirtschaftsinformatik. FB-5 Universität-GH-Paderborn, 1984.

Nastansky, L, G. Bernartz, W. Bernartz, B. Hildebrandt, Th. Penke u. B. Piel: Standard-Software für PCs: Leistungsstand, Einsatzvoraussetzungen und Entwicklungstendenzen. In: Der PC im Büro. Proceedings. München (Verlag CW CSE) 1984. S. 637-697.

<u>Die dezentrale Datenverarbeitung</u>

<u>- Chance oder Überforderung der Verwaltung -</u>

Oberregierungsrat Dieter Kiel

Niedersächsischer Landesrechnungshof

1. Vorbemerkungen

Einzelne träumen von einer Renaissance des Großcomputers und apostrophieren den Trend zum Einsatz von Mikrocomputern - insbesondere der Personalcomputer - als Epidemie.

Wäre dieses Wunschdenken eine sachlich fundierte Prognose, so müßte durch geeignete Abwehrmaßnahmen nur die Krankheitsphase heil überstanden werden. Die öffentliche Verwaltung müßte sich auf begrenzte Zeit gegen den Erreger "Firmenpolitik" der Hersteller von Mikrocomputern immun halten.

Im März 1984 hat der Bundesfinanzminister mit Hilfe einer Literaturauswertung ein "Arbeitspapier der Steuerverwaltung zum Einsatz von Büro- und Personalcomputern im Finanzamt" herausgegeben[1], um der Finanzverwaltung eine erste Orientierungshilfe für die Entscheidung zur dezentralen Datenverarbeitung einzuräumen.

[1] (Sonderdruck der Bundesstelle für Büroorganisation und Bürotechnik - Inf. 797 -)

Gründe für diese Synopse waren u.U., daß der Verwaltung größere eigene Erfahrung zum Einsatz von Büro- und Personalcomputern fehle. Den Verwaltungsbedürfnissen zur Automation stehe im übrigen die Marktpolitik der EDV-Hersteller gegenüber, von der über äußerst preisgünstige Mikrocomputer neue Impulse ausgehen.

Mögen diese Impulse einzelne auch blenden und motivieren, irrationale Entscheidungen zu treffen oder sich - ob des vordergründigen Preisvorteils - nun endlich ihr Statussymbol "ADV-Anlage" zuzulegen, so ist in der Regel jedoch festzustellen, daß sowohl der EDV-Fachmann als auch der EDV-Laie sachbezogen kritischer geworden ist.

Nachdem auch die polemischen und ideologischen Kontroversen zwischen den Verfechtern einer zentralen und dezentralen Datenverarbeitung weitgehend überwunden scheinen, sollte heute eine vorurteilsfreie sachgerechte Abwägung und Entscheidung bei allen Automationsvorhaben möglich sein, die überwiegend nicht zu einem "entweder oder", sondern zu einer Symbiose der Verarbeitungsverfahren und damit zu einem arbeitsteiligen Einsatz von Groß- und Mikrocomputern führen dürfte.

Bisherige Erfolge und Mißerfolge zeigen hinreichend auf, wie der Einsatz der Datenverarbeitung bei neuen oder zu modifizierenden Automationsvorhaben konzipiert und realisiert werden sollte, und welche Randbedingungen zu beachten sind. Auf technische und technologische Daten und Wertungen wird nachfolgend verzichtet, statt dessen wird eine beispielhafte Bestandsaufnahme mit organisatorischen Problemstellungen behandelt. Denn nicht die technologischen Möglichkeiten, sondern die Optimierung der Aufgabenerfüllung sollte immer bestimmend sein.

2. Normen für Automationsvorhaben

Jedes Verwaltungshandeln und somit auch jede Automation in der öffentlichen Verwaltung muß vom Grundsatz der Wirtschaftlichkeit und Sparsamkeit getragen sein. Diese Prinzipien sind für den gesamten öffentlichen Bereich durch die §§ 6 und 19 des Haushaltsgrundsätzegesetzes (BGBl. I S. 1273) verbindlich, und zwar sowohl für die Planung als auch für den Haushaltsvollzug.

Für den Bund und die Länder ist der Grundsatz nochmals in den §§ 7 und 34 der Haushaltsordnung festgeschrieben.

Um die Einhaltung der Wirtschaftlichkeit und Sparsamkeit zu erreichen und zu steuern, sind zur Konkretisierung dieses Haushaltsgrundsatzes in Niedersachsen Regelungen erlassen, die Mindestvoraussetzungen beinhalten:

- nach einem Beschluß des Landesministeriums vom 20.01.1983 bedarf seiner Zustimmung die Errichtung einer elektronischen Datenverarbeitungsanlage oder die wesentliche Änderung einer vorhandenen Anlage, sofern der Jahresmietwert den Betrag von 2,5 Mio DM überschreitet,

- nach einem Runderlaß vom 01.02.1983 unterliegt die Beschaffung von DV-Geräten und -Programmen einem Anzeigeverfahren (beim Minister des Innern), damit

  - die ADV-Infrastruktur wirtschaftlich eingesetzt wird,
  - die Dienststellen bestmöglich versorgt werden und
  - eine verbundfähige Informationsverarbeitung möglich ist.

Beide Bestimmungen, die im wesentlichen der Koordination dienen, sind bisher nicht für den Hochschulbereich anzuwenden. Dafür gelten insoweit nur die "Grundsätze über die Errichtung und den Betrieb von Hochschulrechenzentren".

Das Verfahren für die Automatisierung von Aufgaben der Landesverwaltung ist in Verfahrensgrundsätzen vom 02.08.1972 im einzelnen geregelt. Der Landesrechnungshof hat diese Grundsätze am 04.11.1976 durch Mindestanforderungen, Grundsätze und Empfehlungen für die Durchführung von Projekten der automatisierten Datenverarbeitung nochmals konkretisiert. Für die Verwendung von automatischen Datenverarbeitungsanlagen im Haushalts-, Kassen- und Rechnungswesen hat der Finanzminister am 01.07.1980 mit der HRK-ADV-Best. weitergehende stringente Vorschriften erlassen.

Vor der Entscheidung zur Einführung eines automatisierten Verfahrens sind detaillierte Untersuchungen (vgl. Anlage) zwingend geboten.

Der Bund und die einzelnen Länder haben ähnliche Regelungen erlassen, die bei der Beschaffung von Hardware und Software sowie
bei der Konzeption, Einführung und Änderung von ADV-Verfahren
die Verwaltung zur Einhaltung des Grundsatzes der Sparsamkeit
und Wirtschaftlichkeit leiten und anhalten sollen.

3. Die dezentrale DV im Hochschulbereich

3.1 Forschung und Lehre

Wenn - wie bereits ausgeführt - die Einzelregelungen des Landes zur Einhaltung der Wirtschaftlichkeit und Sparsamkeit für
den Bereich Forschung und Lehre nicht unmittelbar verbindlich
sind, so ist es doch opportun, sich diese Mindestanforderungen
weitgehend zu eigen zu machen, um den allgemein zwingenden
Grundsatz der Wirtschaftlichkeit und Sparsamkeit hinreichend
zu beachten und einzuhalten. Im Bereich Forschung und Lehre
werden diese Regeln oft als "bürokratische Hemmnisse" abgetan
und negiert, vereinzelt aber haben Leiter wissenschaftlicher
Einrichtungen für ihren Verwaltungsbereich sogar weitergehende, noch strengere Anordnungen getroffen.

Wiederholt haben der Niedersächsische Landesrechnungshof und
andere festgestellt, daß Hochschulen über die verfügbare DV-
Kapazität nicht im Bilde waren. Diese Situation hat sich

durch die preisgünstigen Mikrorechner zum Teil verschärft. Als
der Bund zu erkennen gab, daß er im Rahmen eines Computerinve-
stitionsprogramms (cip) die Versorgung der Hochschulen mit
Mikrocomputern finanziell zu fördern beabsichtige, ermittelte
eine Medizinische Hochschuleinrichtung des Landes Niedersachsen erstmals (Stand Mitte November 1984), daß in ihren Klini-
ken bereits 57 Mikrocomputer vorhanden sind. Sie verteilen
sich auf 26 Gerätetypen von 17 Herstellern. Der weitere Bedarf
beträgt 110 Geräte, von denen allein 26 auf die zentrale Verwaltung entfallen. Für 45 v.H. der Anschaffungen sind Herstel-
ler- oder Typenwunsch noch unbestimmt, die anderen (55 v.H.)
haben sich schon für 13 Gerätetypen von 8 Herstellern entschieden.

Selbst wenn den einzelnen Klinikern ein gewisser ADV-Sachver-
stand eingeräumt wird, so zeigen doch die Daten der erstmali-
gen Erhebung, insbesondere über die bisherige und gewünschte
Rechnervielfalt in einer Hochschule, die vordergründig dem Un-
eingeweihten einen Bedarf aufgrund eines differenzierten Aufgabenprofils suggerieren mag, daß bisher die Grundsätze der
Wirtschaftlichkeit und Sparsamkeit weitgehend unbeachtet geblieben sind und wegen fehlender Koordination oder Kooperation
eine wirtschaftliche ADV-Infrastruktur unterblieben ist. Eine
rationale Aufgabenerweiterung oder -abgrenzung zwischen zentraler und dezentraler Datenverarbeitung blieb somit unge-
prüft.

Es bleibt die Hoffnung, daß der Finanzierungsanreiz des Bundes
u.a. als wirksames Instrument seitens des Wissenschaftsministeriums genutzt wird, von jeder Hochschule ein verbindliches
Konzept einer ausgewogenen und zweckmäßigen ADV-Infrastruktur
zu fordern, das eine rationelle Aufgabenverteilung zwischen
zentraler und dezentraler Datenverarbeitung einschließt.

3.2 Hochschulverwaltung

Im Bereich der Automation der Hochschulverwaltung besteht in
der Regel noch ein erheblicher Nachholbedarf, und zwar sowohl
zur Bewältigung von Massendaten als auch zur Verbesserung der
Informationen.

Die dezentrale Datenverarbeitung steht hier noch am Anfang,
wie beispielhaft auch der angemeldete Bedarf (26) der zentralen Verwaltung einer medizinischen Hochschuleinrichtung verdeutlicht.

Die verfügbare, überwiegend nicht selbst entwickelte Software
zwang die Hochschulverwaltung bisher zu einer weitgehend zentralen Verarbeitung.

Eine mangelnde Beachtung der Verfahrensgrundsätze und der Mindestanforderungen, die entsprechende Organisationsuntersuchun-
gen vorgeschrieben hätten, hat aber in der Vergangenheit oft

bewirkt, daß die althergebrachte Aufbau- und Ablauforganisation unverändert blieb und nicht optimiert wurde. Die DV-Ver-
fahren wurden damit nicht integriert, die Eigenständigkeit der
Datenverarbeitung mit erheblichen Redundanzen somit "gepflegt".

Mit Hilfe des Wissenschaftsministeriums ist über zentrale Untersuchungen einer Projektgruppe nach den Verfahrensgrundsätzen zu erwarten, daß es im Hochschulverwaltungsbereich landes-
weit zu einer ausgewogenen Aufteilung zwischen zentraler und
dezentraler Datenverarbeitung kommen wird.

3.3   Besondere Bereiche der Hochschulverwaltung

Um nicht wie beim 5. GI-Fachgespräch über Rechenzentren am
17./18. März 1983 in Tübingen wieder die medizinische Datenverarbeitung zu strapazieren, mag als Beispiel dieses Mal die
Automation des Bibliothekswesens dienen.

Das Bibliotheksrechenzentrum für Niedersachsen ordnet sich als
wissenschaftliches Rechenzentrum ein, denn es erbringt
Leistungen im Rahmen der Vorbereitung von Forschung. Diese
Vorbereitung zähle als Teil der wissenschaftlichen Forschungs-
arbeit.

Diese Selbsteinschätzung ist solange ohne Belang, als daraus
nicht die Konsequenz abgeleitet wird, als Teil des Bereiches
Forschung und Lehre nicht den verbindlichen Verfahrensgrundsätzen und Mindestanforderungen für die Automation von Verwal-
tungsverfahren zu unterliegen.

Tatsächlich wurde die Beschaffung der zentralen DV-Anlage für
das Bibliotheksrechenzentrum für Niedersachsen (BRZN) und der
dezentralen Geräte für die angeschlossenen Bibliotheken aus
Sachzwängen vollzogen, bevor ein hinreichend detailliertes
Konzept über die gesamte Automation vorlag. In nur zwei Jahren ist eine vom Ministerium gewünschte Teilautomation erfolgreich durchgeführt worden, ohne daß das Gesamtkonzept zwi-
schenzeitlich verfaßt ist. Förderungspolitische Abhängigkeiten haben daneben die bisherige Vorgehensweise beeinflußt.

Weil kein anderes Bundesland bisher den Automationsstand wie
in Niedersachsen erreicht zu haben scheint, sind erkannte
selbstkritische Anmerkungen aus einer Vorreiterfunktion vielleicht allgemein hilfreich:

Wichtige Automationsvorhaben mit erheblichen augenfälligen
Rationalisierungseffekten, von denen als Beispiel nur die
Automation aller Verfahrensschritte von der Vorakzessionierung
bis zur Magazinierung bei der Buch- und Zeitschriftenerwerbung
stehen mag, sind weder untersucht, noch terminlich fixiert.

Für die vollzogene Teilautomation ist weder die bisherige Aufbau- und Ablauforganisation insgesamt mit dem EDV-Verfahren abgestimmt. Die Datenerfassung ist der Fachverwaltung bisher teilweise entzogen und einer gesonderten EDV-Gruppe unter gesonderter Leitung zugewiesen. Eine Integration der Datenverarbeitung in die Fachaufgabe steht somit weiterhin aus.

Es ist offen, welche Automationsaufgaben zentral zu erledigen sind und welche dezentral rationeller und zweckmäßiger erfüllt werden können. Nicht ermittelt ist auch, welche Daten in welchem Umfang dezentral oder zentral vorzuhalten sind. In den Bibliotheken vor Ort stehen Terminals, deren "Intelligenz" bisher ungenutzt bleibt. Bei den Bemühungen der Bibliotheken, die Ausleihverbuchung dezentral zu organisieren, besteht die Gefahr, daß die notwendigen Verknüpfungen zu den zentralen Verfahren nicht hinreichend berücksichtigt werden.

Die aufgrund der Sachzwänge und des Zeitdrucks eingetretenen und sich abzeichnenden Mängel sind noch reparabel.

Nach der vollzogenen, als vordringlich motivierten Teilautomation, die bundesweit als Pilotversuch einzuordnen sein wird, sind vor einer Fortführung der Automation im Bibliothekswesen in Niedersachsen nunmehr die Untersuchungen nach den Verfahrensgrundsätzen unerläßlich und vordringlich, um die Automa-

tion in die Fachaufgabe einzubinden, eine sachgerechte Aufteilung in zentraler und dezentraler Datenverarbeitung vorzunehmen und damit Fehlentwicklungen zu vermeiden.

4. Dezentrale Datenverarbeitung in der allgemeinen Landesverwaltung

Als Beispiele einer ausgewogenen Zuordnung der Automationsaufgaben zu einer zentralen und dezentralen Datenverarbeitung mögen
die Fachverwaltungen der Forst und der Wasserwirtschaft herhal-
ten, weil der allgemeinen und inneren Verwaltung ein problemlo-
ser Umgang mit den Bestimmungen zur Wirtschaftlichkeit und Sparsamkeit nachgesagt wird.

Wenn auch mit anfänglichen "Geburtswehen", so haben die Forstverwaltung und die Wasserwirtschaftsverwaltung doch über einge-
hende Untersuchungen nach den Verfahrensgrundsätzen eine sinnvolle funktionsfähige Teilung des Automationsspektrums in dezentrale und zentrale Datenverarbeitung erreicht.

Beim Gewässerüberwachungssystem erfolgen die Datenspeicherung
und etwaige Alarmmeldung vor Ort, das heißt in den einzelnen
Meßstationen. Die Gesamtauswertung des gewässerkundlichen Daten-
materials erfolgt hingegen zentral.

In der Forstverwaltung sind die Automationsaufgaben sogar drei-
geteilt.

Zentrale Datenverarbeitung im Bezirksrechenzentrum, dezentrale
Datenverarbeitung mit Hilfe von Mikrocomputern in den staatli-
chen Forstämtern und mobile Datenerfassung in den Forstbetriebs-
bezirken bilden ein Ganzes.

Wie stark ein solches Automationsverfahren auf die frühere
Aufbau- und Ablauforganisation einwirkt und wie notwendig
detaillierte Untersuchungen nach den Verfahrensgrundsätzen sind,
soll ein befreiender forstwirtschaftlicher Stoßseufzer verdeut-
lichen, daß in Umsetzung des Organisationskonzepts sich ein Um-
bau der Verwaltung vollzogen habe, ohne daß das gesamte Gebäude
oder die Stützmauern eingerissen wurden. In beiden Fällen ist
die Beschaffung und Entwicklung der Hardware und Software einer
zentralen Stelle zugeordnet.

5. Dezentrale DV - Chance oder Überforderung der Verwaltung -

Voraussetzung einer sachgerechten, zweckmäßigen und wirtschaft-
lichen Aufteilung oder Zuweisung von Automationsaufgaben auf
eine zentrale und dezentrale Datenverarbeitung ist die eingehen-
de Untersuchung des Vorhabens nach den Verfahrensgrundsätzen
über Istaufnahme, Analyse und Sollvorschlag.

Die dezentrale oder teildezentrale Datenverarbeitung bildet in der Regel Gewähr, Fachaufgaben und deren Automation besser zu verbinden und zu integrieren, als das eine zentrale Datenverarbeitung vermag. Die automatisierte Fachaufgabe wird damit wieder zu einer Einheit.

Unterbleibt jedoch die Mitwirkung einer zentralen Stelle mit EDV-Sachverstand, die der Datenverarbeitung vor Ort die EDV-Probleme abnimmt und sie nicht fortlaufend unterstützt, so wird die Fachverwaltung regelmäßig überfordert, die dezentrale Datenverarbeitung wird zumindest stagnieren.

Mancher mag den Wunschgedanken hegen, der EDV-Fachmann sei überall vor Ort unentbehrlich. Untersuchungen zeigen, daß die dezentrale Datenverarbeitung dann in der Regel zu teuer und damit unwirtschaftlich wird.

Mit zentraler wirksamer EDV-Unterstützung ist die Fachverwaltung bereit und in der Lage, in der automatisierten Datenverarbeitung ihren Part vor Ort zu erfüllen.

Auszug aus den Mindestanforderungen des
Niedersächsischen Landesrechnungshofs vom 04.11.1976

Voruntersuchung

Zweck der Voruntersuchung ist es, überschlägig festzustellen, ob
die Automatisierung der Verwaltungsaufgabe zweckmäßig und wirtschaftlich und eine Hauptuntersuchung gerechtfertigt ist. Die Ergebnisse der Voruntersuchung sind zu dokumentieren.

Der Voruntersuchungsbericht soll insbesondere enthalten:
- eine Beschreibung der gegenwärtigen Aufbau- und Ablauforganisation (grobe Ist-Aufnahme mit Analyse),
- eine Beschreibung der möglichen künftigen Regelungen (grobe
  Sollvorschläge),
- eine Beschreibung der Möglichkeiten organisatorischer und verfah-
  rensmäßiger Verknüpfungen,
- die weiteren Projektkosten,
- die finanziellen Auswirkungen der ADV-Anwendung.

Der Voruntersuchungsbericht endet mit einem Entscheidungsvorschlag.

Hauptuntersuchung

Aufgrund des Ergebnisses der Voruntersuchung ist zu entscheiden, ob
eine Hauptuntersuchung durchgeführt wird.

Zweck der Hauptuntersuchung ist es, detailliert festzustellen, ob
die Automatisierung der Verwaltungsaufgabe zweckmäßig und wirtschaftlich ist. Die Ergebnisse der Hauptuntersuchung sind zu dokumentieren.

Der Hauptuntersuchungsbericht soll insbesondere enthalten:
- eine Darstellung des Istzustandes (Ist-Aufnahme),
- eine Analyse und Bewertung des Istzustandes,
- eine Darstellung der künftigen Regelung (Sollvorschlag mit erforderlichen Programmvorgaben einschl. der Entwürfe der Arbeitsan-
  leitungen für die am Verfahren beteiligten Stellen),
- eine umfassende Darstellung der Auswirkungen der ADV-Anwendung
  einschl. der organisatorischen und verfahrensmäßigen Verknüpfungen,
- eine Aufstellung des Ausführungsaufwandes,
- eine Wirtschaftlichkeitsberechnung,
- in geeigneten Fällen eine Nutzen-Kosten-Untersuchung.

Der Hauptuntersuchungsbericht endet mit einem Entscheidungsvorschlag.

DEZENTRALE RECHNERVERSORGUNG EINES INFORMATIKINSTITUTS
- EIN ERFAHRUNGSBERICHT -

C. Roth, T.E. Schütt, P. Vogel

Technische Universität München
Institut für Informatik
Arcisstr. 21
8000 München 2

0. Zusammenfassung

Das Institut für Informatik der Technischen Universität München sieht sich einer stark wachsenden Zahl von Studenten gegenüber. Um auch unter diesen veränderten Bedingungen eine solide Informatik-, insbesondere Programmierausbildung anbieten zu können, ist eine ausreichende Rechenkapazität notwendig. Dieser Rechenbedarf wird heute überwiegend durch ca. 90 untereinander vernetzte MARS Arbeitsplatzrechner gedeckt. Dieses Papier berichtet über Hintergründe und Randbedingungen für die Entwicklung von MARS und über mittlerweile mit dem Rechnerverbund gewonnene Betriebserfahrungen.

1. Einleitung

Das Institut für Informatik der Technischen Universität München ist für die Haupt- und Nebenfachausbildung in der Informatik verantwortlich. Diese Verpflichtung beinhaltet an einer Technischen Universität neben den üblichen Studienangeboten für Informatiker insbesondere auch die Numerik- und Programmierausbildung für Nebenfachstudenten und Ingenieure. Mit der stark zunehmenden Studentenzahl (siehe Tabelle 1) konnte der Anfang der siebziger Jahre installierte und inzwischen völlig veraltete Großrechner TR440 nicht mehr mithalten. Er wurde deshalb im Herbst 1983 durch einen neuen Zentralrechner und eine stetig wachsende Zahl miteinander vernetzter Arbeitsplatzrechner (derzeit ca. 90) ersetzt.

Die vorliegende Arbeit diskutiert in Kapitel 2, beschränkt auf den
Arbeitsplatzrechnerverbund, das identifizierte Anforderungsprofil
und leitet das am Institut entwickelte Konzept einer dezentralen
Versorgung ab (/SCU83/). Das Kapitel 3 stellt den Anforderungen die
untersuchten Möglichkeiten der Bedarfsdeckung gegenüber. Über die
Erfahrungen mit dem ausgewählten System (/HEI83/) unter den Ge-
sichtspunkten Benutzerakzeptanz, Betriebsaspekte, Qualität und Ver-
fügbarkeit von Hard- und Software berichtet der vierte Abschnitt.
Ein kurzer Ausblick auf die im Institut geplanten zukünftigen
Weiterentwicklungen beschließt die Arbeit.

Studienjahr	Studenten
73/74	210
78/79	608
81/82	1257
82/83	1412
83/84	1639
84/85	1814

Tabelle 1: Hauptfach-Informatikstudenten an der TU München

2. Dezentrale Versorgung

Die zu entwerfende neue Versorgungsstruktur hatte im wesentlichen
zwei Anforderungen zu erfüllen: Erstens den Massenbedarf in der
Grundausbildung abzudecken und zweitens für die wissenschaftlichen
Mitarbeiter des Instituts ständig verfügbare Rechner mit einer
reichhaltigen Softwareumgebung insbesondere auch zur Textverarbeitung bereitzustellen.

Für den Bedarf der Studenten in der Grundausbildung wurden die
technischen Anforderungen präziser quantifiziert:

- für Studentenprogramme genügt ein (virtueller) Speicherbedarf von 64 kByte
- ein Student benötigt privaten Hintergrundspeicher von mindestens 200 kByte
- ein Student druckt bis zu 10000 Zeilen pro Semester
- die CPU-Leistungsfähigkeit ist normalerweise für einen Informatikstudenten kein Engpaß, sie ist es jedoch für Ingenieure, die für ihre numerischen Programme einen ganz erheblichen CPU-Bedarf haben.
- es werden leistungsfähige Softwarepakete mit möglichst einfacher Benutzerschnittstelle benötigt (z.B. Editoren, Übersetzer, Programmbibliotheken, Textaufbereitung).

Keine der genannten Anforderungen ist so weitgehend, daß sie nur auf einem zentralen Großrechner erfüllbar wäre. Daher wurde neben diesem "klassischen" Ansatz auch die dezentrale Lösung mit untereinander verbundenen Arbeitsplatzrechnern erwogen. Für fortgeschrittenere wissenschaftliche Arbeiten ist darüberhinaus der Erwerb von Fremdsoftware bzw. umgekehrt die Weitergabe eigener Softwarepakete unverzichtbar. Dies bedeutet zwangsläufig den Einsatz weitverbreiteter Betriebssysteme (z.B. CP/M oder UNIX).

Da die Bereitstellung von Dienstleistungen am Arbeitsplatz ein sehr gutes Antwortzeitverhalten erwarten läßt, wurde eine weitgehend dezentrale Lösung angestrebt. Insbesondere sollten alle häufig genutzten Hardware- und Softwarekomponenten am Arbeitsplatz bereitgestellt werden. Um den Zugriff auf diejenigen Dienstleistungen zu gewährleisten, die nur zentral erbracht werden können oder sollen, wie z.B. elektronische Post, Verteilung von Aufgabenstellungen und Musterlösungen, Zugriff auf teuere Hardwarekomponenten wie Plotter oder Drucker, müssen die Arbeitsplatzrechner sinnvollerweise mittels eines zuverlässigen und hinreichend schnellen Kommunikationsmediums zu einem Verbund vernetzt werden.

3. Alternativen der technischen Realisierung

Prinzipiell bestand die Möglichkeit, auf dem kommerziellen Markt Geräte zu beschaffen, die den im Kapitel 2 beschriebenen Kriterien genügten; derartige Geräte waren zum damaligen Zeitpunkt (1982) zwar noch nicht in dem heutigen Ausmaß verfügbar, doch gab es ein ausreichendes Angebot, dessen wachsende Tendenz bereits abzusehen war. Die Alternative dazu war, Hardware und/oder Software selbst zu produzieren.

Bei selbstentwickelter Hardware konnte man mit folgenden Vorteilen rechnen:

- Bekannte Internstruktur der selbstentwickelten Geräte,
- Einzelkomponenten verschiedener Hersteller verwendbar,
- bei modularem Aufbau schrittweise Anpassung an die technologische Entwicklung möglich,
- Produktion eines Arbeitsplatzrechners als Forschungsgegenstand,
- Unterstützung von Forschungsprojekten durch spezielle HW-Architekturen.

Für eine kommerzielle Beschaffung der Hardware sprachen folgende Überlegungen:

- Garantierte Qualität,
- Wartung durch Hersteller,
- verbreiteter Standard.

Die Entscheidung über die zu beschaffende Hardware sollte aber nicht die Frage der darauf zu verwendenden Software präjudizieren, zumal es Betriebssysteme gibt, die eine genormte Schnittstelle für Anwender- und Systemprogramme bieten und auf einer nicht-genormten Hardware ablaufen können. Die bekanntesten sind CP/M, MS/DOS und UNIX. Als besonders interessant erschien die Anforderung, daß dieselbe Hardware nicht nur ein einziges, sondern wahlweise das eine oder das andere System unterstützen könnte.

Für kommerzielle System-Software sprachen folgende Überlegungen:

- genormte Software-Schnittstelle mit reichem Angebot an Programmierwerkzeugen und Anwendungssoftware,
- Personalmangel bei eigener Entwicklung von System-Software.

Es sprechen jedoch auch Überlegungen für eigenentwickelte Betriebssoftware:

- Gerade im Mikrocomputer-Bereich ist kommerzielle Software oft nicht fehlertolerant und bei weitem nicht fehlerfrei; selbst wenn Fehler erkannt sind, lassen sie sich nicht beheben, weil einerseits die Quellen nicht zugänglich sind, andererseits viele Hersteller nicht bereit sind, eine zufriedenstellende SW-Wartung zu gewährleisten, ja nicht einmal Fehlerkorrekturen "auf Bestellung" vorzunehmen.

- Im Studentenbetrieb sind mitunter besonders harte Anforderungen gegeben: Fehlermeldungen müssen verständlich sein, interaktive Hilfestellungen sind erforderlich; auf der anderen Seite wird die Funktionalität der Programme oft stärker ausgenutzt, als es in der Praxis der Datenverarbeitung üblich zu sein scheint (z.B. Rekursivität in Programmiersprachen).

Die Entscheidung über den einzuschlagenden Weg war stark von den vorhandenen Vorarbeiten beeinflußt, auf denen aufgebaut werden konnte. Am Institut war bereits ein Einprozessor-Arbeitsplatz-rechner auf Intel-8085-Basis entwickelt worden, auf dem ein selbst-entwickeltes Betriebssystem lief. Im Rahmen eines Forschungspro-jektes war eine Mehrprozessorarchitektur entstanden, auf der ein funktional verteiltes Grundbetriebssystem mit einem Intel 8086/8087 als leistungsfähigem Rechner implementiert war (/BIT82/). Obwohl beide Systeme von der Benutzeroberfläche wie auch von der Zuver-lässigkeit her nicht ausgereift waren, stellten sie für zukünftige Entwicklungen doch eine sehr gute Basis dar. An Systemsoftware im weiteren Sinn war nur ein Pascal-Crosscompiler vorhanden, der mit einigem Aufwand vom Großrechner hätte portiert werden können. Son-stige Compiler, Editoren, Programme zur Textverarbeitung, Daten-banksysteme etc. waren nicht verfügbar. Bei dieser Ausgangs-situation fiel die Entscheidung zugunsten der folgenden Lösung: Verwendung der vorhandenen eigenentwickelten Hardware, Adaptierung eines kommerziellen Betriebssystems mit Standardschnittstelle und Verwendung von kommerzieller Benutzersoftware.

Vor allem die mit übersehbarem Aufwand durchführbare Anpassung an eigene Hardware sprach für CP/M; ferner die Tatsache, daß es CP/M-Versionen (mit vollkompatibler Dateischnittstelle) sowohl für den 8085- als auch für den 8086-Prozessor gab . Da CP/M in mancher Hinsicht als zu primitiv angesehen wurde, insbesondere was den Zugriffsschutz, die Benutzerkontrolle und die verfügbaren Pro-grammierwerkzeuge angeht, zeichnete sich schon damals der Weg zu UNIX ab. Im Entscheidungszeitraum war der UNIX-Einsatz jedoch noch nicht realisierbar: es waren weder die dazu notwendigen Hardware-erweiterungen verfügbar, noch gab es eine allgemein zugängliche, auf dem Prozessor Intel 8086 laufende Portierung, noch hatten wir die nötigen UNIX-Erfahrungen.

Bei der Entwicklung des Systems war von Anfang an die Flexibilität in den Vordergrund gestellt worden, um einen Übergang zu anderen moderneren Systemen zu ermöglichen. Die wichtigsten Voraussetzungen dazu waren:
- saubere Trennung zwischen Peripherie und Anwendungsrechner durch einen gewidmeten E/A-Prozessor (Intel 8085),
- großer, leicht erweiterbarer Arbeitsspeicher (bis zu 1 MByte),
- Konzentration der prozessorspezifischen HW auf einer einzigen "Rechnerkarte",
- Ausrüstung aller Rechner mit großen Festplatten (20 MByte).

Dies ermöglichte beispielsweise später in sehr kurzer Zeit die Umrüstung auf den UNIX-fähigen Prozessor 80286; mit etwas größerem Aufwand könnte auch ein Prozessor der Familie Motorola M68000 integriert werden.

Entsprechend der damaligen Entscheidung hat das System heute etwa folgendes Aussehen (für Details siehe /GER84/): Es gibt verschiedene HW-Konfigurationen, die in Tabelle 2 dargestellt sind. Sie alle können über ein V.24-Netz, das mit der kommerziell verfügbaren CP/Net-Software betrieben wird, mit einer Zentrale des Typs S oder M sternförmig verbunden werden. Unsere Standardkonfiguration erlaubt es, bis zu 8 derartige Rechner in einen Verbund einzubringen.

An Software steht für die CP/M-Systeme zur Verfügung: Übersetzer für Pascal, C, Modula-2, Fortran-77, Textverarbeitung mit Word-Master und WordStar, ein relationales Datenbanksystem und einiges mehr.

Typ	CPU	Speicher-ausbau	Betriebs-systeme	Floppy (je 1MB)	Disk (20 MB)
F	8085	64 kB	CP/M-85	2	-
S	8085	64 kB	CP/M-85 MP/M-85	1	1
	8086	256 kB	CP/M-86		
M	8085	64 kB	CP/M-85 MP/M-85	2	1
	8086,286	512 kB	CP/M-86		
PAX	8085	64 kB	CP/M-85	1	1 bis 2
	80286	768 kB	XENIX-286		

Tabelle 2: Verschiedene Typen von MARS-Arbeitsplatzrechnern

4. Erfahrungen

4.1 Probebetrieb

Mit Beginn des Sommersemesters 1983 wurden acht Benutzerrechner und eine Zentrale zu einem MARS-Verbund zusammengeschlossen und in Betrieb genommen. Alle neun Rechner waren vom Typ F, verfügten also nur über je zwei Diskettenlaufwerke. An die Zentrale war zusätzlich ein Typenraddrucker angeschlossen. Als Betriebssoftware wurden die Systeme der CP/M-Familie nach den Anweisungen des Herstellers an die gegebene Hardwarearchitektur angepaßt. Um einen praxisnahen Test durchführen zu können, sollten zwei Tutorgruppen von "Freiwilligen" ihre Übungsaufgaben zur Vorlesung Informatik II auf diesem MARS-Verbund bearbeiten. Alle anderen Tutorgruppen arbeiteten wie bisher auf dem Großrechner TR440.

Jeder Teilnehmer des Probebetriebs erhielt eine Diskette mit Betriebssystem, Übersetzern, Editoren etc., auf der auch die eigenen Daten gespeichert werden konnten. Ein Handbuch mit Bedienungsanleitung und Beschreibung der Systemprogramme wurde geschrieben und verteilt. Für die Beratung und Aufsicht bei den MARS-Geräten konnte auf Teilnehmer eines Seminars über Betriebssysteme für Arbeitsplatzrechner zurückgegriffen werden, die als studentische Hilfskräfte angestellt wurden. In den Betriebszeiten war immer ein Berater anwesend.

Schon am Anfang des Probebetriebs zeigte sich, daß die Benutzerrechner im Lokalbetrieb schnell und zuverlässig arbeiteten, der Netzbetrieb dagegen nicht stabil war. Das Betriebssystem in der Zentrale und der Betrieb auf einzelnen Leitungen brachen oft zusammen, das Drucken über die Zentrale gelang nur, wenn sich alle Teilnehmer gutwillig verhielten. An eine rasche Beseitigung der Netzprobleme war nicht zu denken, weil zuerst Überwachungsprogramme für den Netzbetrieb geschrieben werden mußten, um die Fehlersituationen analysieren zu können. Von dem Systemhersteller werden keine solchen Hilfsmittel geliefert.

Dank individueller Betreuung der Übungsteilnehmer durch die studentischen Hilfskräfte und überdurchschnittlicher Motivation aller Beteiligten konnte der Betrieb aufrechterhalten werden. Parallel dazu konnte die Systemgruppe mit entsprechenden Werkzeugen die Fehler diagnostizieren und nach und nach beheben.

Bei der Adaption eines derartigen Systems treten folgende typische Probleme auf:
- Es sind i.a. keine Quellen vorhanden (Ausnahme HW-abhängige Teile).
- Die erhältliche Dokumentation ist unzulänglich.
- Es werden keine Werkzeuge zum Testen und Messen angeboten.
- Insbesondere Compiler und Laufzeitsysteme sind unzureichend erprobt und enthalten zu viele Fehler.
- Fehlende Robustheit gegenüber fehlerhafter Bedienung.

Beispielsweise führt das Drucken einer Binärdatei dazu, daß auch nichtdruckbare Zeichen an den Drucker durchgereicht werden, wodurch der Drucker umprogrammiert und in einen undefinierten Zustand versetzt werden kann. Insbesondere im vernetzten Betrieb sind solche

Auswirkungen nicht tragbar. Als anderes Beispiel sei die statisch fixierte Maximallänge der Warteschlange für Druckaufträge im Betriebssystem des Zentralrechners erwähnt; sie konnte nur im Absolutcode geändert werden, wozu es keinerlei Hinweise in der Dokumentation gab.

Insgesamt war der Probebetrieb des MARS-Verbunds weit weniger stabil als am Großrechner, was jedoch dank der guten Antwortzeiten in Kauf genommen wurde. Auch die gute Beratung und das kooperative Verhalten der Teilnehmer hielten die Schwierigkeiten in Grenzen. Im Laufe des Semesters wurden die meisten Probleme beseitigt, so daß niemand von der Möglichkeit Gebrauch machte, auf den Großrechner zurückzugehen.

4.2 Der MARS-Betrieb im großen

Als im Sommer 1983 der alte Großrechner TR440 abgebaut wurde, war die Produktion von 63 MARS-Rechnern für die Übung zur Vorlesung Informatik I angelaufen. Sie sollten zu 7 MARS-Sternen vernetzt werden. Im Gegensatz zum Probebetrieb wurden Rechner vom Typ S, also mit einer Festplatte und nur einem Diskettenlaufwerk, gebaut. Der Typenraddrucker an der Zentrale wurde durch einen schnelleren Matrixdrucker ersetzt. Für die Inbetriebnahme neuer Rechner wurde ein Abnahmeverfahren festgelegt, und für den Test der Hardwarekomponenten wurden besondere Testprogramme ausgearbeitet.

Die Betriebssoftware wurde auf der Festplatte und die benutzereigenen Daten auf der Diskette gehalten. Zum Schutz der Lizenzsoftware vor Weitergabe wurde den Studenten nur ein nicht genormtes TU-internes Diskettenformat zur Verfügung gestellt. Damit konnte die Verwendung von MARS-Programmen außerhalb der TU und der Einsatz unerwünschter Fremdsoftware in den MARS-Geräten unterbunden werden.

Am Semesteranfang herrschte an den Geräten großer Andrang. Die Studenten brauchten für die ersten Aufgaben länger als erwartet, da alle Handgriffe gelernt werden mußten. Zwar wurde auch für den vollen MARS-Betrieb ein Beratungsdienst organisiert, die Anzahl der Berater konnte jedoch nur auf jeweils zwei bis drei Anwesende erhöht werden, was sich für die am Anfang notwendige individuelle Hilfe am Gerät als zu wenig erwies. Auch im späteren Semesterverlauf waren die Geräte fast den ganzen Tag voll besetzt. Ein Rechner für durchschnittlich zehn Studenten erwies sich besonders während der Stoßzeiten als viel zu wenig.

Mit dem Übergang vom Probebetrieb mit 40 Studenten zum anonymen Massenbetrieb mit mehr als 700 Studenten ging bei den Benutzern eine Wandlung der Einstellung zum Rechner einher, die sich in vermehrten destruktiven Aktivitäten ausdrückte. Im Gegensatz zum kooperativen Verhalten im Probebetrieb wurden nun immer wieder Versuche beobachtet, das System "aufs Kreuz zu legen" oder es für den Nachfolger unbrauchbar zu machen. Häufig wurden wichtige Systemdateien von der Platte gelöscht. Da das Nachladen des Systems von der Diskette lange dauert (ca. 15 Min.), wurde auf der Platte ein schreibgeschützter Bereich für eine Sicherheitskopie der Systemsoftware eingerichtet, der nur mit einer besonderen Betriebssystemversion beschrieben und mit der Studentenversion nur gelesen werden kann. Damit konnte der Benutzer fehlende oder zerstörte Objekte selbständig mit Hilfe der Sicherheitskopie restaurieren. Ein anderer beliebter "Scherz" war, eine Datei von einigen Tausend Seitenvorschüben auszudrucken - hier machte sich das Fehlen einer Seitenschranke bemerkbar.

Nach einigen Änderungen im Betriebssystem wurde der Betrieb relativ sicher. Eine absolute Sicherheit kann es in einem System, das keinen ausreichenden Zugriffsschutz auf Dateien bietet und nicht durch einen Prozessor mit System- und Benutzermodus unterstützt wird, aber nicht geben. Beispielsweise gelang es einzelnen Studenten, durch Modifikation des Betriebssystemcodes im ungeschützten Hauptspeicher den Schreibschutz auf der Festplatte zu umgehen und die Sicherheitskopie zu zerstören.

4.3 Verteiltes System im Studentenbetrieb

Auf die Einführung der MARS-Rechner haben die Studenten positiv, zum Teil sogar mit Begeisterung reagiert. Insgesamt wurde nach Ansicht des Übungsleiters lieber, schneller und besser gearbeitet.

Statt eines anonymen und komplizierten Großrechners gab es einen
überschaubaren Arbeitsplatzrechner zum Anfassen. Die Bedienung und
die Kommandosprache waren einfach, der Editor übersichtlich und
schnell, so daß man sich viel besser auf die eigentliche Pro-
grammieraufgabe konzentrieren konnte.

Die Qualität der Lizenzsoftware ist sehr unterschiedlich:

Die Betriebssysteme der CP/M-Familie sind wegen der einfachen und
übersichtlichen Benutzerschnittstelle gut geeignet und sehr be-
liebt, zudem nahezu fehlerfrei. Allerdings läßt die Funktionalität
an manchen Stellen zu wünschen übrig. Da CP/M für einen Betrieb mit
Festplatte und wechselnden Benutzern nicht konzipiert ist, verführt
der fehlende Schutz des Systems die Studenten zu Experimenten mit
nicht vorhersehbaren Folgen.

Die Editoren und die Textsysteme sind generell sehr gut. Neben den
schnellen Antwortzeiten, beispielsweise für das Blättern oder das
assoziative Suchen in einer Datei, stechen die einfachen und leicht
erlernbaren Benutzerschnittstellen mit ihrer hohen Funktionalität
hervor, die noch durch ein selbsterstelltes Koprogramm erweitert
wurde, welches die Syntaxprüfung von Pascalprogrammen während des
Edierens ermöglicht und so die Programmentwicklung der Studenten
erheblich erleichtert und beschleunigt.

Die Übersetzer mit dazugehörigen Laufzeitsystemen sind im allgemeinen die bei weitem schwächsten Systemteile. Fehlerhaft ist oft
die Übersetzung von weniger üblichen Sprachkonstrukten, die im Studentenbetrieb verwendet werden. Numerische Bibliotheksroutinen liefern oft ungenaue oder gar falsche Ergebnisse: wir mußten sie zum
Teil neu schreiben. Die Übersetzer haben auch viele konzeptionelle
Schwächen: Die Fehlerdiagnostik ist nicht ausreichend, die Überwachung von Laufzeitfehlern wie Überschreiten von Arraygrenzen oder
Überschreiten des (nur 16 Bit großen) Integerbereichs ist zum Teil
nicht einmal optional verfügbar; der angebotene Sprachumfang ver-
letzt die Standards (z.B. fehlende Sprünge aus rekursiven Prozeduren); die 8086-Versionen können nicht den ganzen Adreßraum des
Prozessors adressieren, um nur einige Unzulänglichkeiten aufzu-
zählen.

Die Robustheit der im Hause gebauten Geräte hielt der schweren
Prüfung im Studentenbetrieb gut stand. Häufigere Störungen gab es
nur bei einigen wenigen Exemplaren.

Die Vernetzung mit CP/Net erwies sich als ausreichend für die von
uns benötigten Anwendungen. Es wurde zusätzliche Funktionalität
gewonnen. Neben der Übertragung von Druckdateien ermöglicht sie die
zentrale Haltung von kleineren Dateien, welche aktuelle Tagesinfor-
mation zum Vorlesungs-, Übungs- und Rechenbetrieb und Einführungs-
beispiele für die Bedienung des Pascalsystems am MARS enthalten.
Außerdem gibt es Dateien mit Übungsaufgaben und Musterlösungen oder
Programmoduln mit vorgegebenen übersetzten Teilen zum Anbinden an
die Übungsaufgaben, die von den Studenten regelmäßig verwendet werden. Die Aktualisierung dieser Dateien in allen Geräten wäre vom
Arbeitsaufwand her unmöglich gewesen.

Unsere Erfahrungen bestätigen, daß der Einsatz von Arbeitsplatzrechnern für die Massenausbildung von Studenten aus funktionalen
und organisatorischen Gründen nur sinnvoll ist, wenn ein Mindestmaß
an Vernetzung vorliegt.

Der MARS-Betrieb hat jedoch auch Probleme mit sich gebracht. Das
Verteilen der Betriebssoftware auf alle Arbeitsplätze ist um ein
Vielfaches aufwendiger als beim Großrechner. Für die Übertragung
der 2 MByte Systemprogramme pro Rechner ist das bestehende Netz zu
langsam (1 kByte/sec), weshalb die Software an jedem Arbeitsplatz
von Disketten eingelesen wurde. Zu diesem Zweck wäre ein schnel-
leres Netz mit der Möglichkeit der Verteilung von einer einzigen
Station aus sehr wünschenswert.

Größere Probleme als erwartet entstanden durch den Einsatz der
Festplatte: Während des Probebetriebs hatte jeder Student die
Systemsoftware auf seiner eigenen Diskette und war für ihren Schutz
selbst verantwortlich. Jetzt befand sie sich auf der Festplatte,
für deren Schutz sich der Student nicht mehr verantwortlich fühlte,
ja deren Zerstörung manchem als besondere Herausforderung erschien.
Um feststellen zu können, ob die Systemsoftware in korrekter Form
vorliegt, wurde in eigener Regie ein Dienstprogramm geschrieben.
Eine weitere Konsequenz der Einführung von Platten war, daß temporäre Dateien des Vorgängers hinterlassen wurden; um sie zu löschen,
wurde ebenfalls ein Dienstprogramm erstellt. Trotz dieser organisa-

torischen Probleme erscheint eine Festplatte für den Übungsbetrieb
notwendig, weil sie neben weitaus besseren Reaktionszeiten auch die
Aktualisierung einzelner Systemprogramme während des Semesters ermöglicht.

Vermißt wurden auch die bei Großrechnern üblichen Operateurdienste,
wie Anlegen von Sicherungskopien und die sichere Bedienung des
Druckers. Zwar fördert die Bedienung des Druckers eine engere
Beziehung des Benutzers zum Rechensystem, der Anfängerstudent ist
damit jedoch oft überfordert.

Die Aufgabe des Übungsleiters ist durch den Übergang vom Großrechner zu MARS schwieriger geworden. Die schlechten Sprachsysteme
mußten bei den Aufgabenstellungen berücksichtigt werden. Mangels
anderen Personals mußte sich die Übungsleitung auch um viele
Aspekte der Organisation des Rechenbetriebs kümmern, wie z.B. um
die Auswahl der Systemsoftware oder die Zugangskontrolle zu den
Rechnern.

Die direkte Präsenz von Arbeitsplatzrechnern und ihre bequeme Hand-
habung führt sehr schnell zu der Forderung, auf ihnen alle Aufgaben
zu lösen, auch solche, für die sie ursprünglich nicht vorgesehen
waren. Dies gilt insbesondere für Forschungsaufgaben, wo Forderungen nach sehr großen Adreßräumen sowie Programmiersystemen hoher
Qualität als selbstverständlich vom Großrechner übernommen und auch
für Arbeitsplatzrechner gestellt werden. Es wird dann oftmals unberechtigte Kritik erhoben, die die ursprüngliche Zielsetzung außer
acht läßt.

Mit der Familie der MARS-Rechner hat sich das Institut für Informatik ein vielfältig verwendbares und preiswertes Werkzeug für
Lehre und Forschung geschaffen. An der Entwicklung waren nicht nur
Institutsmitarbeiter beteiligt, auch mehrere Diplom- und Prakti-
kumsarbeiten wurden dazu vergeben. Inzwischen werden die MARS-
Rechner auch von einigen anderen Instituten der TUM eingesetzt.
Zusammenfassend kann der von uns eingeschlagene Weg vor allem wegen
der hervorragenden Benutzerakzeptanz empfohlen werden; auch aus
technischer Sicht haben sich keine unlösbaren Probleme ergeben.

5. Ausblick

Nachdem die MARS-Rechner unter CP/M einen brauchbaren Zustand für
den Studentenbetrieb erreicht haben und auch von den Mitarbeitern
intensiv genutzt werden, soll die Entwicklungsarbeit fortgesetzt
werden. Die Weiterentwicklung läßt sich mit den Stichworten XENIX,
LAN und Graphik charakterisieren.

Der neuentwickelte Prozessor Intel 80286 bildet die technische
Basis für die XENIX-Portierung (/FRI84/). Im Vordergrund der XENIX-
Weiterentwicklungen steht derzeit der Anschluß an das im Institut
installierte Ethernet. Dazu soll die Newcastle-Connection (/BRO82/)
portiert werden, die es ermöglicht, alle angeschlossenen UNIX-
Systeme in einem einzigen Dateibaum zu vereinen. Einige CP/M-
Systeme sind an das im Leibniz-Rechenzentrum LRZ vorhandene Net-
One, welches dem Ethernet ähnelt, angeschlossen. Über dieses Netz
sind eine Reihe anderer Rechner erreichbar, insbesondere wird dadurch der Anschluß an einen Großrechner Cyber 175 hergestellt.

Die Graphikentwicklung wird auf beiden Betriebssystemen durchgeführt. Es wird an der Portierung eines im Hause für einen Großrechner entwickelten Graphiksystems (/REI77/, /ZIN84/) gearbeitet.
Außerdem soll die Anpassung des graphischen Kernsystems GKS unter
Zuhilfenahme kommerzieller Basissoftware erfolgen.

6. Acknowledgements

Außer den Autoren waren unter der Leitung von Prof. Dr. R. Bayer
Frau A. Einenkel sowie die Herren D. Friede, R. Gerold, J. Heigert,
K. Schury, M.K. Shen und F. Stolz an der MARS-Entwicklung beteiligt. Die Herren R. Fößmeier, A. Kornexl und L. Zink erweiterten
die angebotene Benutzersoftware. Frl. C. Preuss, Frau H. Schneider
und Herr S. Eichholz waren für die Durchführung des Übungsbetriebs
zuständig.

7. Literatur

(/BIT82/) Bittmann P.: The Architecture of the Computerized Workstation LEO
in: Struktur und Betrieb von Rechensystemen, NTG/GI-Fach-
tagung, Ulm 1982

(/BRO82/) Brownbridge D.R., Marshall L.F., Randell B.: The Newcastle Connection or UNIXes of the World: UNITE!
Software Practice and Experience, Volume 12, 1982

(/FRI84/) Friede D.: Vom CP/M- zum Unix-System
Markt&Technik, Nr. 24, Juni 1984

(/GER84/) Gerold R., Heigert J., Roth C., Schütt T.E.: MARS -
Technische Beschreibung
TU-Bericht I8401, Institut für Informatik der Technischen
Universität München, Januar 1984

(/HEI83/) Bayer R., Friede D., Gerold R., Heigert J., Roth C.,
Schury K., Schütt T.E., Shen M.K., Stolz F., Vogel P.:
Hardware/Software Design of MARS, a System of Personal
Workstations
TU-Bericht I8309, Institut für Informatik der Technischen
Universität München, September 1983

(/REI77/) Reinsch C., Apostolescu V., Weidner K.: Das LRZ-Graphik-
system, Teil I bis III
LRZ-Benutzerschriften 7708/6, 7710/7 und 7904/4, Leibniz-
Rechenzentrum der Bayerischen Akademie der Wissenschaften, München

(/SCU83/) Bayer R., Gerold R., Heigert J., Roth C., Schütt T.E.,
Shen M.K., Stolz F., Vogel P.: Distributed Computing in a
University Environment
TU-Bericht I8310, Institut für Informatik der Technischen
Universität München, September 1983

(/ZIN84/) Zink L.: Speichereffizienter Plotalgorithmus für Matrix-
drucker
TU-Bericht I8404, Institut für Informatik der Technischen
Universität München, 1984

Ein Vorentscheidungsmodell zur Bestimmung des Zentralisations- bzw. Dezentralisationsgrades für Informationssysteme

Dr. Friedrich Roithmayr
Johannes Kepler Universität Linz/Österreich

Inhaltsverzeichnis

Summary

1. Einleitung

2. Modelldarstellung
2.1. Modellarchitektur
2.1.1. Der Prozeß der "Informationssystemfunktion"
2.1.2. Das Konzept der logischen Anwendungsgruppe (LAG)
2.1.3. Die Dimension des organisatorischen Teilsystems
2.2. Der Prozeß zur Bestimmung des Zentralisations-/
     Dezentralisationsgrades

3. Durchführung der Erhebung

4. Ergebnisse
4.1. Grundsätzliches
4.2. Detailbetrachtung im Hinblick auf die EDV-Versorgung
4.3. Büroautomation

5. Konfigurationsempfehlung

6. Kritik des Ansatzes und Schlußbemerkung

7. Literaturverzeichnis

Summary

Im nachfolgenden Beitrag wird im ersten Teil ein theoretisches Modell zur Bestimmung des Zentralisations- bzw. Dezentralisationsgrades der Informationsverarbeitung dargestellt.

Im zweiten Teil wird über den Einsatz dieses Modells an der Universität Linz berichtet.

1. Einleitung

Bedingt durch die technologische Entwicklung am Hardwaresektor, die steigende Ressourcenanforderung durch die Benutzer von Informationssystemen, die Budgetkürzungen in den Bereichen Hard- und Software, Personal sowie Betrieb von DV-Systemen, hat bereits vor einiger Zeit eine verstärkte emotionsgeladene Diskussion zum Thema Zentralisation versus Dezentralisation bei Betrieb und Organisationsform von Informationssystemen eingesetzt.

Ein Entscheidungsmodell einer Rechnerauswahl läßt sich grundsätzlich in 3 Phasen gliedern.

(1) Aufgrund der Benutzeranforderungen werden alternative Konfigurationscluster gebildet (vgl. Kretzschmar/Mertens, Zentralisierungs-/ Dezentralisierungsentscheidung).

(2) Unter Zuhilfenahme der Nutzwertanalyse wird die bestmögliche Konfiguration ausgewählt.

(3) Unter Verwendung bekannter Verfahren erfolgt die Bestimmung der Konfiguration im engeren Sinne, das heißt die Festlegung der Rechnergrößenklassen, die Bestimmung des Externspeichers usw. (vgl. Roithmayr F., LIKAP).

Ziel der nachfolgenden Fallstudie ist es, für die erste Phase des Entscheidungsprozesses ein Vorentscheidungsmodell zu konzipieren, welches aufgrund der Benutzeranforderungen alternative Zentralisations- bzw. Dezentralisationscluster anbietet.
Das hier dargestellte Modell ist eine Adaptierung des Rockart`schen Ansatzes (vgl. Rockart et. al. Centralization vs Decentralization).

2. Modelldarstellung

2.1. Modellarchitektur

Eine Distribuierungsentscheidung kann nicht in einem Einzelschritt durchgeführt werden. Es gilt eine Anzahl von Entscheidungen zu treffen, von denen jede einen Teil des komplexen Informationssystems betrifft. Ausgehend vom Rockart`schen Ansatz wird ein dreidimensionales Modell verwendet. Abb.1 zeigt dies als Grafik (entnommen bei Kretzschmar/Mertens, Zentralisierungs-/Dezentralisierungsentscheidung).

2.1.1. Der Prozeß der "Informationssystemfunktion"

Dieser Prozeß gliedert sich in folgende Subprozesse:
- Systementwicklung   - Systemmanagement.
- Systembetrieb

Unter der Systementwicklung werden die Systemplanung, die Detail-
planung und Programmierung, die Einführung, sowie die Wartung verstanden. Die Hauptressource für die Systemplanung stellt das Ent-
wicklungspersonal dar.

Unter dem Systembetrieb versteht man den Ablauf des computerge-
stützten Informationssystems. Im einzelnen werden darunter die Datenerfassung, das Update, die Verarbeitung und die Auswertung verstanden. Die für den Systembetrieb notwendigen Ressourcen sind
Hardware, Software, Personal, sowie das gesamte Datenbanksystem.

Unter Systemmangagement versteht man den Planungsprozeß, die Stra-
tegiensetzung, sowie das Setzen von Standards.

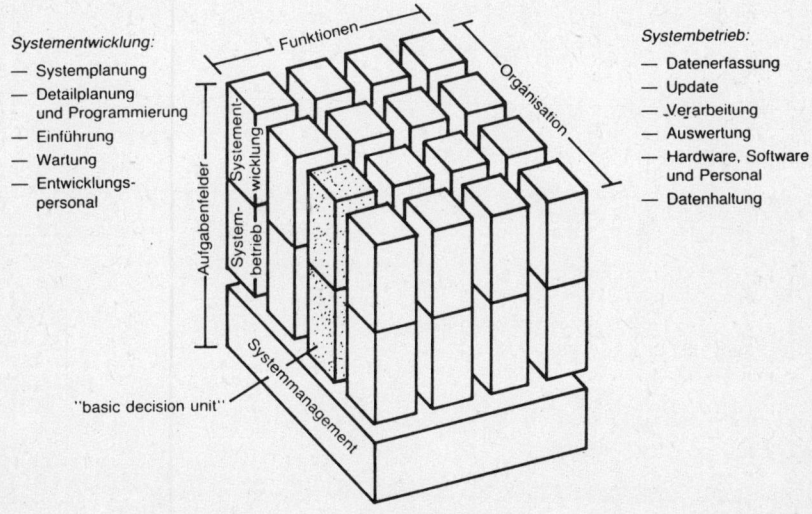

Abb.1 Entscheidungswürfel nach Rockart

2.1.2. Das Konzept der logischen Anwendungsgruppe (LAG)

Der Begriff der logischen Anwendungsgruppe (LAG) ist sehr weit zu
fassen. Eine logische Anwendungsgruppe kann entsprechend des Modells in seiner weitesten Definition bei einem Informationssystem
beginnen, über eine Applikation - wie z.B. die Studenteninskripti-
on, die Personalverwaltung, die Prüfungsevidenzhaltung, einem Prak-
tikum aus Programmierung - bis hin zu einem einzelnen Programm
reichen. Das wesentliche Kennzeichen der LAG ist der separate Prozeß, der von der Organisation benötigt wird. Der Informationstrans-
fer innerhalb einer LAG ist sehr intensiv, während der Informati-

onstransfer zwischen einzelnen LAG`s von der Art der LAG und ihrer
Einbindung in das Informationssystem abhängig ist.
Abb.2 illustriert das Konzept einzelner LAG`s.

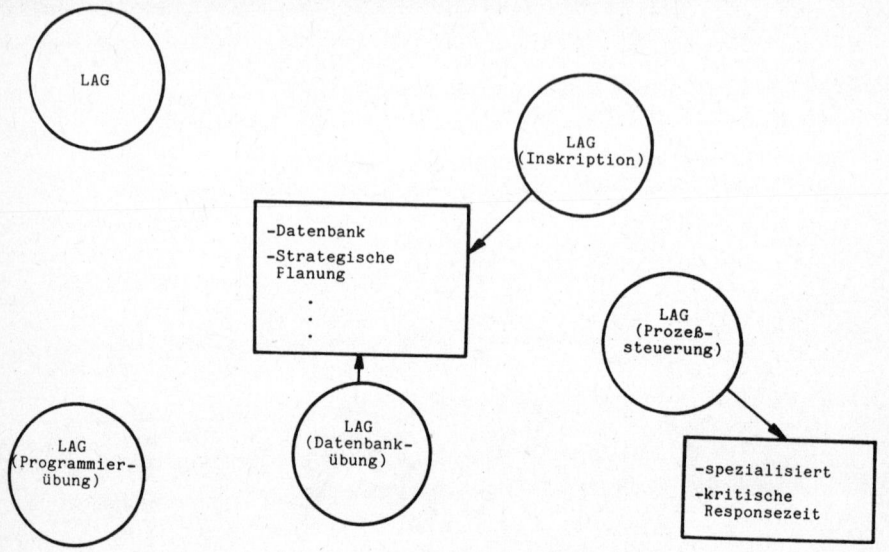

Abb.2 Das Konzept einzelner LAG`s

Die Informationssystemfunktion kann in relativ unabhängige LAG`s
geteilt werden. In Abhängigkeit von ihrer eigenen Charakteristik
kann eine LAG zum Zentrum hin oder vom Zentrum weg tendieren. So
wird z.B. eine hoch spezialisierte LAG mit einem kritischen Antwortzeitverhalten vom Zentrum weg tendieren, während eine andere
LAG, die z.B. eine Datenbank benötigt, eher zum Zentrum neigt.

Die im Modell verwendeten logischen Anwendungsgruppen wurden wie
folgt gebildet:
- Verwaltungsarbeiten
- Bibliotheksarbeiten
- Forschungsarbeiten
- Übungen
- Praktika
- Seminare
- Diplomarbeiten
- Dissertationen.

Für diese Anwendungsgruppen gilt es eine Distribuierungsentscheidung zu treffen.

2.1.3. Die Dimension des organisatorischen Teilsystems

Bezieht sich die erste Dimension des Informationssystems auf die Aktivitäten, berührt die zweite die logischen Anwendungsgruppen, so betrachtet die dritte Dimension den Organisationsaspekt. Für den Distribuierungsprozeß stellt die Organisationsstruktur einen entscheidenden Faktor dar. Die unter 2.1.1. und 2.1.2. betrachteten Dimensionen können sich entweder auf eines oder mehrere organisatorische Teilsysteme beziehen. Der Begriff des organisatorischen Teilsystems kann im Modell beliebig definiert werden.

Der Untersuchung lagen entsprechend der strukturorganisatorischen Gliederung der Universität die in Abb.3 dargestellten Teilsysteme zugrunde (entnommen bei Heinrich L.J., Roithmayr F., Die Bestimmung des optimalen Distribuierungsgrades).

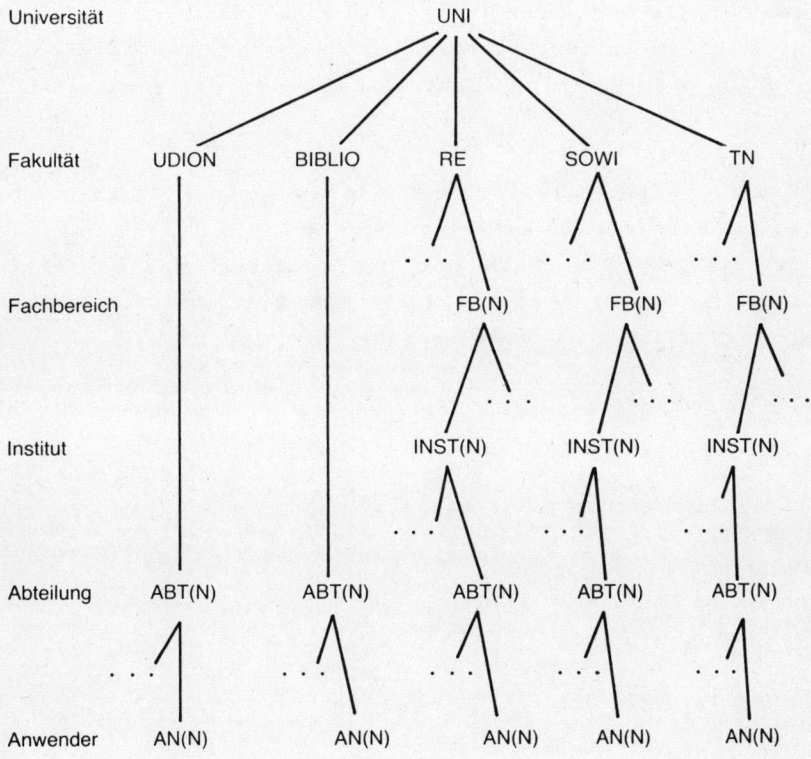

Legende: BIBLIO   = Bibliothek
          UDION   = Universitätsverwaltung
          RE   = Rechtwissenschaftliche Fakultät
          SOWI   = Sozial- und   Wirtschaftswissenschaftliche
                     Fakultät
          TN   = Technische Naturwissenschaftliche Fakultät
          INST   = Institut
          FB   = Fachbereich
          ABT   = Abteilung
          AN   = Anwender

Abb.3 Strukturorganisatorische Gliederung der Universität (ent-
       nommen bei Heinrich L.J., Roithmayr F., Die Bestimmung des
       optimalen Distribuierungsgrades)

2.2. Der Prozeß zur Bestimmung des Zentralisations-/Dezentralisations grades

Eine Entscheidungstabelle ist ein erstes Werkzeug zur Unterstützung
des Entscheidungsprozesses. Sie spezifiziert die Teilprozesse und
Ressourcen für die einzelnen Prozesse der Informationssystemfunktion in der einen Dimension, während sie in der zweiten Dimension die
Distribuierungsausprägung von zentralisiert bis dezentralisiert beschreibt.

Den Kern des Modells bildet jedoch die sogenannte "Faktorentabelle". Mit ihr wird die Distribuierungsentscheidung für jeden Teilprozeß unterstützt. Sie beruht auf dem Gedanken, daß es bestimmte
Bedingungen und Faktoren gibt, welche die Distribuierungsentscheidung für jeden Teilprozeß beeinflussen.

Die verwendete Faktorentabelle beinhaltete 45 Faktoren, die in 3
Gruppen gegliedert wurden:

(1) Faktoren der Gesamtorganisation
(11) Allgemeine Faktoren
(12) Gegenwärtiger Stand der Datenverarbeitung

(2) Faktoren der Teilorganisation
(21) Aufgabenprofil der Teilorganisation
(22) Andere Faktoren

(3) Faktoren der logischen Anwendungsgruppe
(31) Aufgabenbeschreibung
(32) Spezielle Erfordernisse
(33) Processing Erfordernisse

Um eine differenzierte Abstufung zu erreichen, wurde eine ordinale
Skala verwendet, wobei der befragte Anwender bei jedem Faktor anzu-

geben hatte, in welchem Grad einer mehrstufigen Skala er dem Faktor zustimmt. Entsprechend der Zustimmung oder Ablehnung durch den Anwender war somit seine Stellung im Distribuierungskontinuum festgelegt.

So wird z.B. für eine Forschungsorganisation die **rasche Reaktion auf neue Technologien** einen wesentlichen Faktor darstellen. Ist für das organisatorische Teilsystem diese rasche Reaktion gefordert, so neigt das Teilsystem zur dezentralen DV-Versorgung. Auf der anderen Seite könnte der Fall eintreten, daß eine bestimmte logische Anwendungsgruppe, zu bestimmten Terminen einen über den Standard hinausgehenden Hauptspeicherbedarf hat. Diese Anforderung neigt zu einer Zentralisierung, da derartige Ressourcen wirtschaftlich nur zentral verfügbar gemacht werden können.

Um die Modellaussagen noch zu verbessern, wurde zusätzlich zum Rockart`schen Ansatz eine Gewichtung eingeführt und eine zweite Faktordimension verwendet. Mit dieser zweiten Faktordimension sollte eine Aussage darüber gemacht werden, wie weit im Falle einer "Zentralisierungsneigung" Anwendungsaufgaben trotzdem nicht kompatibel sind.

3. Durchführung der Erhebung

Die Durchführung der Erhebung erfolgte unter Verwendung strukturierter Fragenbögen. Für die Erhebung wurde die Interviewtechnik angewendet, wobei 5 geschulte Mitarbeiter des Rechenzentrums 157 Interviews durchführten. Für ein Interview war im Mittel eine Stunde anzusetzen. Ein beispielhafter Auszug aus dem Fragebogen findet sich in Abb.4.

Der der Frage (111) zugrunde liegende Faktor bezieht sich auf das Homogenitäts-Heterogenitätsspektrum. So neigt ein homogenes Informationssystem zur Zentralisation, während ein heterogenes System zur Dezentralisation neigt. Dazwischen liegen die Abstufungen im Distribuierungskontinuum.

Dividiert man die Summe der zentralisierenden Faktoren durch die Summe der dezentralisierenden Faktoren, so erhält man einen Faktor (HH) der über die Distribuierungsneigung Auskunft gibt. Abb.5 zeigt dies für die organisatorischen Teilsysteme.

(111) Ist die Universität Ihrer Meinung nach:

|$\overline{1}$| homogen

|$\overline{2}$| eher homogen

|$\overline{3}$| teilweise homogen, teilweise heterogen

|$\overline{4}$| eher heterogen

|$\overline{5}$| heterogen

Gewicht: |$\overline{1}$| |$\overline{2}$| |$\overline{3}$|

Abb.4 Auszug aus dem verwendeten Fragebogen

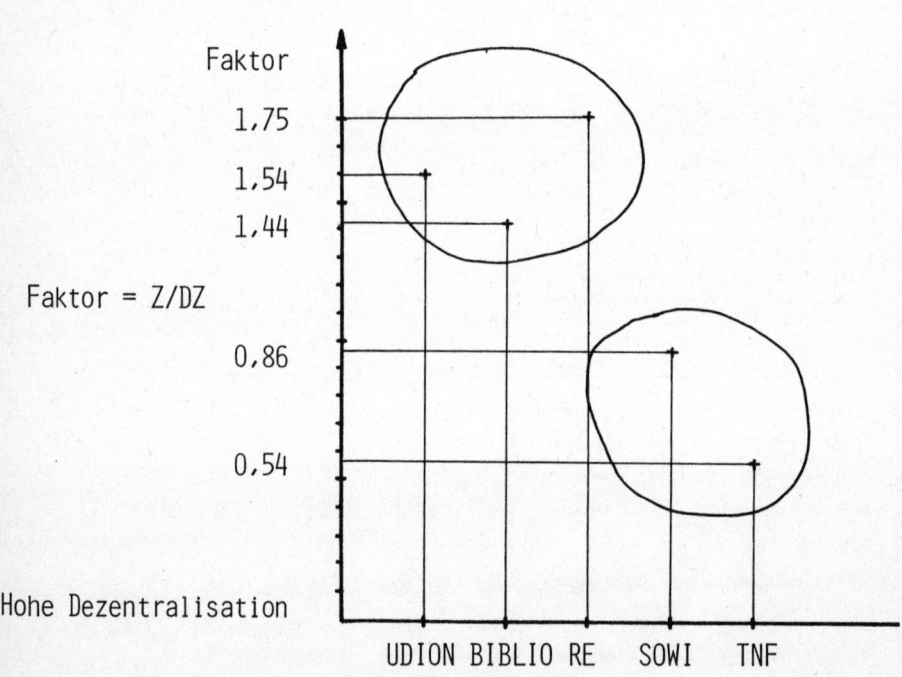

Abb.5 Zentralisierungs-/Dezentralisierungsneigung der organisatorischen Teilsysteme

Die Erhebung wurde unter Verwendung der statistischen Software-
Pakete SPSS und SIR ausgewertet.

4. Ergebnisse

4.1. Grundsätzliches

Hinsichtlich der Distribuierungsneigung ergibt sich für die Universität kein einheitliches Anforderungsbild. So zeigt z.B. die Auswertung eines bestimmten Faktors, daß die derzeitige EDV-Versorgung an der Universität zentraler strukturiert ist, als dies der Organisation "Universität" entspricht.

4.2. Detailbetrachtung im Hinblick auf die EDV-Versorgung

Wie Abb.5 zeigt, neigen die Universitätsdirektion, die Bibliothek und die Rechtswissenschaftliche Fakultät zu einer zentralen DV-Versorung, während die Sozial- und Wirtschaftwissenschaftliche Fakultät und die Technisch-Naturwissenschaftliche Fakultät zu einer dezentralen DV-Versorgung tendieren. Diese allgemeine, sich nur auf die Teilorganisation beziehende Aussage, muß aber nun im Hinblick auf die LAG`s betrachtet werden, was somit ein differenzierteres Bild ergibt. Abb.7 zeigt das Distribuierungskontinuum für die einzelnen LAG`s. So neigen z.B. die Praktika der SOWI (0.4), ähnlich wie jene der TNF (0.5) gleich stark zur Dezentralisierung. Dieses Ergebnis ist insoferne interessant, da bisher hinsichtlich der Distribuierungsneigung zwischen diesen LAG`s immer Unterschiede angenommen wurden.

4.3. Büroautomation

Die Büroautomation ist gekennzeichnet durch die "Textautomation" und die "Bürokommunikation". Für die einzelnen Aufgabenfelder und Teilorganisationen ergeben sich differenzierte Lösungsansätze.
Abb.6 zeigt, daß hinsichtlich der Textverarbeitung zwischen den betrachteten Teilsystemen keine signifikanten Unterschiede bestehen. Berücksichtigt man die LAG`s, so ergeben sich nachfolgende Varianten (vgl. Heinrich L.J., Roithmayr, F., Die Bestimmung des optimalen Distribuierungsgrades).

(1)   Textmanipulation mit Hilfe traditioneller Methoden (Schreibmaschine).

(2)   Einsatz lokal betriebener Textsysteme ohne weitere Integration - insbesondere im SOWI-Teilsystem.

(3)   Textverarbeitung mit der auf den Zentralsystemen verfügbaren
      Textsoftware insbesondere für die LAG`s:
      - Praktika
      - Übungen.

(4)   Textverarbeitung mit Hilfe von Personalcomputern.

(5)   Einbindung der Varianten (2)-(4) in ein lokales Netz.

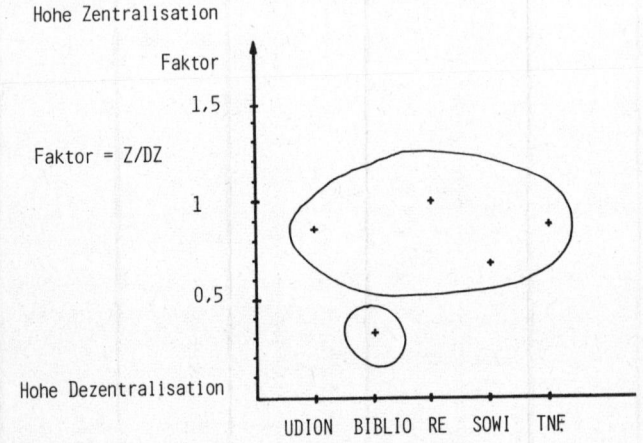

Abb.6 Zentralisierungs-/Dezentralisierung der Suborganisationen im
      Bereich der Büroautomation

5. Konfigurationsempfehlung

Die nachfolgenden Konfigurationsalternativen beziehen sich auf den
Systembetrieb. Das Systemmanagement und die Systementwicklung werden in den folgenden Ausführungen aus Raumgründen nicht diskutiert.

(1) Produktionssystem für Teilorganisationen:
        - Verwaltung
        - RE-Fakultät
        - Bibliothek.

Die Aufgabenbereiche der 3 Teilorganisationen sind am derzeit verwendeten zentralen Rechensystem unter CICS und STAIRS bereits in
einem hohen Ausmaß implementiert. Die Benutzeranforderungen neigen
zu einem zentralen DV-System. Aus historischen Gründen wäre hier
eine Dezentralisierung nicht einfach zu realisieren, da in den zen-

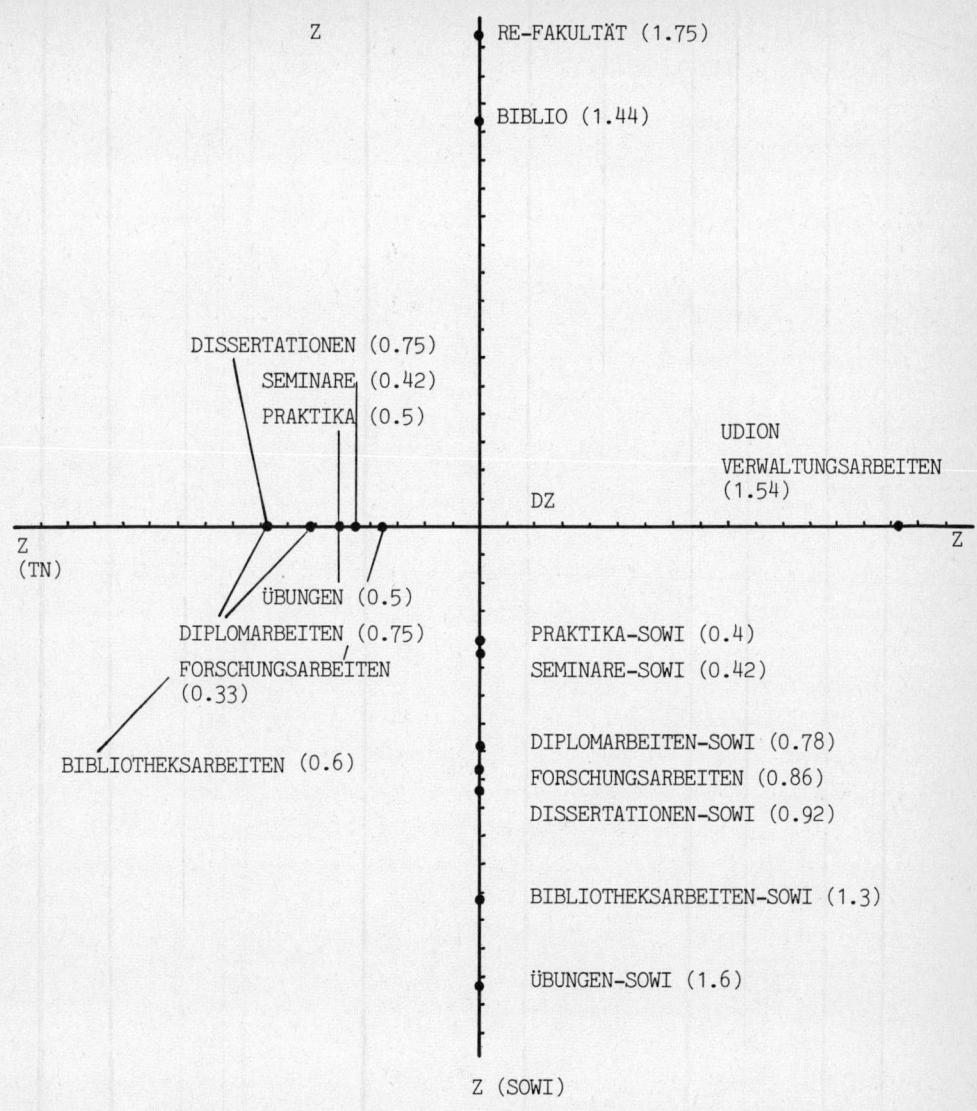

Abb.7 Zentralisierungs-/Dezentralisierungstendenz der untersuchten LAG's.

tralen Konzepten bereits hohe Investitionen getätigt wurden. Für
einzelne nicht integrierte LAG`s wird eine Dezentralisierung unter
Verwendung von PC`s, die auch als Terminals verwendbar sind, vorge-
schlagen.

(2) Zentrales Rechensystem für alle Teilorganisationen für die
    LAG`s:

      - Forschungsaufgaben
      - Ausbildung.

Aus Abb.7 würde man ableiten, daß die Übungen der SOWI auf demsel-
ben Rechner wie die Verwaltungsarbeiten durchgeführt werden könnten. Die Aufgaben der in (1) beschriebenen Teilorganisationen sind
hinsichtlich des Ressourcenbedarfs planbar, während der Ressourcen-
bedarf im Ausbildungs- und Forschungsbereich kaum planbar ist (vgl.
Roithmayr F., LIKAP 23f.; Heinrich L.J., Roithmayr F., Die Bestimmung des optimalen Distribuierungsgrades). Um das Antwortzeitverhalten und die Integrität des Produktionssystems zu sichern, können
(1) und (2) nicht in einem Rechner implementiert werden.

(3) Ausbildungsrechner:
    Zur Abwicklung der Massenpraktika wird ein eigenes System vor-
    geschlagen. Folgende Varianten sind möglich:
    (31) Einbindung in (2). Diese Variante hat ihren Vorteil im Ka-
         pazitätsausgleich. Der stark variierende Kapazitätsbedarf
         ist besser ausgleichbar als bei stark dezentralen Konzep-
         ten. Zugleich dürften sich im konkreten Fall Kostenvortei-
         le ergeben.
    (32) Ein eigener Ausbildungsrechner wird im Verbund mit (2) be-
         trieben.
    (33) Für einzelne LAG`s werden mehrere Ausbildungsrechner ver-
         wendet, die jedoch nicht organisationsbezogen eingesetzt
         werden.
    (34) Die Massenpraktika werden über PC`s abgewickelt. Ohne Ein-
         bindung in ein lokales Netz bringt diese Variante Nachtei-
         le beim Kapazitätsausgleich mit sich.

(4) Funktionssysteme:
    Für spezielle Aufgaben ist es notwendig, dezentrale Systeme zu
    verwenden (z.B. Prozeßrechner) und sie organisatorischen Teil-
    systemen zuzuordnen.

(5) Netzkonzept:

Hinsichtlich der Netzkonzepte sind folgende Varianten zu untersuchen:

(51) Kommunikation im Universitätsgelände (ausschließlich lokale Netze).

(52) Kommunikation vom Wohnort des Anwenders aus. Übertragungen erfolgen über:

- BTX
- Wählleitungen.
- sonstige Dienste.

6. Kritik des Ansatzes und Schlußbemerkung

Die Qualität des Modells ist in erheblichem Ausmaß von den eingesetzten Faktoren abhängig. Das Modell ist ein sehr gutes Hilfsmittel, um eine Vorentscheidung für den Distribuierungsgrad der EDV-Versorgung zu treffen.

7. Literaturverzeichnis

Heinrich L. J.,
Roithmayr F.: Die Bestimmung des optimalen Distribuierungsgrades von Informationssystemen, in:HMD 121/85

Kretzschmar, M.
und Mertens, P.: Verfahren zu Vorbereitung der Zentralisierungs-/ Dezentralisierungsentscheidung in der betrieblichen Datenverarbeitung, in: Informatik-Spektrum 5/1982, 237-251

Martin, J.: Design and Strategy for Distributed Data Processing, Englewood Cliffs 1981

Mertens, P.: Zentrale oder dezentrale Datenverarbeitung im Betrieb, in: 75 Jahre Süddeutsche Treuhand-Gesellschaft AG, 167- 188, Sonderdruck 1982

Rockart, J. F. et al.: Centralization vs Decentralization of Information Systems. A Preliminary Model for Desision Making, M.I.T. Working Paper, April 1977 (Draft)

Roithmayr F., LIKAP - Ein Modell zur Kapazitätsbedarfsermittlung für Universitätsrechenzentren auf der Basis von Zustandswahrscheinlichkeiten, in: Das Rechenzentrum 1/84, 23 - 29

Schwärtzel, H.: Mikroprozessoren in distribuierten Informationssystemen, in: Angewandte Informatik 7/1979, 294-302

Entscheidungskriterien für den Einsatz und die
Auswahl von dezentralen Arbeitsplatzsystemen
in Hochschulumgebung

P. Bittmann, H.-G. Hegering, J. Lohrmann

1. Einleitung, Problemstellung

Die Arbeit behandelt die Frage, welche Rolle dezentrale Arbeitsplatzsysteme (Personal Computer, PC, AR) in der DV-Gesamtversorgungsstruktur einer Hochschule spielen können. Dabei wird für die Untersuchung davon ausgegangen, daß das Hochschulrechenzentrum (HRZ) als Träger und Betreiber der allgemeinen DV-Infrastruktur einer Hochschule die Gesamtversorgung zu planen und zu realisieren hat.

Kennzeichnend für die Hochschulumgebung ist eine

. heterogene Benutzerschaft
  Prinzipiell ist zunächst von einem breiten Benutzerspektrum auszugehen, welches sich auszeichnet durch unterschiedlichen Wissensstand über Mikrorechnersysteme und durch unterschiedliche qualitative und quantitative Anforderungen an die Funktionalität der Arbeitsplatzsysteme.

. offene Population
  Die Benutzerschaft ist als offene Population zu kennzeichnen. Raummangel und hohe Studentenzahlen bedingen beim Ausbildungsbetrieb öffentliche, jederzeit zugängliche Datenendgeräte-Räume.

. Einbettungsnotwendigkeit der Arbeitsplatzsysteme
  Die Anschließbarkeit der Arbeitsplatzsysteme an die Zentralsysteme des HRZ und andere infrage kommende Verarbeitungsrechner (Instituts-, Fachbereichsrechner) ist eine selbstverständliche Forderung. Vernetzungen von Arbeitsplatzsystemen, Portabilitäts- und Kompatibilitätshilfen sind mögliche zusätzliche Forderungen.

Bei der Planung dezentraler Arbeitsplatzsysteme stellen sich somit folgende Fragenkomplexe:

(1) Was soll dezentralisiert werden?
- Soll CPU-Kapazität stärker dezentral angeboten werden?
- Welche der folgenden Funktionen und Aufgaben sind für eine Auslagerung interessant, da sie u. U. durch Zentralsysteme schlecht abgedeckt sind: Berichterstellung, Präsentationsgraphik, interaktive Graphik, Datenerfassung, Studentenpraktika, administrative DV, Treiberfunktionen für "exotische" Peripheriegeräte, Organisationshilfen.
- Inwieweit ist tech.-wiss. Rechnen durch dezentrale AR zu erbringen?
- Inwieweit sind dezentralisierte Funktionen isoliert (offline) zu erledigen? Wird für Arbeiten im Online-Modus mehr an Kompatibilität mit dem Zentralsystem benötigt als durch Terminalemulation und Filetransfer heute üblicherweise angeboten wird?

(2) Wie können Arbeitsplatzrechner verteilt werden?
- Besteht eine Zuordnung Arbeitsplatz zu Anwendungsart? Ist sie konstant? Gibt es klar erkennbare Einzelanforderungen und Einsatzbereiche?
- Besteht eine feste personelle Zuordnung zu einem Arbeitsplatz?
- Ist eine räumliche Konzentration von Arbeitsplatzsystemen angezeigt?
- Sind die geeigneten oder benutzbaren Aufstellungsorte festen überschaubaren Organisationseinheiten (Lehrstühle, Institute) verantwortlich zuzuordnen?

Die genannten Fragen betreffen die Themenkomplexe
. Einplatzsystem versus Mehrplatzsystem bzw. Verbund von Arbeitsplatzsystemen und
. Homogenität bzw. Heterogenität von Arbeitsplatzsystemen
und berühren die Ausstattung mit Hardware, System- und Anwendungssoftware sowie Außenbezügen.

(3) Wo endet die Systemverantwortung des HRZ?

(4) Wo endet die Betriebsverantwortung des HRZ?
Diese Frage betrifft u.a. die Zugänglichkeit der Räume, die Materialversorgung, Bedienung, Benutzer-Verwaltung, Abrechnung, Betreuung, Beratung, Fehlerfeststellung und -behandlung, Gerätewartung, Datenhaltung.

(5) Welche Anforderungen ergeben sich an die Kommunikationsinfrastruktur für die Einbettung der Arbeitsplätze in das Gesamtversorgungskonzept?

(6) Welche Beurteilungskriterien sind relevant für die Auswahl von Arbeitsplatzsystemen?

Das Gewicht, das den einzelnen Fragen beizumessen ist, hängt ab von der Größe und
Organisationsstruktur einer Hochschule, der Verschiedenheit der vertretenen Lehr-
gebiete, der vorhandenen DV-Versorgung und dem Umfang einer infrage kommenden Ar-
beitsplatzsystem-Beschaffungsmaßnahme.

2. Systemtechnische Einbettung von Arbeitsplatzsystemen in das DV-Versor-
gungskonzept

2.1 Einsatzbereiche

Momentan muß - wie weiter unten begründet - als Einsatzschwerpunkt für Arbeitsplatzrechner eindeutig die Schaffung neuer Funktionalität an weit verstreuten Arbeitsplätzen genannt werden, das CPU-intensive "number crunching" ist nach wie vor
eine Domäne der Großrechner. Am LRZ wurden umfangreiche Untersuchungen durchgeführt um abzuschätzen, welche Auftragstypen noch sinnvoll auf ein Arbeitsplatzsystem auszulagern sind. Als Arbeitsplatzsystem stand ein 16-Bit-Rechner mit inte-
griertem 8087-Gleitpunkt-Koprozessor zur Verfügung, als zentraler Großrechner eine
Control Data Cyber 175. Als Benchmarkprogramme wurden diverse kleine bis mittlere
Aufträge (z.B. Matrixrechnungen, Höhenlinien-Rechnungen) genommen. Ca. 10 s Host-
Gesamtwartezeit im gut ausgelasteten Timesharing-Betrieb (160 Terminals aktiv) mit
Stapelbetrieb standen 4123 bzw. 952 s (mit Koprozessor) am Einplatzarbeitssystem
gegenüber. Dabei lag die Cyber CPU-Aufnahme unter 4 s. Dies zeigt, daß solche Aufgaben nicht für Personal Computer geeignet sind und überdies ihre Auslagerung keine zu berücksichtigende Zentralsystem-Entlastung darstellt. Ein MIPS-Vergleich
zwischen Großrechnern und Arbeitsplatzrechnern ist ohnehin problematisch wegen des
i.a. geringeren Funktionsumfanges pro Befehl bei Mikrorechnern. Je nach Mikrorech-
nertyp ist deshalb bei gleicher nomineller MIPS-Zahl in etwa ein Korrekturfaktor
0.6-0.3 zuungunsten des Mikrorechners anzunehmen.

Der Vorteil eines Arbeitsplatzsystems liegt in der Verstärkung des arbeitsplatzbe-
zogenen dialogorientierten Arbeitens, das bei nicht-CPU-intensiven Aufträgen in
bestimmtem Umfang unabhängig von Hostsystemen geschehen kann (lokales Editieren,
lokale Datenhaltung geringen Umfangs), sowie in der Bereitstellung von Programmpa-
keten, die üblicherweise nur unbefriedigend auf Zentralsystemen unterstützt werden
(Textverarbeitung, Präsentationsgraphik, Tabellenkalkulationsprogramme, Datener-

fassung u.ä.). Durch Verwendung von Disketten kann zudem der Abbau des Datenträgers Lochkarte und der damit verbundenen veralteten wartungsintensiven Geräte (Locher, Leser, Stanzer) erfolgen. Ebenso ist eine Entlastung der zentralen Großrechner von Trivialaufgaben wünschenswert, die zwar zu keiner nennenswerten Erniedrigung der benötigten Zentral-CPU-Kapazität führt, wohl aber eine Minderung der Organisationslast des Betriebssystems und der Transportlast für das Netz bedeuten kann, falls hinreichend viele Kleinstaufträge ganz ausgelagert werden könnten.

Ob für bestimmte Anwendergruppen einer Hochschule eindeutige Einsatzbereiche festgestellt werden können (z.B. Textbearbeitung, graphische Anwendung, Laborplatzanwendungen) oder an einem Arbeitsplatz mehrere Einsatzbereiche anfallen, kann nicht allgemein beantwortet werden. Eine Gewichtung bestimmter Einsatzbereiche hat Auswirkungen auf die Geräteauswahl, gleichzeitig verschärft eine Diversifikation die Betriebsproblematik (vergleiche Abschnitt 3). Da aus unserer Sicht zum Thema Einsatzbereich z.Zt. so wenig scharfe Aussagen gemacht werden können, sollen am LRZ nach einer Pilotinstallation von ca. 80 Arbeitsplatzsystemen in einer Begleituntersuchung Akzeptanz, Nutzungsart, Anwendungsbedarf, Softwareanforderungen u.ä. festgestellt werden.

2.2 Einplatzsysteme versus Mehrplatzsysteme

Die wertende Gegenüberstellung von Einplatz- und Mehrplatzsystemen kann u.a unter folgenden Gesichtspunkten erfolgen: Betriebssystemeigenschaften, Anwendungsschwerpunkte, Datenhaltung, Leistungsaspekte, Ausbaufähigkeit, Kommunikationsaspekte (vergl. 2.3, 2.5), Betriebsaspekte (vergl. 3.4, 3.5, 3.9).

Unter Mehrplatzsystemen verstehen wir Rechensysteme, die quasisimultan mehrere Arbeitsplätze bedienen und auf vergleichsweise leistungsfähigen Mikroprozessoren, etwa auf der Familie des Motorola 68000 basieren. Die Verteilung der Systemressourcen auf mehrere konkurrierende Benutzer erfordert auf der Betriebssystemebene Funktionen eines Time-Sharing-Betriebs im kleinen Maßstab. Bei Einplatzsystemen hingegen steht die Prozessorleistung von anderen Benutzern unbeeinflußt am Arbeitsplatz zur Verfügung. Die Hintergrundspeicherung geschieht in der Regel ebenso autonom auf individuellen Disketten- oder Plattenlaufwerken am Arbeitsplatz, kann aber zusätzlich oder ersatzweise auch über gemeinsam zu nutzende Dateiserver erfolgen.

Bei Mehrplatzsystemen sind also erhöhte Anforderungen an die Datei- und Geräteverwaltung, an die Möglichkeiten der Benutzerverwaltung (Abrechnung, Kontingentierung) und den Schutz der Benutzer voreinander zu stellen.

Die Anwendungsschwerpunkte der gegenwärtig angebotenen Einplatz- und Mehrplatzsysteme sind nicht deckungsgleich.

Mehrplatzsysteme (unter UNIX oder UNIX-ähnlichen Betriebssystemen) bieten traditionell eine gute Unterstützung für die interaktive Programmentwicklung. Unter Unix stehen Testhilfsmittel zur Verfügung, die auf die Sprache C abgestimmt sind. Diese Werkzeuge taugen auch für die Entwicklung von Fortran-Programmen mit Hilfe des standardmäßig in Unix enthaltenen Fortran-Compilers, dessen Objektmoduln derselben Zwischensprache angehören wie die Produkte des C-Compilers. Pascal-Compiler, die nicht zum Lieferumfang von Unix gehören, halten sich in der Regel auf Unix-Systemen ebenfalls an diese Zwischensprachen-Konvention. Auf diese Weise ist es beispielsweise möglich, den "adb-Debugger" außer für C auch für Fortran und Pascal als Testhilfe einzusetzen. Er liefert bei Laufzeitfehlern den Aufrufpfad und erlaubt die Ausgabe lokaler Variablen, das Ändern der Werte, Setzen von Breakpoints u.ä. Für die Pflege von Quellprogrammen gibt es ein "Source Code Control System", für die Verwaltung von Objektmoduln steht ein Hilfsmittel "Make" zur Verfügung, das bei Änderungen an einzelnen Teilen eines umfangreichen Programmsystems für die Konsistenz des ausführbaren Programms sorgt.

Einplatzsysteme unter MS-DOS oder CP/M sind für Programmentwicklungsaufgaben in den verschiedenen Programmiersprachen unterschiedlich gut geeignet. Für Fortran gibt es brauchbare Übersetzer lediglich auf der Basis einer Teilmenge des Sprachumfangs von Fortran 77, und die angebotene Testumgebung kann im allgemeinen nur bescheidenen Ansprüchen genügen z.B. bei MS-Fortran von Microsoft. Für Pascal hingegen existieren vorbildliche interaktive Programmierssysteme, die sich gut für den Lehr- und Übungsbetrieb eignen (Turbopascal von der Fa. Borland beispielsweise).

Für umfangreiche Produktionsläufe reicht die Leistungsreserve der Mehrplatzsysteme ebensowenig aus wie die der Einplatzsysteme. Unsere Messungen haben ergeben, daß sich bei exklusiver Nutzung eines Mehrplatzsystems (beispielsweise PCS QU68000 oder Kontron PSI9068) allenfalls die doppelte Leistung der oben erwähnten Einplatzkonfiguration mit Gleitpunktkoprozessor erzielen läßt. Integrierte Anwendungspakete, die eine Reihe von Funktionen wie Textverarbeitung, Datenbankanwendungen und Tabellenkalkulation mit graphischer Ausgabe mittlerer Qualität in sich vereinen, werden vorwiegend für Einplatzsysteme angeboten und sind auf Mehrplatzsystemen noch kaum verfügbar.

Graphische Datenverarbeitung rückt neuerdings auch auf Mehrplatzsystemen stärker ins Blickfeld und genügt dort teilweise hohen Ansprüchen. Da Aufgaben dieser Art

an die Grenze der Leistungsfähigkeit solcher Systeme gehen, ist die Mehrplatzfä-
higkeit in der Praxis deutlich eingeschränkt bis hin zur Arbeitsweise einer autonomen graphischen "Workstation". Ein Anbieter eines Mehrplatzsystems unter UNIX
nennt folgende Zahlen für die gleichzeitig sinnvoll aktiven Teilnehmer: bei der
Anwendung Textverarbeitung 2/3 der nominellen Anschlußzahl (z.B. 16), bei der Benutzung von Software-Engineering-Paketen (Assemblierung, Compilierung) 1/3, bei
techn. wiss. Anwendungen nur 1-2 Benutzer.

Weitere Kriterien für einen Vergleich von Einplatz- und Mehrplatzsystemen ergeben
sich aus unterschiedlichen Strategien der Datenhaltung: Wir differenzieren hier
zwischen

a) den Daten und Programmen des einzelnen Benutzers,
b) der vom HRZ bereitzustellenden allgemein verfügbaren System- und Anwendersoftware und
c) einer dritten Gruppe betriebsunterstützender Begleitinformationen von seiten
   des HRZ, die am Rechner zugreifbar Bedienungshinweise und Kurzbeschreibungen
   der angebotenen Software enthält.

Jede der drei Kategorien kann prinzipiell auf einem der folgenden vier Speicherme-
dien gehalten werden:

1) benutzereigene Diskette
2) Festplatte am einzelnen Arbeitsplatz
3) lokaler Dateiserver für mehrere Geräte und
4) zentraler "Dateiserver" im Zentralsystem mit hochschulweiter Benutzerverwaltung.

Für Information der Gruppe c) kommt der häufigen Änderungen wegen nur eine (bezo-
gen auf die betroffene Benutzerpopulation) zentrale Vorhaltung in Frage. Lösungsansätze für die Benutzerdaten und die Systemsoftware werden auf ihre betrieblichen
und organisatorischen Implikationen hin unter Punkt 3 diskutiert.

Ein weiterer wichtiger Gesichtspunkt bei der Wahl zwischen Einplatz- und Mehrplatzsystemen ist die Ausbaufähigkeit der Geräte im Hinblick auf Sonderaufgaben
etwa der folgenden Art:

- Meßwerterfassung, Prozeßdatenverarbeitung,
   Laboranwendungen (Mehrplatzsysteme kommen dafür aufgrund ihrer mangelnden
   Echtzeitfähigkeit nicht in Frage),

- Statistik, Numerik,
- Ingenieuranwendungen (z.B. einfache CAD/CAM-Systeme).

Einplatzsysteme dürften aufgrund ihrer autonomen Arbeitsweise besonders dort gewisse Vorteile haben, wo Echtzeitfähigkeit verlangt ist. Außerdem schlägt hier ihre große Verbreitung zu Buche, die beispielsweise im Falle des IBM PC zu einem breiten Angebot an Hardwareerweiterungen geführt hat.

2.3 Technische Aspekte der Kommunikation

In diesem Abschnitt wenden wir uns der Frage zu, auf welche Weise Ein- und Mehrplatzsysteme an ein hochschulweites DFÜ-Netz gekoppelt werden können. MS-DOS- und CP/M-Systeme bereiten in dieser Hinsicht kaum Probleme: Für viele Rechner mit diesen Betriebssystemen existieren asynchrone Kommunikationsprogramme (die sich allerdings bei unseren Tests teilweise als instabil herausgestellt haben) wie auch Pakete für herstellerspezifische Umgebungen, beispielsweise BSC, SDLC, MSV1/2.

Bei Mehrplatzsystemen stellt sich der Sachverhalt komplizierter dar. Für die Kommunikation mit der Außenwelt wird hier eine multiplexende Terminalemulation sinnvoll, die in der Lage sein soll, Verbindungen von mehreren Arbeitsplätzen eines Mehrplatzsystems zu einem oder mehreren Hostsystemen nebeneinander aufzubauen und zu unterhalten. Benötigt wird also eine Konzentratorfunktion. Eine solche ist z.B. als 3274 Cluster-Controller-Schnittstelle z.Zt. nur auf wenigen Systemen realisiert; zumeist beschränkt sich das Angebot auf eine RJE-Funktion. Als X.25-Implementierung steht sie erst vereinzelt zur Verfügung, z.B. auf Fortune 32:16, ist aber von einigen Herstellern für die nahe Zukunft angekündigt (z.B. von PCS).

Die Kopplung mehrerer UNIX-Mehrplatzsysteme untereinander findet standardmäßig auf asynchronem Wege unter einem Unix-Unix-Kopplungsprogramm ("UUCP") mit Dateitransfermöglichkeit statt. Eine weitergehende Verknüpfung von Unix Systemen in der Art der "Newcastle Connection", die dem Benutzer die Ressourcen anderer Systeme transparent an der Unix-Benutzerschnittstelle bereitstellt, ist zwischen Geräten verschiedener Hersteller problematisch, da einerseits HW-abhängige Teile aus dem Unix-Kern Verwendung finden und andererseits Aspekte der Benutzerverwaltung aufeinander abzustimmen sind.

2.4 Bildung von Gerätepools

Die Bildung von Gerätepools, d.h. die Konzentration von Einplatzsystemen oder Arbeitsplätzen eines Mehrplatzsystems in einem Raum ist aus einer Reihe von Gründen sinnvoll:

- betriebliche Gründe: Beratung, Zugangskontrollen, Materialversorgung und Betriebsüberwachung werden erleichtert (vergl. Abschnitt 3).

- Auslastung der Geräte: Pool-Geräte sind wegen der i.a. besseren Zugänglichkeit mehr ausgelastet. Dem Benutzer werden Wege zu einem Ausweichgerät erspart. Gemeinschaftsdienste (z.B. Spezial-E/A) sind wirtschaftlicher realisierbar.

- Unterstützung des Lehrbetriebs: Pools bieten sich an für Praktika im Rahmen der Programmierausbildung, für DV-Grundkurse, aber auch für fachspezifische Veranstaltungen vor allem aus dem Bereich der Wirtschafts-, Natur- und Ingenieurwissenschaften. Im Interesse eines guten Lernerfolgs scheint es nach den bisherigen Erfahrungen in der Regel nicht zweckmäßig, wenn sich mehrere Übungsteilnehmer einen Bildschirmarbeitsplatz teilen. Jeder sollte über einen eigenen Arbeitsplatz verfügen.

2.5 Lokale Vernetzung von Arbeitsplatzrechnern

Unter Punkt 2.3 wurde die Einbettung von Arbeitsplatzsystemen in "globale" hochschulweite Netze betrachtet. In diesem Abschnitt geht es um eine zusätzliche lokale Vernetzung von Einplatzsystemen im Interesse einer funktionellen Erweiterung für den Betrieb dieser Systeme. Marktgängige Produkte bieten die gemeinsame Nutzung einer Festplatte über eine als Dateiserver ausgezeichnete Einheit im Netz und die Verwaltung von gemeinsam zu nutzenden Peripheriegeräten wie teuren Druckern und Plottern, die mit Aufträgen aus einer Warteschlange beschickt werden. Beispiele für Vernetzungen mit dieser Funktionalität sind SIRIUS 1-Server-Network auf Omninet-Basis, CP-NET.

Außerdem erlauben diese einfachen Netze für Mikrorechner einen Nachrichtenaustausch zwischen den angeschlossenen Geräten. Gateways in andere Netzstrukturen hinein sind noch kaum verfügbar und werden wohl nur für aufwendigere Produkte realisiert (z.B. NET/ONE von Ungermann/Bass oder PC-Netzwerk von IBM), während man sich bei einfachen Lösungen mit der internen Kommunikation bescheiden muß (z.B. Omninet von Corvus oder PC-Cluster von IBM). Ein Anschluß ans HRZ-Netz müßte bei den zuletzt genannten Beispielen unter diesen Umständen zusätzlich punktförmig von jedem Arbeitsplatz aus geschehen. Damit handelt man sich außer der zusätzlichen Verkabelung eine umständliche Bedienung des Dateitransfers ein, wenn beispielsweise Dateien vom Dateiserver auf dem Umweg des individuellen Diskettenlaufwerks an den Zentralrechner zu schicken sind.

2.6 Funktionelle Integration von dezentralen Arbeitsplätzen und zentralen Verarbeitungsrechnern

Es bestehen im wesentlichen drei Ansätze zur funktionellen Integration zwischen Mikrorechnern und Zentralsystemen.

Die einfachste Form der Zusammenarbeit besteht darin, manche Funktionen überwiegend lokal auszuführen, beispielsweise die Datenerfassung, das Editieren von Texten, andere Funktionen wie die Verarbeitung der Daten, die Übersetzung der Quelltexte, die Programmausführung aber in der Regel "zentral" zu bewerkstelligen. Auf diese Weise herrscht eine Aufteilung der Arbeiten in abgeschlossene und disjunkte Teilfunktionen. Die Kommunikation zwischen der zentralen und der lokalen Instanz geschieht dabei auf der Ebene eines (i.a. transparenten) Dateitransfers. Es muß allenfalls eine Codeumwandlung vorgenommen werden.

Eine zweite Methode funktioneller Integration mit zunehmender Verbreitung ist die Installation von lokalen "Doppelgängern". Dies findet auf der Ebene der Betriebssysteme, der Programmiersysteme und auch der Anwendersoftware statt. Bei den Betriebssystemen verweisen wir auf VM/CMS, das auf zentralen Rechnern der 370-Architektur angeboten wird und lokal auf Arbeitsplatzrechnern IBM PC XT/370 und AT/370 realisiert ist bis auf den (lokal sinnlosen) Mehrbenutzerbetrieb. Einen herstellerunabhängigen Ansatz stellt das Unix-Betriebssystem dar, das mittlerweile in der ganzen Bandbreite von Einplatzsystemen über (typischerweise) Mehrplatzsysteme, Kleinrechner bis zu Großrechnern der Firmen z.B. Amdahl, CDC und Sperry verfügbar ist.

Auf der Ebene der Programmiersysteme sind zwar die Aufrufmodalitäten der Übersetzer, die Qualität der Fehlermeldungen, Güte der Testhilfsmittel etc. unterschiedlich, man hat jedoch dank der internationalen Normungsbemühungen mittlerweile bei einigen Programmiersprachen eine brauchbare Teilmenge des Sprachumfangs lokal zur Verfügung. Auch Teile numerischer und statistischer Bibliotheken, etwa von NAG, IMSL, SPSS sind mit identischen Parameterkonventionen lokal auf Mikrorechnern implementiert.

Auch in anderen Bereichen, etwa der Graphik, wo Festlegungen getroffen wurden für den Funktionsumfang (GKS) oder die interne Objektdarstellung (IGES) und entsprechende lokale Realisierungen vorliegen, können Teilaufgaben alternativ zentral oder lokal bewältigt werden. Das wesentliche Merkmal dieses Doppelgänger-Modells liegt darin, daß ein Transfer strukturierter, aggregierter Daten stattfinden kann, wenn auf beiden Seiten für deren richtige Interpretation gesorgt ist.

Der dritte und zur Zeit wohl weitestgehende Ansatz besteht darin, daß die zentrale und die lokale Verarbeitungskomponente in einen Funktionsverbund mit fester Rollenverteilung eintreten. Paradebeispiele sind Datenbankprogramme und integrierte Softwarepakete auf Mikrorechnern, die über ein für den Benutzer unsichtbares Partnerprogramm auf dem Zentralsystem auf einer zentralen Datenbank operieren (Dazu gehören Zugriffsprogramme für IDMS/R, dBase/Answer, LOTUS/Answer auf Hostrechnern mit /370-Architektur). Weitere Beispiele für diese Stufe der Integration von lokaler und zentraler DV sind auch lokale Editoren, die bei Bedarf Textteile von der zentralen Datenbasis nachfordern und im Falle von Änderungen am Text lediglich die Änderungsinformation zurücksenden. Bei allen Beispielen liegt hier die Funktion des Zentralsystems in der zentralen Datenhaltung, während der Arbeitsplatzrechner die Interaktion mit dem Benutzer abwickelt.

Trotz der genannten Ansätze ist das Kompatibilitätsproblem zwischen Arbeitsplatzsystemen und zentralen Hosts zur Zeit noch nicht befriedigend gelöst. Es existieren zwar eine Reihe brauchbarer Terminalemulationen, die insoweit hinreichend mit dem Betriebssystem des AR integriert sind, daß ein Umschalten zwischen Lokal- und Remote-Modus und eine Dateiübergabe (obiger Ansatz 1) möglich ist. Bezüglich der Benutzerschnittstelle, der Sprachumfänge, der Trace- und Debug-Möglichkeiten, Datenträgerformate usw., kann man i.a. keinesfalls von ausreichenden Verträglichkeiten ausgehen. Hier ist das HRZ aufgerufen, zur Benutzerunterstützung Kompatibilitätshilfen für gewisse AR-Typen anzubieten. Eine denkbare stufenweise Kompatibilitätsunterstützung ist folgendes Vorgehen:

Stufe 1: Datenträger. Bereitstellen von Lese- und Wandelprogrammen.

Stufe 2: Editor. Zunächst lokales Editieren durch bessere Unterstützung des Dateitransfers, später "intelligentes" Editieren durch bessere Unterstützung des Dateitransfers lokal benötigter Textteile zwischen AR und Host.

Stufe 3: Compiler. Syntaxüberprüfungen auf dem AR. Dies kann im Editor, durch ein eigenes Programmpaket oder bei Dateitransfer geschehen. Ferner Halten von kompatiblen Compilern oder von Umwandlungsprogrammen, so daß auf dem PC erstellte und getestete Programme auf dem Zentralsystem laufen.

Stufe 4: Anwendungen: Vor- und Nachbearbeitung für bestimmte Anwendungen, z.B. Erstellen und Manipulieren von Graphik-Übergabedateien. Halten kompatibler Anwendungsprogramme wie unter o.g. Ansatz 3 skizziert.

3. Betriebliche Einbettung von Arbeitsplatzsystemen

3.1 Zur Verantwortung des HRZ

WALL /1/ nennt in seinem Aufsatz acht Aufgaben, die ein Rechenzentrum auch bei konsequentester Dezentralisierung zweckmäßigerweise zentral erledigen oder zumindest koordinieren sollte: Beschaffung, Wartung der Hardware, Know-how-Zentrum, Schulung, Netzaufgaben, Planung, Überwachung, Koordination des Betriebs. Arbeitsplatzsysteme sind sehr komplexe Datenendgeräte im Versorgungskonzept eines HRZ. Die Ausstattung und Eigenschaften der AR können wesentlich das Betriebskonzept eines HRZ betreffen und den für die Wahrnehmung der o.g. Aufgaben erforderlichen Aufwand mitbestimmen. Die Betriebsproblematik ist insofern in den Auswahlprozeß einzubeziehen. Im folgenden sollen einige dieser Probleme eingehend diskutiert werden.

3.2 Homogenes vs. heterogenes Produktspektrum

Während vom funktionellen Gesichtspunkt aus ein heterogenes Spektrum an Arbeitsplatzrechnern oft zweckmäßig oder sogar notwendig ist, gibt es im Betrieb mehrere Nachteile eines inhomogenen Spektrums:
- Die Beratung kann durch jeden neuen Gerätetyp erheblich erschwert werden. Dies gilt vor allem dann, wenn verschiedene Gerätetypen mit unterschiedlichen Betriebssystemen ausgestattet sind (z.B. Einplatzsysteme unter MS-DOS und Mehrplatzsysteme unter Unix).
- Beim Hardware- wie beim Softwarekauf werden bei unterschiedlichen Typen die Stückzahlen gesenkt und damit u.U. (wenn verschiedene Firmen beteiligt sind) die Rabattmöglichkeiten eingeschränkt.
- Die Hardware-Wartung eines homogenen Rechnerparks schlägt sich in kleineren Wartungsgruppen und evtl. verbilligten Wartungsverträgen nieder. Die Ersatzteil-Bevorratung wird vereinfacht.
- Für die Bildung von Geräte-Pools ist ein einheitlicher Gerätetyp förderlich, da dann alle Pool-Mitglieder gleichmäßig ausgelastet werden können. Für mobile Benutzer ist es auch einfacher, wenn sie an verschiedenen Standorten mit identischen Geräten arbeiten können.

Eine besondere Art von Heterogenität kann auch gegen den Willen des HRZ durch unkontrollierte Eingriffe von Benutzern auftreten: Die Verwendung von Fremd-Hardware (Steckkarten) in HRZ-PC's kann die Fehlerverfolgung erheblich beeinträchtigen. Ebenso kann die Verwendung benutzereigener Anwendungs-Software die Beweglichkeit

des HRZ beim Einführen neuer Betriebssystem-Software stören. Dies betrifft naturgemäß Einplatzsysteme weniger, da hier Benutzer durchaus alte Releases zusammen
mit ihrer Anwendungs-Software auf Disketten halten und einsetzen können. Bei Mehrplatzsystemen kann es aber ein großes Problem für die strategische Planung des HRZ
darstellen. Nur am Rande erwähnt sei, daß die Benutzung unterschiedlicher Softwa-
re-Versionen Fehlerverfolgung und Wartung erschweren oder sogar unmöglich machen
kann.

3.3 Schulung, Beratung

Beratung ist nötig für die Bedienung und die Anwendung der Arbeitsplatzsysteme
des HRZ und evtl. für die Kaufentscheidung von institutseigenen AR. Das Ziel ist,
neben der Vermittlung einfacher Techniken im Umgang mit den AR, eine problemorientierte Beratung. Sie muß von der ganzheitlichen Frage ausgehen: Welche Systemlö-
sung (HW + SW) nützt dem Anwender im gegebenen Kontext am besten? Das HRZ sollte
zum Know-how-Zentrum werden, das neben spezifischer Beratung auch einen Markt-
überblick für Hardware und Software bieten kann.

Die Instrumente der Beratung und Schulung sind traditionellerweise Vorträge/Semi-
nare und HRZ-Beschreibungen. Wegen der Komplexität des Gebiets sollten daneben
auch neue Beratungseinrichtungen geschaffen werden. Genannt seien:
Vorführ- und Einführungsprogramme am AR, PC-Labors und Lehrbuchbibliotheken. Eine
derartige Beratung bringt jedoch das HRZ-Personal in erhebliche Fortbildungszwänge
und bedingt i.a. eine Erhöhung des Personalstands. Hinzuweisen ist aber auch auf
die Chancen, die sich engagierten Mitarbeitern bieten können.

3.4 Bedienung

Einplatzsysteme werden im allgemeinen von (eingewiesenen) Benutzern bedient.
Nicht unproblematisch ist die Bedienung allerdings bei Mehrplatzsystemen und PC-
Netzen, weil mit Eingriffen bei System oder Peripherie nicht nur die eigenen Pro-
grammabläufe beeinflußt werden.

Einige der Probleme werden in den folgenden Punkten behandelt, deshalb sollen hier
nur mögliche Auswege dargestellt werden.

Fernbedienung dezentraler Rechner und von Mehrplatzsystemen ist eine Alternative,
dabei wird eine Normschnittstelle zwischen einer zentralen Bedienkonsole und dem
System vorausgesetzt. Nur so kann eine Bedienung über Poststrecken und öffentliche
Netze hinweg ermöglicht werden.

Für das HRZ positiv könnte sich auch der Aufbau eines dezentralen Operateur-Know-hows bei Instituten/Lehrstühlen auswirken, wie es am LRZ auch jetzt schon bei Abendregelungen zum Betrieb der Knotenrechner besteht. Eine spezielle Schulung ist hierfür notwendig. Diese Alternative bindet jedoch in den Instituten Personalkapazität für an sich fachfremde Aufgaben.

3.5 Benutzerverwaltung, Betriebsmittelüberwachung

Die Benutzerverwaltung und Überwachung von Geräten und Betriebsmitteln ist bei dezentralen AR für das HRZ aufwendig. Insbesondere fehlen üblicherweise die technischen Voraussetzungen, damit ein Überblick über Benutzung und Auslastung gewonnen werden kann. Es gibt jedoch Strategien, die für das HRZ gangbar sind; dabei spielt die Art des Systems eine wesentliche Rolle:

Bei Einplatzsystemen sollten etwaige Festplatten nur als Scratch-Bereich genutzt werden dürfen, ohne daß Benutzern eine langfristige Datenhaltung garantiert wird. Sicherung und Kontingentierung ist dann eine Aufgabe der Benutzer. Falls Festplatten zum Einsatz kommen, wird eine regelmäßige Kontrolle unumgänglich sein. Die einzige Möglichkeit, eine Benutzungs- und Auslastungsstatistik zu erhalten, liegt in der Zugangskontrolle zu AR, die in Pools zusammengefaßt sind.

Bei Mehrplatzsystemen sind Festplatten obligatorisch, wobei mehrere Probleme auftreten.
- Wird die Platte nur im Scratch-Betrieb genutzt und die Datensicherung dem Benutzer aufgebürdet, ergeben sich Engpässe z.B. an den Kassetten- oder Diskettenlaufwerken.
- Wird langfristige Datenhaltung erlaubt, so ist eine Benutzerverwaltung nötig. Da z.B. unter Unix keine Kontingentierung möglich ist und man daher eine Majorisierung der Platte durch einzelne Benutzer bzw. das Vollschreiben mit der Folge eines Systemzusammenbruchs nicht verhindern kann, müssen diese Rechner ständig betreut werden. Dies erfordert Personal oder eine Fernbedienung.
- Bei einer Vielzahl von Mehrplatzsystemen und mobilen Benutzern sind isolierte Benutzerverwaltungen zu restriktiv.

3.6 Materialversorgung

AR müssen z.B. mit Drucker- und Plotterpapier, Farbbändern und Plotterstiften ausgerüstet werden. Eine Bereitstellung dieser Materialien durch das HRZ wirft Fragen der Verteilung, des Schwunds und der Abrechnung auf und dürfte nicht infrage kommen.

Sinnvoller ist eine Bereitstellung durch die Benutzer. Das HRZ sollte prüfen, ob es nicht als Zwischenhändler für Materialien auftreten könnte, um den Endpreis für die Benutzer durch hohe Stückzahlen und entsprechende Rabatte zu senken und eine gewisse Standardisierung zu fördern.

3.7 Schutz gegen unberechtigte Nutzung, Mißbrauch, Diebstahl

Ein Schutz gegen unberechtigte Nutzung setzt entweder eine Zugangskontrolle oder eine globale Benutzerverwaltung voraus (siehe 3.5). Der Diebstahlschutz ist bei allen dezentral aufgestellten Endgeräten nötig, dürfte aber bei verbreiteten Einplatzsystemen und den vielen genormten Komponenten besonders wichtig sein. Hier kann häufig nur eine Zugangsüberwachung für Geräte-Pools helfen. Zwei weitere Möglichkeiten sind:
- Befestigung am Tisch o.ä.- dies ist bei AR wegen der Kastenform nur selten sinnvoll möglich.
- Schlösser - Es muß sich erst zeigen, ob das Schloß z.B. des IBM PC AT Diebe abschrecken kann.

3.8 Fehlerfeststellung, Wartung

Auch wenn mit Herstellerfirmen Wartungsverträge abgeschlossen werden, ist eine sorgfältige Planung für das HRZ wichtig. Es sollte ein systematischer, geordneter Weg installiert werden:
- Die Fehlerfeststellung kann durch Benutzer geschehen. Eine regelmäßige Funktionskontrolle der AR durch das HRZ ist zusätzlich empfehlenswert.
  Es muß eine zentrale Instanz im HRZ geben, die Fehlermeldungen sammelt, sie weitergibt, die Behebung von Fehlern registriert, Fehlervorgänge analysiert, archiviert und Statistiken herausgibt.
- Eine Wartungsgruppe des HRZ kann Eigenwartung (z.B. durch Komponententausch) durchführen. Wichtig ist: Sie ist auch bei bestehenden Wartungsverträgen nötig, wegen
  - dem Ausscheiden von Trivialfehlern (Bei AR ist dies besonders arbeitsaufwendig, da mehrere Ebenen von Parametern manipuliert sein können. Benutzerschulung ist erfahrungsgemäß nur begrenzt erfolgreich.)
  - der notwendigen Aufstellung von Ersatzgeräten
  - des evtl. Sammelns defekter Geräte in Depots oder Ablieferung beim technischen Kundendienst des Herstellers
  - erforderlicher Rückmeldungen an die zentrale Instanz.

Zwei Bemerkungen sind noch wichtig:

- Vollwartungsverträge sind insbesondere bei größeren Stückzahlen in der Regel zu teuer.
- Ein homogenes Rechnerspektrum kann (insbesondere Eigen-) Wartung erheblich vereinfachen und verbilligen.

3.9 Software-Logistik

Software-Hersteller verlangen i.a. einen Kopierschutz, der ein Vervielfältigen von Disketten verhindern soll. Das HRZ möchte dagegen auf möglichst preiswerte Art eine vernünftige Versorgung der Benutzer sicherstellen, ist aber auch daran interessiert, daß Programmdisketten nicht gestohlen werden. Zwischen diesen beiden Standpunkten stellen sich, insbesondere bei weit verbreiteten Einplatzsystemen, eine Reihe schwieriger lizenzrechtlicher und organisatorischer Fragen, die insbesondere den Einsatz von Festplatten und PC-Netzen, den Verleih von Lizenzen und die Verteilung von Programmen betreffen.

Bei Mehrplatzsystemen stellt sich die Software-Situation wesentlich besser dar. Zum einen erlauben Betriebssysteme wie Unix einen besseren Dateienschutz, zum anderen sind Diebe wegen der relativ geringen Verbreitung solcher Systeme (vorläufig) weniger an solcher Software interessiert. Regelmäßige Funktionskontrollen sind aber auch hier nötig.

Eine für das HRZ problemlose Art der Software-Versorgung kommt einstweilen nur für spezielle Anwendungspakete infrage: SW-Kauf durch Benutzer (z.B. Lehrstühle). Möglicherweise liegt hier eine zukünftige Chance.

3.10 Auswirkungen auf die HRZ-Organisation

Wenn ein HRZ für größere Stückzahlen von Arbeitsplatzsystemen als Datenendgeräte in einem DV-Versorgungskonzept zuständig ist, kann dies Rückwirkungen auf die Gestaltung der HRZ-Organisation haben.

Zwei Wege zur organisatorischen Einbettung in das übliche Schema Betriebsabteilung/Benutzerabteilung für Großrechner sind denkbar:
- Arbeitsplatzsysteme werden als eigenständige Systemklasse einer eigenen Abteilung zugeordnet, die dann aber konsequenterweise für Betriebs- und Benutzeraspekte zuständig sein müßte.
- Aussichtsreicher für eine problemorientierte Beratung erscheint es aber, das

im HRZ vorhandene Software-Know-how auch für die AR nutzbar zu machen. Die Benutzerabteilung unterstützt in ihren nach Anwendungsschwerpunkten gegliederten Gruppierungen auch die Betreuung der AR-Software im jeweiligen Bereich, wobei evtl. durch neue Funktionen neue Gruppen entstehen können. Auch dann scheint jedoch noch eine zentrale Instanz für AR zumindest als Anlaufstelle erforderlich zu sein.

Welcher Weg der günstigere ist, hängt vom Ausbildungsstand der Mitarbeiter, der Schnittstellenbreite zwischen den bestehenden Organisationsgruppen sowie der Akzeptanz der AR durch die Benutzer ab. Das LRZ wartet für eine diesbezügliche Entscheidung das Ergebnis einer PC-Pilotprojekt-begleitenden Untersuchung ab.

4. Vorgehen des Leibniz-Rechenzentrums (LRZ)

In der Frage Einplatz-/versus Mehrplatzsystemen hat sich das LRZ aufgrund der unter 2 und 3 dargestellten Probleme dafür entschieden, im Rahmen einer Pilotinstallation (ca. 80 vom LRZ zu beschaffende AR) zunächst ausschließlich Einplatzsysteme einzusetzen, für die auch die System- und Betriebsverantwortung in vollem Umfang übernommen wird. Mehrplatzsysteme werden in der geschlossenen Umgebung dezentraler Organisationseinheiten (Lehrstühle, Institute) für brauchbar gehalten, allerdings bedeutet die System- und Betriebsverantwortung eine u.U. spürbare Belastung der Organisationseinheit.

Die Einbettung der Arbeitsplatzsysteme in die DV-Gesamtversorgungstruktur des LRZ ist in /2/ diskutiert; die angewendeten systemtechnischen Auswahlkriterien sowie einige Bemerkungen zu Beschaffungsvorgängen sind in /3/ beschrieben.

Die Durchführung des Pilotprojekts wird vorläufig von einem die Gruppen der LRZ-Organisation übergreifenden Projekt-Team wahrgenommen, das auch die Planung einer Großbeschaffungsmaßnahme von Arbeitsplatzsystemen für die nächsten zwei Jahre vorbereitet.

Literaturhinweise

/1/ WALL, D.   Die zentralen Aufgaben bei dezentraler Datenverarbeitung.
                     Das Rechenzentrum, Heft 3/1984

/2/ HEGERING, H.-G. DV-Versorgungskonzepte für Hochschulrechenzentren.
                     Das Rechenzentrum, Heft 1/1984

/3/ BITTMANN, P   Entscheidungskriterien für den Einsatz und die Auswahl von
    HEGERING, H.-G. dezentralen Arbeitsplatzsystemen in Hochschulumgebung.
    LOHRMANN, J.   Bericht des Leibniz-Rechenzentrums der Bayerischen Akademie
                     der Wissenschaften 1985, Nr. 8502

Haben Hochschulrechenzentren eine Zukunft?

Thomas Haarmann

Rechenzentrum der Universität Osnabrück
Albrechtstr. 28 - AVZ, D-4500 Osnabrück

Auf über 2000 Jahre Geschichte blicken wissenschaftliche Bibliotheken zurück. Im 3. Jahrhundert v. Chr. wurde die Alexandrinische Bibliothek von Ptolemaios II angelegt; ihre Anfänge gehen wohl noch weiter zurück.

Die Hochschulrechenzentren blicken dahingegen auf eine fast vernachlässigbare Zeitspanne von maximal 30 Jahren zurück. Dieses judendliche Alter führt dazu, daß ein Großteil der Entscheidungsträger in der Hochschule im Laufe ihres beruflichen Lebens keine Berührung mit der EDV gehabt haben, geschweige denn eine Ausbildung in diesem Bereich genossen haben.

Dem Wandel unserer Gesellschaft von der Industrie- zur Informationsgesellschaft wird sich die Hochschule nicht entziehen können, nein - sie hat sogar die Aufgabe, diesen Prozeß tatkräftig mitzugestalten.

Insbesondere Universitätsbibliothek und Hochschulrechenzentrum sehen sich gegenwärtig einer durch technologische Fortschritte sich schnell verändernden technischen Umwelt ausgesetzt und sehen sich gefordert, sich den Entwicklungen anzupassen. In ihrem gegenwärtigen Selbstverständnis sind sich die beiden Einrichtungen sehr ähnlich; es handelt sich um Organisationseinheiten, die die Hochschule mit Dienstleistungen im Bereich der Literatur bzw. der Rechner (Betrieb und Beratung) zu versorgen haben (vgl. NHG §§ 106, 107).

Innerhalb der Hochschule wird über die zukünftigen Aufgaben und Struktur von Bibliothek und Rechenzentrum ausführlich diskutiert. Es fällt dabei auf, daß die Existenz von Bibliotheken bei diesen Diskussionen m.E. nie infrage gestellt wurde, die der Rechenzentren hingegen sehr wohl. Ein Grund dafür liegt für mich in der Erfahrungswelt der Hochschulangehörigen. Gibt es Wissenschaftler, die ohne Bücher auskommen oder ausgekommen sind? An eine Hochschule ohne Rechenzentrum können sich viele noch erinnern.

Die Existenz von Instituts- oder Handbibliotheken hat nicht zur
Diskussion über den Sinn und die Notwendigkeit der Zentralbiblio-
thek geführt. Aus der verstärkten Einführung von lokaler, dezentraler Rechenkapazität wird allerdings von einflußreichen Hochschulangehörigen die Überflüssigkeit der zentralen Einrichtung Rechenzentrum geschlossen.

Diese Diskussion ist bisher nicht spurlos an den Rechenzentrumsmitarbeitern vorbeigegangen. Beim Durchblättern der Tagungsbände der
früheren GI-Fachgespräche über den Rechenzentrumsbetrieb fällt auf,
daß immer und in stärker werdendem Maße Nabelschau betrieben wird.

Dem Rechenzentrum obliegt es, die DV-Anlagen zu betreiben, damit die
Forschung, Lehre und Studium sowie die Verwaltung ihre Aufgaben erfüllen können, darüber hinaus die Benutzer zu beraten und zu unterstützen.

Zu Beginn des Zeitalters der Datenverarbeitung haben sich die Benutzer mehr oder weniger detaillierte Kenntnisse über Rechner ange-
eignet. Es handelte sich in erster Linie dabei um Wissenschaftler
der natur- und ingenieurwissenschaftlichen Fachbereiche. Später
kamen Wirtschafts- und Gesellschaftswissenschaftler hinzu.

Studenten dieser Fächer werden heute - inzwischen sogar in Prüfungs-
ordnungen fetsgelegt - in die EDV und in eine oder zwei Programmiersprachen eingeführt.

Im Verwaltungsbereich gab es i.a. eine spezielle Abteilung, die die
Lohn- und Gehaltsberechnung programmierte und durchführte und ein
Hochschulinformationssystem aufbaute und betreute.

In allen drei Bereichen werden neue Benutzergruppen an die EDV heran-
geführt werden, die unter heutigen Gesichtspunkten als EDV-Laien
eingeschätzt werden. Im Bereich der Forschung werden bisher DV-ab-
stinente Fachbereiche wie z.B. Philosophie hinzukommen. Im Bereich
der Lehre und des Studiums werden einerseits Studenten und Dozenten
der bisher nicht EDV-nutzenden Fachbereiche Rechnernutzer werden
und andererseits wird die EDV nicht mehr nur noch Ausbildungsgegen-
stand, sonderm auch Ausbildungsmittel sein. In der Verwaltung werden
die Hochschulleitung, die Dekanate, die Dezernate und der Schreib-
dienst sowie in den Fachbereichen und Instituten Geschäftszimmer

DV-Anwender werden.

Dies setzt voraus, daß die Arbeitsplätze mit Rechnern ausgestattet
werden, die alle untereinander vernetzt sind. Hier fallen alle Aufgaben an, die von modernen Bürokommunikationssystemen unterstützt
werden sollen. Voraussetzung für diese Entwicklung ist die Einführung von standardisierten Netzwerken und der Zugang zu den öffentlichen Netzen.

Eine Vernetzung der Hochschule kommt nicht nur der Verwaltung zu-
gute. Die Vernetzung ist im Rahmen der Ausbildung und des Studiums
auf der Ebene der Mikros ebenso wichtig; sowohl im electronic
class room als auch im μSaal (Mikro-Arbeitsraum für Studenten).

Darüber hinaus wird im Bereich der Lehre die sogenannte Courseware
anfallen. Hier hat die Hochschule enorme Entwicklungsarbeiten vor
sich - es sei denn, sie möchte auch das aus den USA übernehmen. Hier
gilt es auch, den Lehrkörper so an die EDV heranzuführen, daß die
Dozenten in der Lage sind, Mikros zu bedienen oder ggf. sogar Courseware selbst zu entwickeln. Crash-Kurse für Hochschullehrer sind von
Firmenvertretern, kenntnisreichen Kollegen oder Rechenzentrumsmitarbeitern abzuhalten, die in die Bedienung der gängisten Mikrorech-
nertypen einführen. In Stanford z.B. wird der Lehrkörper dazu aus-
gebildet, Courseware zu schreiben.

Die schon fast klassischen Benutzer werden ebenfalls von der Vernetzung profitieren. Sie haben damit von ihrem Arbeitsplatz aus Zugang
zu speziellen Hardware.Architekturen oder Softwaresystemen irgendwo
in der Bundesrepublik (DFN) oder in der Welt (EARN).

Daraus resultieren für das Rechenzentrum wesentliche Aufgaben:

- Bereitstellung von DFV-Netzen

- Beratung und Unterstützung bei Problemlösung und Anwendung von
  Softwaresystemen

- Vermitteln von Zugängen zu Anwendersystemen auf anderen Systemen

- Entwicklung von bzw. Ausbildung zum Schreiben von Courseware

- Bereitstellung von permanent verfügbaren Systemen.

Diese Aufgaben sind kostenbewußt und zur Zufriedenheit der Benutzer
durchzuführen.

Den neuen Benutzergruppen muß der Zugang zu den Rechnern erheblich
erleichtert werden. Hierzu werden gänzlich neue Benutzerschnittstellen und Programmiersprachen langfristig an Bedeutung gewinnen. Auch
dabei entstehen für das Rechenzentrum große Entwicklungs-, Beratungs-
und Dokumentationsaufgaben.

Die früher wichtigen Aufgaben der Datenerfassung, System- und Peripheriebedienung werden nahezu keine Bedeutung mehr haben. Die Zunahme der lokalen, dezentralen Rechnerkapazität verlagert die Datenerfassung vom Rechenzentrum an die einzelnen Arbeitsplätze. System-
und Peripheriebedienung geschieht ebenfalls lokal von den Benutzern
selbst, zentral wird das System weitgehend automatisch arbeiten.
Überwachungsfunktion und Hilfe bei Störungen werden hier wichtiger.

Die Aufgaben, die ein Rechenzentrum in Zukunft zu meistern hat, sind
mit dieser Aufzählung bei weitem nicht vollständig aufgeführt. Hier
müßten noch Datenverwaltung, Benutzerservice und Installationsmana-
gement (Koordination, Planung etc.) ausführlich dargestellt werden.

Trotz all dieser Aufgaben wird das Hochschulrechenzentrum keine Zukunft haben. Ein Grund dafür liegt in einer Hypothek begründet, die
auf den Rechenzentren von Beginn an lastet. Es sei mir gestattet,
aus der Retrospektive "25 Jahre mit dem Computer" von Herrn Prof.
Knödel [2] zu zitieren.

"Zu Beginn der sechziger Jahre werden die deutschen Hochschulen systematisch mit finanzieller Unterstützung der Deutschen Forschungs-
gemeinschaft mit Rechnern ausgestattet. Die Länder stellen Räume und
Personal. Dennoch war die Einrichtung der Rechenzentren personell
und maschinell problematisch...

Personell wurden für die Rechenzentren neue Professorenstellen geschaffen, was dazu führte, daß die Leiter keine Manager, sondern
Wissenschaftler waren, die zum Teil vorher noch nie Verantwortung
für Personal- und Sachmittel getragen hatten und den Anforderungen
eines Dienstleistungsbetriebes verständnislos gegenüberstanden. Da-

zu kam weiter die Zuständigkeit der - meistens - mathematischen Fa-
kultäten, die an einigen Orten die Professorenstellen dazu benutzten, Lücken in ihrem Lehrangebot zu ergänzen, weil sie der Meinung waren, daß so wissenschaftliche Tätigkeiten wie die Leitung
eines Rechenzentrums ohnehin von jedem nebenher wahrgenommen werden
könnten. Die personellen Schwierigkeiten setzten sich in der Perso-
nalhierarchie fort. Die wissenschaftlichen Mitarbeiter wollten pro-
movieren, wie das an jedem anderen Lehrstuhl möglich war, und nicht
ganztägig mit Dienstleistungsarbeiten eingedeckt sein. Die Programmierer sahen eine Chance, nebenher eine Hochschulausbildung zu ab-
solvieren, und die Operateure nahmen die Gelegenheit wahr, sich zu
Programmierern auszubilden. Die Benutzer der Hochschul-Rechenzen-
tren wurden auf die Weise schlechter bedient, als sie es von kommerziellen Rechenzentren gewohnt waren."

Diese Erfahrung der Benutzer - abgesehen davon, daß man mit Dienst-
leistungseinrichtungen nie zufrieden ist, erklärt, warum Hochschullehrer, Präsidenten und Kanzler oft als einziges über Rechenzentren
nur wissen, daß die Benutzer sich darüber beschweren und daß sie zu-
viel kosten.

Damit wird infrage gestellt, ob ein Rechenzentrum überhaupt in der
Lage ist, seine Hauptaufgabe, kostenbewußt zu handeln und die Benutzer zufriedenzustellen, zu erfüllen.
Bei dieser Stimmungslage muß die Hochschulleitung Entscheidungen
über die langfristige DV-Versorgung der Hochschule treffen. Das Konzept dazu wird vom Rechenzentrum entwickelt. Die Hochschulleitung
ist aber nicht in der Lage, Entscheidungen über den Aufbau und Zugang zu DFV-Netzen, über die Einführung von Courseware oder über die
Ausbildung des Lehrkörpers in die Benutzung von Mikrorechnern zu
treffen.

In einer Projektstudie vom November 1983 artikulierte die TU Berlin
ihre Sorgen [1]:

"Wenn die Berliner Technische Universität nicht zu eine Hochschule
zweiten Ranges werden soll, muß eine solche Maschine auch in Berlin aufgestellt werden. Es sei darauf hingewiesen, daß das elektronische Rechengerät zum Rechenzentrum der industriellen Forschung werden wird. Durch die Aufstellung des Gerätes würden sich
daher für die Westberliner Industrie und die Banken erhebliche

Vorteile ergeben."

Der schon damals als wichtig angesehene Technologie-Transfer ist es auch heute noch. Wichtig allerdings ist es, daß der Lehrkörper in der Lage ist oder zumindest in die Lage versetzt wird, in der EDV und mit Hilfe der EDV Wissen zu vermitteln. Die Sorge um die Verknöcherungen der Universitäten wird zur Zeit wiederholt ausgedrückt [3]. Die Einführung von Leistungsanreizen könnte die Hochschule aus einem gewissen Dornröschenschlaf erwachen lassen.

Bei den früheren Entwicklungsgeschwindigkeiten konnte man sich damit abfinden, daß der Zeitraum bis zur Pensionierung (ca. 30 Jahre) die Einführungs- und Durchsetzungsgeschwindigkeit von Innovationen bestimmte.

Bei der Wandlung unserer Gesellschaft von einer Industrie- zur Informationsgesellschaft wird dies nicht mehr akzeptabel sein. Die Informationsflußzeit wird nahezu Null sein. Wir werden in einer ungeheuren Informationsmenge ertrinken, ohne dabei einen wesentlichen Wissens- und Erkenntniszuwachs zu erfahren. Nur die Informationstechnologie wird uns dabei behilflich sein, diese Informationsflut und -chaos beherrschen, ordnen und uns nutzbar machen zu können.

So schwierig, wie es für die Lehrkörper der Hochschule ist, schnell die neuen Technologien zu antizipieren, so schwierig wird es auch für die Rechenzentrumsmitarbeiter sein.

Die Aufgaben des Rechenzentrums der Zukunft werden von dem heutigen Personal zu erfüllen sein. Die Entwicklung der nächsten Jahre, die Zunahme der Automatisierung wird heute von den Rechenzentrumsmitarbeitern nicht mehr kritiklos hingenommen. Die Veränderungen der Tätigkeiten wird einige Berufsbilder völlig verschwinden lassen, neue Berufsbilder werden geschaffen werden, andere werden umgestaltet werden.

Dies geschieht gleichzeitig zu dem zunehmenden Alter des Rechenzentrums-Personals. Die Alterspyramide von Rechenzentren ist für Organisationseinheiten völlig ungewöhnlich, und es wird noch Jahrzehnte dauern, bis sich die Altersstruktur normalisiert hat. Die älteren Mitarbeiter werden nur mit Schwierigkeiten sich gestaltend den neuen Aufgaben stellen können. Sie neigen eher dazu, bewahrend tätig zu

sein. Die jüngeren Mitarbeiter werden eher bereit sein, sich für
neue Tätigkeiten ausbilden zu lassen. Hier wird es allerdings sehr
schwer sein, den jungen Mitarbeitern zu erklären, warum ihre Arbeit
und ihr Einsatz nicht ihrer Karriere dienlich ist bzw. zu Gehalts-
steigerungen führt.

Die Einführung von Zeitstellen beim Rechenzentrum würde m.E. die
Verknöcherung der Rechenzentren verhindern. Dabei muß allerdings die
Möglichkeit zur wissenschaftlichen Qualifikation gegeben werden.
Durch die Konstruktion - Leitung des Rechenzentrums hat ein Hoch-
schullehrer, der nicht Mitglied irgendeines Fachbereiches ist - kann
sichergestellt werden, daß die alte Situation, wie sie von Herrn
Knödel beschrieben wurde, nicht wieder eintritt.

Die ständig sinkenden Preise für die Informationstechnologie und
leistungsfähige Mikrorechner (zur Erinnerung - 1961 war der TR4 der
schnellste europäische Rechner mit 2MHz Taktfrequenz und 32 KW Hauptspeicher - und wie sieht heute ein Apple oder ein IBM PC aus?) haben
einen Trend zur Dezentralisierung eingeleitet. Die Unzufriedenheit
der Benutzer über das Rechenzentrum wird diesen Trend nur beschleunigen. Mit der Dezentralisierung wird auch die Kontrolle über die
Informationstechnologie dezentralisiert. Und dies wird den Rechenzentren den letzten Stoß versetzen.

Die zunehmende Dezentralisierung geschieht in einer verkehrten Welt.
Obwohl Institute und Hochschllehrer kostenlosen Zugriff auf Rechenkapazität - zur Verfügung gestellt vom Rechenzentrum - haben, inve-
stieren sie, um einen Rechner selbst gestaltend für die eigene Arbeit einzusetzen. Eine saubere Kostenrechnung bei der Einführung von
Mikrorechnern und eine inneruniversitäre Leistungsverrechnung existieren nicht. Bei der Einführung von Kosten- und Leistungsverrechnung hätte sich das Rechenzentrum mithilfe von marktgerechten Prei-
sen den regulierenden Kräften von Angebot und Nachfrage zu stellen.

Hier hätte sich insbesondere das Rechenzentrum den externen Anbie-
tern an Rechenkapazität, Datenbanken und Service zu stellen. Ein
großer Konkurrent könnte hier BTX werden. Bei der weiteren Entwicklung von BTX werden Softwarehersteller ihre Programme in Telepro-
grammbibliotheken anbieten. Dem BTX-Nutzer wird das von ihm ausgewählte Teleprogramm in seinen lokalen Rechner geladen werden und
dort ausgeführt. Bei besonderen Anforderungen an Rechenkapazität

könnte die Abarbeitung auch auf geeigneten Rechnern im BTX-Netz vorgenommen werden. Ich gehe davon aus, daß langfristig im BTX-Netz
auch Rechner bzw. Rechnerkapazität angeboten werden. Spezielle Peripherie wie Drucker oder Plotter werden im Rahmen des Ressourcensha-
ring bei Postämtern installiert sein, so daß der Hochschullehrer der
Philosophie, der zu Hause mithilfe eines Teletextprogrammes auf
einem intelligenten BTX-Terminal seine Arbeit verfaßt hat, das Ergebnis beim nächst gelegenen Postamt drucken lassen kann. Über das
BTX-Netz, das überall verfügbar sein wird, wird er dieselbe und ge-
wohnte Arbeitsumgebungauch in der Hochschule haben wollen und haben
können.

Dieses Netz wird dann auch für die Bibliothek genutzt werden. Als
erstes wird es geben, was Kallimachos an der Alexandrinischen Bibliothek erstmalig durchführte; er stellte den ersten Katalog mit Angaben zuWerken und Verfassern zusammen.

[1]   Gürtler, H.
      Jahresbericht 1983 der ZRZ der TU Berlin

[2]   Knödel, W.
      25 Jahre mit dem Computer
      Elektronische Rechenanlagen 25, 6 (1983) 82-86

[3]   Schultz, J. E.; Poralla, K.
      Verknöchern die Universitäten?
      DIE ZEIT Nr. 50, 7. Dezember 1984

AUFGABEN UND ORGANISATION

EINES BENUTZERSERVICE-ZENTRUMS

(ERFAHRUNGSBERICHT EINES INFORMATION CENTRE)

Berthold Müller
IZ Benutzerspr. / 7000-02
Datum: 07.01.1985

BENUTZER - SERVICE

IM HAUSE IBM

Gliederung

1. Historische Entwicklung der Benutzerposition

2. Verständnis der Individuellen Datenverarbeitung (IDV)

3. Organisation und Status unseres Information Centers

4. Die Endbenutzerkonzeption

5. Die Komponenten des Endbenutzerkonzeptes

6. Kontakt mit den Fachbereichen

7. Planung und Einsatzkontrolle

8. Kosten- / Nutzen-Nachweis

9. Ausbildung / Schulung

1. Historische Gliederung

Historische Entwicklung in der Benutzerposition

In der klassischen Entwicklung des Zusammenspiels zwischen dem Bereich der Datenverarbeitung (Informationssysteme) und deren Benutzer (Fachabteilung) sind drei Stufen festzustellen:

Stapelverarbeitung (Batch)

Die Fachabteilung formuliert ihre Wünsche und Anforderungen an eine Anwendungslösung mit Hilfe der Datenverarbeitung. Die Anforderungen gehen an die der Fachabteilung zugeordneten Organisatoren und Programmierer im Bereich Informationssysteme, werden von diesen bearbeitet, und das Ergebnis gelangt dann zurück an die Fachabteilung.

Dabei beschränkt sich der Kontakt zwischen Datenverarbeitung und Fachabteilung auf die Anlieferung von Eingabedaten und die Abholung von erzeugten Listen.

Online-Anwendungen

In der Stufe der Online-Anwendungen entwickelt sich das Zusammenspiel zwischen Datenverarbeitung und Fachabteilung zwar zu einem Dialog, zwingt jedoch den Benutzer, sich über v o r g e f e r t i g t e Transaktionen und Programme mit seiner Anwendung zu 'unterhalten'.

Ein weiteres Heranführen des Benutzers an die Datenverarbeitung ist erfolgt, doch fehlende Transparenz in diesem Zusammenspiel führt häufig zu mangelnder Akzeptanz. Es hat immer noch den Anschein, als sei dieser Benutzer nicht 'mündig'.

Verselbständigung des Benutzers durch den Einsatz von Benutzersprachen

Nach und nach werden dem Benutzer leicht zu erlernende Sprachen, teilweise unmittelbar auf seine Problematik zugeschnitten, zur Verfügung gestellt, so daß er nahezu unabhängig von Zeit und Anforderung selbständig Lösungen und Ergebnisse erzielen kann.

Erstmalig erhält er nun auch Daten, die er entsprechend der Sprachmöglich-
keiten und seinem eigenen Ausbildungsstand bearbeiten kann.

Diese Art des Zusammenspiels kann nun auch motivierend wirken, denn der
Benutzer kann jetzt in eigener Verantwortung handeln. Zusätzlich können
jetzt auch Vorhaben realisiert werden, die vorher durch Priorisierungspro-
zesse und fehlende Kapazitäten bei anderen Funktionen nicht zum Zuge
kamen. Gerade bei dem letzten und heutigen Status darf nicht übersehen werden, daß dieses neue Verhältnis zwischen Fachabteilung und Datenverarbeitung den Organisator in eine neue Lage versetzt. Er kann nun im Gegensatz
zu früher den Endbenutzer mit seinem Wissen und Können in die DV-Lösung
von Anwendungen integrieren.

Nach und nach verschwinden dann auch solche Aufwände im Anforderungsrück-
stau der Anwendungsentwicklung, die von seiten der Fachfunktionen eigen-
ständig bearbeitet werden.

2. Verständnis der IDV

Zum Verständnis der IDV wird von uns die folgende, sehr umfassend ausgelegte Definition verwendet:

Individuelle Datenverarbeitung ist die selbständige Lösung von Aufgaben durch die Benutzer in Fachbereichen mit Hilfe von Computerleistungen am Arbeitsplatz.

Dieser Definition ist eine derartige Fülle von Sachgebieten zuzuordnen, daß es gegeben erscheint, die Realisierung stufenweise zu betreiben. Nachfolgend sind einige dieser Sachgebiete aufgelistet, wobei die Aufzählung keinen Anspruch auf Vollzähligkeit erhebt.

- Abfragen
- Datenanalysen
- Berichte
- Graphik
- Konstruktionen
- Texterstellung
- Kommunikation
- zentrale/dezentrale/standalone Lösungen
- ...

Wie ein Unternehmen nun diesen Komplex angeht, ist von vielen einzelnen Faktoren abhängig, die meist unternehmensspezifisch vorgegeben sind. Dafür gibt es kein Patentrezept!

Eine Notwendigkeit ergibt sich jedoch zwangsläufig. Die Entwicklung der IDV sich selbst zu überlassen, kann katastrophale Folgen haben. Somit verlangt die Realisierung geradezu nach einem Konzept und einer gesteuerten und kontrollierten Vorgehensweise.

Die dafür ins Leben gerufenen Gruppen oder Funktionen sind in der Terminologie der IDV bekannt unter der Bezeichnung "Benutzerservice" oder "Information Center".

An dieser Stelle soll nicht weiter auf die inhaltlichen Unterschiede dieser beiden Begriffe eingegangen werden.

3. Organisation und Status

Organisatorisch ist das Information Center in den Bereich der Datenverarbeitung integriert und steht im Berichtsweg neben der Anwendungsentwicklung und dem Bereich der Rechenzentren. Ohne den gesamten Komplex der Bürokommunikation, der ebenfalls Teil des Information Centers ist, betreuen wir insgesamt ca. 3.500 Benutzer in den Fachfunktionen mit etwa 120 IDV-Anwendungen.

Schwerpunktmäßig werden diese Anwendungen in der Zukunft unter QMF/SQL und APL2/IC1 betrieben.

Es ist deshalb eine unserer vordringlichsten Aufgaben, historisch gewachsene Anwendungen mit einer anderen Benutzerumgebung in diese Richtung zu führen.

Gleichermaßen gilt es, jetzt strategische Ziele und Konzepte zu entwickeln und abzustimmen, um ein gesteuertes Vorangehen in die IDV zu gewährleisten.

Zu diesen Zielsetzungen gehören:

- Einheitliche Benutzerschnittstelle
- Weitere Durchdringung der Fachbereiche mit Terminals und intelligenten Arbeitsstationen
- Dezentralisieren von Anwendungen
- Dezentralisieren von Service

Einer der wichtigsten und wesentlichsten Punkte besteht jedoch darin, diese Pläne mit allen technischen und organisatorischen Funktionen abzustimmen und allen beteiligten Stellen zu kommunizieren.

Es ist zwar unsere Aufgabe, Strategien, Konzepte und Vorgehensweisen für die Realisierung der IDV zu schaffen, auf der anderen Seite soll jedoch die Fachfunktion im Rahmen ihrer Verselbständigung in die Verantwortung gebracht werden.

Die dafür erforderliche Unterstützung, Schulung und Einweisung ist eine unserer vordringlichsten Aufgaben.

4. Die Endbenutzerkonzeption

Die Endbenutzerkonzeption soll letztendlich dazu führen, daß die im Kapitel 1 geschilderte Verselbständigung des Endbenutzers in kleinen Schritten vollzogen wird. Schließlich hat es ca. 10-12 Jahre gedauert, von der Phase 1 zur Phase 2 im Verhältnis der Fachabteilung zur Datenverarbeitung zu gelangen. Einen in etwa gleich großen Zeitraum werden wir benötigen, um den größten Teil der Endbenutzer zur selbständigen kreativen Arbeit mit den angebotenen Sprachen, Werkzeugen und Hilfsmitteln zu bringen.

Die Gründe für eine solche konzeptionelle Entwicklung werden klar, wenn man die Faktoren betrachtet, die heute zur Frustration sowohl des Endbenutzers wie auch des Anwendungsentwicklers führen. Das Umfeld, die Arbeitsweise, Geschäftspraktiken und daraus resultierende organisatorische Maßnahmen unterliegen heute teilweise sehr kurzfristigen und häufigen Änderungen.

Die klassische Anwendungsentwicklung mit ihrer projektorientierten Arbeitsweise kann diesem raschen Änderungszyklus kaum noch Rechnung tragen (Einfrieren der Anforderungen in einer frühen Projektphase).

Zusätzlich zwingen die sich schnell verändernden Umfeldbedingungen zu einer hohen Flexibilität eines Unternehmens, was sich in einem steigenden Inforamtionsbedarf widerspiegelt.

Was bedeutet das für ein entwickeltes Produkt ?

1. Bei der Fertigstellung einer Anwendung entsprechen die zu Beginn gemachten Anforderungen teilweise nicht mehr den mittlerweile veränderten Gegebenheiten. Dies schlägt sich insbesondere auf dem Gebiet des Berichtswesens nieder (Formate, Summierungsregeln, Detaillierungsgrad, Frequenz sowie enthaltene Datenelemente).

2. Möglichkeiten für schnelle, ungeplante Informationsanforderungen fehlen.

3. Die Möglichkeiten der Analyse historischer Daten zur Entscheidungsfindung und für Planungsprozesse sind vielfach nicht mehr vorhanden
   (Veränderungen im Satzaufbau, logisch unterschiedliche Feldinhalte
   etc.)

Die Vorstellungen des Endbenutzers in bezug auf Änderungsaufwand und Zeit-
rahmen sind in den meisten Fällen stark unterschiedlich zu den Vorstellungen der Anwendungsentwicklung.

Dies führt dann zum Aufbau von Vorurteilen und Meinungen von diesen gegen-
sätzlichen Standpunkten her gesehen.

Was denkt der Benutzer über IS (Bereich Datenverarbeitung)

-   IS hat für unsere Probleme keine Antwort.
-   Sie liefern nicht das aus, was wir brauchen.
-   IS ist unflexibel.

Was denkt IS über den Benutzer ?

-   Der Benutzer ändert dauernd seine Meinung darüber, was er haben
    will.
-   Der Benutzer stellt unvertretbare Anforderungen.
-   Der Benutzer versteht überhaupt nicht, welche Auswirkungen seine An-
    forderungen bei IS haben.

Dies sind sicherlich nur einige wenige Punkte auf der Skala der Mißver-
ständnisse.

Für eine Lösung dieses Konflikts gibt es jedoch kein Patentrezept. Zur Kon-
fliktentschärfung können wir nur beitragen, wenn wir versuchen, den Haupt-
gegenstand der Meinungsverschiedenheit zu betrachten.

Dies scheinen uns folgende Komplexe zu sein:

1. Das Berichtswesen mit seinen häufigen Änderungen und "ad hoc Problemen".

2.   Veränderungen der Logik und Zusammenhänge bei der Analyse von Daten.

3.   Hohe Flexibilität bei der Planung durch Modelle und Datenmanipulationsmöglichkeiten.

Zielsetzung muß es nun sein, diese Anwendungsteile von den operationalen IS-Verfahren abzukoppeln und in den Verantwortungsbereich des Endbenutzers zu überführen.

Daß diese Bestrebungen nicht alleine durch die Fachfunktionen der Benutzer realisiert werden können, dürfte wohl klar sein.

Es ist jedoch erreichbar, wenn wir den normalen Anforderungsprozeß der Benutzerfunktionen durch die Schaffung eines "INFORMATION CENTERS" kanalisieren.

Diese Funktion erhält die Aufgabe, sowohl die direkt an sie gerichteten Anforderungen zusammen mit der Fachfunktion zu verwirklichen, als auch die oben genannte Entkoppelung von der klassischen Anwendungsentwicklung zu steuern.

Aufgaben des Information Centers

1.   Bereitstellung von Sprachen, Kapazitäten und Datenzugriffsmöglichkeiten für die Endbenutzer.

2.   Unterstützung und Beratung beim Einsatz von Benutzersprachen und bei der Definition von Endbenutzeranwendungen.

3.   Überprüfung der Einsatzmöglichkeiten von Benutzersprachen bei IS-Anforderungen.

4.   Ständige Schnittstelle zum Servicegeber (Rechenzentrum).

5.   Planung der erforderlichen Kapazitäten in Zusammenarbeit mit der Fachfunktion.

6.   Evaluierung neuer Produkte für die Endbenutzer.

5. Die Komponenten des Konzepts

Wenn es nun daran geht, die Konzeption des Einsatzes von Benutzersprachen in die Tat umzusetzen, so sind die nachfolgenden Voraussetzungen sorgfältig zu prüfen und die Anforderungen der Fachabteilungen an diesen Maßstäben auf technische, organisatorische und vor allem wirtschaftliche Durchführbarkeit zu messen.

- vorhandene oder zu beschaffende technische Ausstattung
- Sprachen, Instrumente
- D a t e n
- Organisation
- Steuerung und Kontrolle

Dazu gehören unter anderem Fragen wie:

- Sind technische Voraussetzungen, wie Bildschirme, Drucker, intelligente Arbeitsstationen oder Leitungen vorhanden?

- Welche Sprache eignet sich am besten zur Lösung des anstehenden Problems?

- Welche Daten werden benötigt, mit welcher Aktualität und Frequenz, Voraussetzungen und evtl. Anschlußverfahren?

- Wer ist zuständig für Schnittstellen zwischen laufenden Verfahren und bereitzustellenden Daten?

- Wie wird die Sicherheit beim Datenzugriff gewährleistet?

- Nutzungsbedarf, Anzahl, Zugriffe, Anzahl Benutzer, Spitzenbelastungen?

- Ausbildung, Schulung, Handbücher, Dokumentationen, HELP-Funktionen?

Dieser Fragenkatalog kann beliebig ergänzt bzw. detailliert werden. Ein Komplex sollte aber trotzdem noch intensiver angesprochen werden, es sind dies die D A T E N.

Es handelt sich dabei um einen wichtigen, wenn nicht sogar den wesentlichsten Bestandteil eines Konzepts.

1. Der Zugriff zu den operationalen Daten wird den Fachfunktionen nur in Form von Kopien oder Extrakten gestattet.

2. Die Verfahren zur Gewinnung dieser Kopien und Extrakte sind Bestandteil der operationalen Abläufe, um die Datenintegrität und Ablaufsicherheit zu gewährleisten.

3. Die Weiterverarbeitung dieser Daten erfolgt ausschließlich auf der Basis dokumentierter Zugriffsgenehmigungen.

Auf jeden Fall soll aber vermieden werden, daß mögliche Veränderungen operationaler Daten unkontrolliert stattfinden können. Daß es neben der hier dargestellten Regelung auch Sonderfälle gibt, versteht sich von selbst.

Es ist sicherlich zweckmäßig, sich zur Prüfung dieser einzelnen Komponenten einen Fragenkatalog oder eine Checkliste zu erstellen, wobei der Inhalt zwangsläufig variiert aufgrund unterschiedlicher Organisationen, Unterschiede des technischen Umfeldes und Ausbildungsstand der Zielgruppen.

6. Kontakt mit den Fachbereichen

Soweit es sich um Unterstützung und Beratung der in unserem Angebot vorhandenen Sprachen und Serviceleistungen handelt, sind alle Mitarbeiterinnen und Mitarbeiter des Unternehmens unsere "Kunden".

Wenn es jedoch darum geht, neue Projekte, Planung, Kosten-/Nutzen-Analyse
oder funktions-/bereichsspezifische Fragen zu behandeln, so empfiehlt es
sich, funktionale oder bereichsorientierte dezentrale Unterstützungs- und
Ansprechpunkte beim Endbenutzer direkt anzusiedeln. Von der Terminologie
her verwenden wir dafür die Bezeichnung "Funktionales Information Center".

Der/die Mitarbeiter dieser funktionalen Information Center sollten in der
Lage sein, sowohl immer eine "erste Hilfe" bei Problemen zu leisten als
auch nach außen hin für die Funktion oder den vertretenen Bereich verbind-
liche Aussagen zu treffen.

Generell bedeutet dies also:

1. Bei sprachlichen Problemen oder Problemen des technischen Umfeldes
   kann jeder Mitarbeiter uns als zentrale Funktion ansprechen, sofern
   das Problem die Möglichkeiten des funktionalen Information Centers
   übersteigt.

2. Bei Planung und Projekten beschränken wir uns auf den Kontakt mit
   diesen Benutzer-Vertretungsfunktionen.

Aber der Benutzerkreis als Ganzes läßt auch eine andere Aufteilung zu,
die dann automatisch zu der oben genannten Konzeption führt, nämlich der
funktionsorientierten Vertretung. Sie kommt dadurch zustande, daß ein großer Teil der Endbenutzer nicht unbedingt "kreativ" im Rahmen der Möglichkeiten arbeitet, sondern die von anderen vorgefertigten Abfragen, Analysen, Modelle etc. benutzt. Dieser Kreis, der selbständig für sich und andere kreativ tätig ist, kristallisiert sich im Laufe der Zeit ohnehin heraus, um die funktionsbezogenen Interessen zu vertreten.

Unser stärkstes Entwicklungspotential steckt allerdings sicherlich noch in
der anderen Untermenge.

Es darf aber hier nicht vernachlässigt werden, daß gerade e i n e Zielgruppe unbedingt in die Konzeption einbezogen werden muß - nämlich die Organisatoren und Programmierer des Bereiches Datenverarbeitung (IS).

Sie benötigen eine entsprechende Benutzersprachenausbildung, um

1. die Durchdringung der Endbenutzerbereiche zusammen mit uns voranzutreiben, und um

2. mit Hilfe dieser Möglichkeiten ihre eigene Produktivität zu verbessern.

Wenn wir dem Endbenutzer ein möglichst umfassendes Angebot der Informationsgewinnung und Serviceleistungen zur Verfügung stellen wollen, dann kann und darf dies nicht gekennzeichnet sein durch

- viele unterschiedliche technische Umfelder
- viele unterschiedliche Benutzerkennwörter
- viele unterschiedliche Passwörter
- viele unterschiedliche Anmeldeverfahren
- ....

Wenn wir erwarten wollen, daß dieses Angebot intensiv genutzt wird bzw. daß wir durch ein solches Angebot die "noch nicht" überzeugten Endbenutzer in die Konzeption einbeziehen wollen, dann gibt es nur den Weg der Vereinheitlichung, der Einfachheit und professioneller Serviceleistungen sowohl von unserer Funktion als auch von den übrigen beteiligten Stellen, wie Rechenzentrum oder Netzwerkfunktionen, Planung oder Programmierung.

Der Kontakt zu diesen Zielgruppen wickelt sich nun über zwei Kanäle ab:

- Der/die Endbenutzer/Funktion kommt direkt zu uns und möchte beraten werden.

- Wir kommen über normale IS-Projekte mit dem Endbenutzer ins Gespräch.

1. Beim direkten Kontakt bearbeiten wir mit der anfordernden Funktion gemeinsam eine vorgefertigte Checkliste, die u. a. die nachfolgenden Punkte enthält:

- Änderung eines bestehenden Ablaufs oder neue Anwendung?
- Zielsetzung und Beschreibung (wird später Teil der Anwendungs-dokumentation)
- Mengengerüst (Anzahl Benutzer, Anzahl Abfragen, etc.)
- Datenbeschreibung
- Sicherheitsklassifikation, erforderliche Maßnahmen
- Kosten-/Nutzenbetrachtung
- Unterschrift des Abteilungsleiters

Basierend auf dieser Dokumentation versuchen wir nun, zusammen mit dem Endbenutzer sein Problem zu lösen, wobei dies nicht in jedem Fall zu einer Lösung im Rahmen des Endbenutzerkonzepts führen muß.

2. Bei Realisierung über IS-Projekte stellt sich der Kontakt wie folgt dar:

In den für die Projektentwicklung verbindlichen Richtlinien sind pha-senabhängig Prüfungen vorzunehmen mit dem Zweck, Übereinstimmung zu erzielen zwischen dem Bedarf des Benutzers und dem Lösungsentwurf der IS-Funktion (Phase 1) bzw. zwischen dem Bedarf des Benutzers und dem Detailvorschlag von IS (Phase 2). Da speziell in diesen Phasen Ent-scheidungen über konzeptionelle Lösungen getroffen werden, ist es wesentlich, hier die Aspekte der Endbenutzerkonzeption formell zu be-rücksichtigen.

Dies geschieht dadurch, daß unsere Funktion an der technischen Frei-gabe der Projektstufen durch unterschriftliche Regelung beteiligt ist (Technical sign-off).

7. Planung und Einsatzkontrolle

Planung

Die wesentlichen planerischen Aufgaben unserer Funktion bestehen darin, daß wir Vermittler und Dolmetscherrolle zwischen den Rechenzentren und den Benutzerfunktionen darstellen. Dabei geht es um den Kapazitätsbedarf auf Rechnern, benötigten Speicherplatz auf Platten sowie Netzwerkaspekte mit den Planungsfunktionen zusammen zu bearbeiten. Dies gilt sowohl für die bereits eingerichteten Verfahren in bezug auf Volumenwachstum (Anzahl Benutzer, Speicherkapazität) als auch für die im Rahmen von IS-Projekten durchzuführende Planung. Diese Daten werden auf der Basis vorhandener IST-Werte zusammen mit der Benutzerfunktion erarbeitet.

Einsatzkontrolle

Nach der Implementierung einer Anwendung stellt sich spontan die Frage nach der Nutzungskontrolle. Dabei müssen statistische anwendungsbezogene Logdaten oder History-Daten nutzbar gemacht werden, um die nachstehenden Problemkreise zu erhellen:

1. Wie stehen die PLAN-/IST-Werte einer Anwendung zueinander (Dateiauslastung)?

   Häufig sinkt die Auslastung in den der Implementierung folgenden Monaten stark ab oder aber die Datei ist weitaus mehr ausgelastet als geplant.

   In beiden Fällen werden wir von den planenden Funktionen der Rechenzentren spätestens zum Planungszeitpunkt befragt. Die Auskunftsfähigkeit muß dann gewährleistet sein. Aber mindestens gleichermaßen interessant ist für uns die Frage nach den Ursachen der Abweichung.

   Ist die Akzeptanz beim Endbenutzer gering, weil das Verfahren oder das Serviceangebot schlecht ist oder ist etwa die zur Verfügung gestellte Benutzersprache zu schwierig?

Diesen Fragen muß nachgegangen werden und gegebenenfalls mit korrigierende Maßnahmen eingegriffen werden (z. B. zusätzliche Schulung).

2. Wie ist es um die Zugriffssicherheit zu den Daten bestellt?

Die Einrichtung der Funktion eines "Dateiverantwortlichen" oder "Dateibeauftragten" hat sich dabei sehr bewährt.

Er ist Vertreter des Eigentümers, der Daten und alleiniger Ansprechpartner in Sachen Zugriffsgenehmigung und Sicherheitsfragen generell.

Unsere Aufgabe besteht darin, die für Sicherheit entsprechenden Verfahren technisch zur Verfügung zu stellen oder bestenfalls die Einrichtung einer Zugriffsgenehmigung für die vom "Dateibeauftragten" freigegebenen Benutzeridentifikationen.

3. Soweit es History- oder Logdaten zulassen, werden stichprobenartig oder aus gegebenem Anlaß Überprüfungen vorgenommen, ob es Funktionen gibt, bei denen sich fehlerhafte oder unsachgemäße Abfragen oder Dialoge häufen. Derartige Analysen versetzen uns in die Lage, mit gezielter Ausbildung oder Information die Nutzung der Anwendung oder des Systems zu verbessern.

8. Kosten-/Nutzen-Nachweis
(Justification)

Der Kosten-/Nutzen-Nachweis für Endbenutzeranwendungen steht immer wieder im Brennpunkt der Diskussionen. Sicherlich genügt es nicht, die auf dem gesamten Gebiet der individuellen Datenverarbeitung sichtbare positive Tendenz als alleinige Argumentation ins Feld zu führen. Es geht vielmehr darum, nach Lösungen zu suchen, die im Rahmen der Endbenutzeranwendungen zu erbringenden Aufwände wie Mann-Monate oder Arbeitseinheiten des Rechenzentrums einem Nutzennachweis zu unterziehen.

1. Hier bieten die im Rahmen von IS-Projekten durchgeführten Aktivitäten einen guten Ansatzpunkt. Auf der einen Seite werden diese Projekte in der Regel für einen relativ großen Benutzerkreis durchgeführt, so daß daraus resultierende Ergebnisse Anspruch auf Repräsentativität erheben dürfen.

    Auf der anderen Seite ist es jederzeit möglich, den IS-Aufwand bei einer Lösung mit Hilfe der klassischen Anwendungsprogrammierung dem Aufwand bei einer Lösung mit Benutzersprachen und deren Umfeld gegenüberzustellen.

    Diese Vorgehensweise kann dann z. B. die "top ten"-Projekte erfassen und dann nach Ablauf eines Erfahrungszeitraums auf andere Entwicklungen übertragen werden.

2. Ein zweites Gebiet ist methodisch weitaus schwieriger in den Griff zu bekommen.

    Es handelt sich dabei um solche Benutzer, die mit Anforderungen an uns herantreten, die sich in der Größenordnung von einigen wenigen Zylindern Plattenplatz und geringfügigem Rechnerbedarf darstellen.

    Bemühungen, hier eine nachprüfbare Kosten-/Nutzen-Analyse zu erstellen, scheitern meist an der "Nichtigkeit" solcher Anwendungen.

    Die Probleme treten dann allerdings voll zu Tage, wenn Hunderte solcher Endbenutzer eines Tages ganze Plattenstränge belegen bzw. beträchtliche Rechnerkapazität auslasten. Spätestens dann treten kontrollierende und steuernde Funktionen auf den Plan, um einen Nachweis für diese Kapazitäten zu verlangen.

Unseres Erachtens scheint hier die Bündelung sowohl des Bedarfs als auch die Bündelung des gewonnenen Nutzens gegenübergestellt als eine Möglichkeit, methodisch zu einer Kosten-/Nutzen-Analyse zu gelangen.

Eine im Jahre 1983 in unserem Hause durchgeführte Benutzerumfrage ergab dabei folgende Ergebnisse:

1. Das Abarbeiten eines Arbeitsloads mit Hilfe eines Terminals und der von uns zur Verfügung gestellten Sprachen und Instrumente gegenüber dem manuellen Aufwand ergibt ein Verhältnis von 1 : 4.5.

2. Die kostenmäßige Betrachtung dieses Ergebnisses schlägt sich nieder in einem Verhältnis 1 : 2.4.

Vergleiche mit den Ergebnissen anderer Unternehmen zu dieser Problematik liegen in derselben Größenordnung.

9. Ausbildung / Schulung

Für viele Endbenutzer, vor allem aber für jene, die bisher bei ihrer Tätigkeit wenig oder gar keinen unmittelbaren Kontakt mit der Datenverarbeitung hatten, gilt es, im Rahmen von Schulungen behutsam ans Werk zu gehen. Wie leicht kann hier der Erfolg einer gelungenen Vorführung oder eines Vortrags wieder zunichte gemacht werden.

Diesen Mitarbeiterinnen und Mitarbeitern ist die größte Aufmerksamkeit zu widmen. Es war gelungen, ihr Mißtrauen gegenüber dem "Hexenwerk" der Datenverarbeitung zu zerstreuen, sie neugierig auf die Möglichkeiten neuer Werkzeuge und Hilfsmittel zu machen, - und dann müssen sie im Laufe einer Schulung feststellen, daß alles doch sehr schwierig, umständlich und gefährlich im Umgang (Sicherheit) ist. Oder aber der Mitarbeiter kommt mit irgendwelchen angebotenen Lerntexten nicht zurecht und eine Hilfestellung und Beratung steht nicht zur Verfügung.

Dies muß um jeden Preis vermieden werden.

Eine zweite Gruppe sind diejenigen Endbenutzer, die bereits Bekanntschaft mit der Datenverarbeitung gemacht haben und bei denen es jetzt darum geht, das Wissen z. B. um eine weitere Anwendung oder neue Hilfsmittel oder Verfahren zu erweitern. Hier genügt es meist, die bisher erworbenen Kenntnisse wieder aufzufrischen und zu ordnen, um dann die neuen Informationen hinzuzufügen. Dies kann je nach Wissen und Ausbildungsstand durch Lerntexte oder Anwendungsworkshops erreicht werden.

Die dritte Gruppe, die bereits vorher erwähnten "kreativen" Endbenutzer, hilft sich meist durch Lerntexte, Dokumentationen, experimentelle Übungen und "Spielen" mit neuen Produkten und Anwendungen. Dieser Gruppe bzw. bestimmten Mitarbeitern der zweiten Gruppe wenden wir zeitweise besondere Aufmerksamkeit, um sie als unsere unmittelbaren Gesprächspartner heranzuziehen. Als Hilfsmittel haben wir einen besonderen Anwendungsworkshop entwickelt.

Dieser Workshop hat das Ziel, daß der Teilnehmer nach zwei Wochen mit einer fertigen Originalanwendung in seine Abteilung zurückkehrt. Er und die mit dieser Aufgabe betrauten Mitarbeiter können diese Anwendung dann sofort im Rahmen ihrer täglichen Arbeit einsetzen.

Der Workshop ist in folgende Abschnitte aufgeteilt:

1. Auffrischung der Kenntnisse
2. Entwicklung der Zielsetzung für die beiden Wochen
3. Dokumentation der Anwendung
4. Entwicklung der Anwendung
5. Vorstellung des fertigen Produkts

Während der gesamten Zeit werden die Teilnehmer unmittelbar betreut und haben auf der anderen Seite die Möglichkeit, sich gegenseitig zu helfen und Erfahrung auszutauschen.

Zusätzlich kommt der Vorteil zum Tragen, daß sie ihre Anwendungen losgelöst vom täglichen Geschäft entwickeln können.

10. Ausblick

Der steile Anstieg der Benutzerzahlen und die damit verbundene klare Trendaussage zeigen, daß wir uns erst am Anfang einer effektiven Nutzung von Produktivitätspotential in den Fachbereichen befinden.

Dieser Trend zeigt in eine Richtung, in der sich ein Verhältnis Benutzer zu Bildschirm oder intelligentem Terminal von 1 : 1 abzeichnet. Wirtschaftliche Gesichtspunkte zwingen uns sicherlich dazu, den Aspekt des Personal Computings heute noch unter einem anderen Blickwinkel zu sehen, als in vielleicht vier bis fünf Jahren. Die Entwicklung wird aufzeigen, daß der Nutzen insgesamt die Investitionen bei weitem übersteigt. Dies wird dann dazu führen, daß das Angebot des Personal Computing mit einem Telefon vergleichbar wird. Der Mitarbeiter erhält eine definierte Rechnerkapazität sowie begrenzten Speicherplatz zur persönlichen Gestaltung seiner Arbeit und Arbeitsabläufe, ohne einer permanenten Rechtfertigung dafür zu unterliegen.

Es bedeutet aber auch für uns, daß wir große Anstrengungen unternehmen müssen, die Gebiete von Daten, Text und Graphik sowie weitere zukünftige Dienstleistungen als integriertes Angebot dem Mitarbeiter zur Verfügung zu stellen.

Ein anderer Aspekt darf ebenfalls nicht unberücksichtigt bleiben. Während wir heute große Anstrengungen vollbringen, unseren Mitarbeitern die Möglichkeiten der Datenverarbeitung aufzuzeigen und sie damit vertraut zu machen, wächst eine Generation heran, für die die Datenverarbeitung ein selbstverständliches Instrument des Fachmannes ist. Auf diese Mitarbeiter gilt es sich bereits jetzt einzustellen.

Der Vollständigkeit wegen sollte an dieser Stelle auch noch darauf hingewiesen werden, daß alle diejenigen, die auf d i e Sprache oder d i e Anwendung warten, die alle Anforderungen in idealem Maße erfüllt, sicherlich nie zufrieden sein werden. Es wird auch in Zukunft so sein, daß sich jeder aus dem Spektrum des Angebots das sich für oder sein Unternehmen beste herausfinden muß, wobei dieses "Finden" durch die unterschiedlichsten Kriterien bestimmt wird.

Wir sehen es als unsere Aufgabe an, diese neue Phase der Daten-/Informationsverarbeitung mit Hilfe der sich ständig verbessernden Technologie zusammen mit dem Endbenutzer voranzutreiben, um das Wissen und Können der Fachabteilungen produktiv zu erschließen.

PROBLEME DES DATENSCHUTZES UND DER DATENSICHERHEIT
IM INFORMATION CENTER - KONZEPT

K. Böhm
Deutsches Krebsforschungszentrum
Zentrale Datenverarbeitung

D-6900 Heidelberg, B.R.D.

Zusammenfassung

Ausgehend von einigen Vordenkern der DV-Philosophie wird die Diskussion über die Organisation und den Betrieb von Rechenzentren gegenwärtig beherrscht von dem Schlagwort des Information Center. Da dieser Begriff eine völlige Umkehrung der traditionellen, batch-orientierten Arbeitsweise der Rechenzentren impliziert, ist eine Auseinandersetzung mit diesem Betriebskonzept zwingend.

Es kann gezeigt werden, daß Faktoren wie 'Anwendungsstau', die zunehmende 'EDV-Mündigkeit' der Benutzer, 'software tools' und vor allem die Verfügbarkeit billiger Mikrocomputer wesentlich zur Entstehung des Information Center-Konzepts beigetragen haben, bei dem das Rechenzentrum als Berater, Vermittler, Verteiler für eine 'individuelle Datenverarbeitung' fungiert. Immer mehr Benutzer verwenden Personal Computer in eigener Regie zur 'individuellen Datenverarbeitung', und eine Steuerung oder Kontrolle dieses Prozesses wird zunehmend schwieriger.

Datenschutz und Datensicherheit sind durch diese Entwicklung fundamental betroffen. Die Entwicklung der Datenschutzgesetze (DSG) vor rund 10 Jahren basierte auf dem damaligen technischen und organisatorischen Stand einer zentralen Datenverarbeitung mit Großrechnern in 'closed shop'-Rechenzentren. Die Vorschriften der DSG sind abgestellt auf diese Betriebsweise.

Das massenhafte Auftreten von Arbeitsplatzrechnern, z.T. außerhalb der Kontrolle der Rechenzentren, hat diesen Denkansatz in der Praxis überrollt.

Eine vom BIFOA-Institut durchgeführte Studie [4] zu den Problemen des Datenschutzes und der Datensicherheit beim Einsatz von Kleincomputern zeigt, daß diese Geräte gemessen an den klassischen Anforderungen des BDSG völlig unzureichend sind. Die Vorschriften der Datenschutzgesetze gelten jedoch bereits bei der Verwendung von Mikrocomputern in der Textverarbeitung und bei allen stärker strukturierten Datenbeständen. Beispielsweise in der Medizinischen Informatik mit überwiegend personenbezogenen Daten ergibt sich damit ein ungeahntes Mengenwachstum an Dateien und Rechnern, für die Datenschutz und Datensicherheit gewährleistet sein müssen, was in praxi zunehmend problematisch wird.

Die bisherigen Novellierungsentwürfe für das BDSG berücksichtigen diese technologische Entwicklung nicht, so daß sich die Frage stellt, ob ein solches Spezialgesetz überhaupt der richtige Weg ist, um ein sich im Urteil des Bundesverfassungsgerichts zur Volkszählung 1983 abzeichnendes Grundrecht des Bürgers an seinen Daten nachhaltig zu schützen. Es sollte geprüft werden, ob einer generellen Erweiterung der bestehenden Gesetze um das 'Recht auf informationelle Selbstbestimmung' nicht der Vorzug zu geben ist vor einer unzureichend perfektionierten, der technologischen Realität jedoch stets hinterherhinkenden Spezialgesetzgebung im BDSG und 11 Landesdatenschutzgesetzen.

1. Einleitung

Die angewandte Informatik und ihr Werkzeug, der Computer, befindet sich, wie kaum ein anderer Wissenschaftsbereich in einem stürmischen Entwicklungsprozeß. Entsprechend ist ihre Anwendung in der betrieblichen Organisationsform des Rechenzentrums einem ständigen Wandel unterworfen. Dies gilt für die Leistungsfähigkeit der eingesetzten Hardware, die Techniken und Werkzeuge der Softwareentwicklung und die organisatorische Umsetzung des technischen Leistungspotentials in Nutzen für den Anwender.

Der stürmische Wandel findet seinen Niederschlag in einem permanenten, fast philosophisch geführten Disput um die optimale Konzeption für die Nutzung und Verteilung der Rechnerleistung. Schlagwörter der Diskussion der letzten 20 Jahre waren und sind: Closed shop, batch- versus dialogorientierte Verarbeitung, distributed dataprocessing, Netzwerke, individuelle Datenverarbeitung und Information Center. Einer der prominentesten DV-Philosophen, James Martin, propagiert das Information Center als neue Organisationseinheit für den Benutzerservice, das parallel zum traditionellen Rechenzentrum etabliert werden soll, unter Hinweis auf folgende Hochrechnung für die Dekade 1980 bis 1990 [5]:

- Die Rechengeschwindigkeit der Computer steigt um das 50-fache.
- Anstieg der Anzahl der Computer um 25% pro Jahr.
- Anstieg der benötigten 'lines of code' um das 465-fache.
- 1980 wurden in USA 300.000 Programmierer beschäftigt,
- 1990 würden ohne Produktivitätsfortschritt 190 Millionen Programmierer benötigt.

Er schließt daraus, daß für die Anwendungsentwicklung ein Produktivitätsfortschritt um einen Faktor in zweistelliger Größenordnung notwendig wird und sieht dessen Realisierung in der Problemlösung mittels "individueller Datenverarbeitung" durch den Endbenutzer, wobei dieser durch DV-Profis aus dem Information Center unterstützt wird.

Ungeachtet der Aussagekraft solcher linearen Verlängerungen eines Trends in die Zukunft haben die DV-Verantwortlichen heute tatsächlich mit den Problemen zu kämpfen, daß

- Pflege und Wartung vorhandener Anwendungssoftware den überwiegenden Teil der Personalkapazität binden,

- der Bedarf an Neuentwicklungen immer mehr aufgestaut wird,
- Fachabteilungen sich durch den Einsatz von Personal Computern
  selbst helfen wollen,
- Integration und Unterstützbarkeit der "individuellen" DV-Insellösungen
  sich zunehmend schwieriger gestaltet, und
- Datenschutz und Datensicherheit im unüberschaubaren Geflecht von
  PC-Anwendungen nicht mehr gewährleistet werden können.

Bevor auf den letztgenannten Aspekt der sogenannten "Software-Krise" detailliert
eingegangen wird, soll zunächst die Entwicklung der Datenverarbeitung bis hin zum
Lösungskonzept des Information Centers näher untersucht werden.

2. Entwicklung des Computereinsatzes

Bis etwa zur Mitte der 70er Jahre war der Einsatz von DV-Anlagen in Rechenzentren
konzentriert, deren Personal auf die Bedienung, Programmierung und Benutzung der
wertvollen, millionenschweren Hardware spezialisiert war. Der Betrieb war als
'closed shop' organisiert, d.h. die Rolle des Anwenders beschränkte sich auf die
Mitarbeit bei der exakt dokumentierten Projektdefinition und das routinemäßige
Abgeben eines Lochkartenstapels bei der Arbeitsvorbereitung, zusammen mit einem
Jobablaufplan und Laufzettel. Ein Rechnerzugriff von außen über Terminals war
kaum möglich. An diesem Betriebsmodell einer zentralisierten, wohl kontrollierten
und dokumentierten Datenverarbeitung orientierten sich auch die in dieser Zeit im
Entstehen begriffenen Datenschutzgesetze, mit ihren Regelungen für die Verarbei-
tung personenbezogener Daten, deren Kontrolle und Vorschriften zur Datensicherheit.

Die folgenden Jahre brachten eine Verbesserung des Preis/Leistungsverhältnisses
für DV-Anlagen um eine Zehnerpotenz, die Verfügbarkeit leistungsfähiger Mini-
computer, die Entwicklung von Datenbank-Software und die Verteilung von Computerleistung über Terminals. Der Benutzer erhielt direkten Zugriff zu seinen Daten
und Programmen, allerdings unter der Kontrolle von Systemsoftware mit Zugriffs-
berechtigungstabellen, Passwortverfahren und Accounting. Der Zugang zu Datenträgern blieb ihm versperrt; das Rechenzentrum kontrollierte weiterhin den Zugriff
und die Verteilung von Computerleistung und die nunmehr dialogorientierte Software-
Entwicklung, obwohl unter der Flagge des 'distributed processing' erste autonome
Lösungen auf Minicomputer-Basis in den Abteilungen entstanden.

Den eigentlichen Durchbruch zur "Autonomie der Anwender" oder zum "Chaos" als
extreme Gesichtspunkte der Entwicklung ermöglichte jedoch erst der rasche Fortschritt der Mikroelektronik mit der Verfügbarkeit von leistungsfähigen Kleinrechnern und Personal Computern. Diese Geräte werden in rapide steigender Anzahl
von den Fachabteilungen, zumeist ohne Beteiligung des Rechenzentrums, angeschafft.

Primäre Einsatzgebiete sind die Nutzung einer breiten Palette von Standardsoftware wie Lotus, Symphonie, Paradies, Open Access, Multiplan usw., sowie die Textverarbeitung, wobei der Übergang zur Datenverarbeitung zunehmend fließend wird. Neue Dienste, z.B. Teletex oder Bildschirmtext und offene Netze sind über diese Geräte erreichbar, so daß bisherige Hardware-Barrieren für eine umfassende Datenkommunikation überwunden werden.

Für die DV-Verantwortlichen stellt sich in dieser Situation die dringende Frage nach den Auswirkungen der Entwicklung und nach einem Konzept zur Steuerung und Integration der "individuellen Datenverarbeitung" in eine Gesamtkonzeption, beispielsweise das Information Center-Konzept.

3. Das Information Center-Konzept

Das Information Center ist eine Organisationseinheit innerhalb oder parallel zum Rechenzentrum mit der Aufgabe, den Benutzer bei dessen selbständiger Lösung von DV-Problemen am Arbeitsplatz mittels Informationssystemen (individuelle Datenverarbeitung) zu unterstützen. Es stellt damit ein organisatorisches Auffangbecken für die oben geschilderte Situation dar, in der zunehmend "DV-mündige" Anwender mit Arbeitsplatzrechnern und Endbenutzersprachen der 4. Generation die Anwendungsentwicklung selbst übernehmen, um den sog. Anwendungsstau in der EDV-Abteilung zu umgehen. Das Personal des Information Centers ist dabei Berater, Vermittler, Koordinator und Verteiler bezüglich der Auswahl und Beschaffung von Hardware und Software für die Arbeitsplatzrechner, der Anpassung von Standardsoftware an die individuellen Bedürfnisse, der Unterstützung bei Endbenutzerproblemen, beim Erfahrungs- und Programmaustausch, bei Software-Wartung und Fehlerdiagnose. Insbesondere sollen vom Information Center für die individuelle Datenverarbeitung folgende "Hilfen zur Selbsthilfe" angeboten werden [1]:

1. Bereitstellung von Werkzeugen, z.B.
   - ein Programmpaket zur Datenmanipulation
   - ein Berichts- bzw. Listengenerator
   - ein interaktives Abfragesystem
   - ein Textverarbeitungssystem
   - ein Paket zur statistischen Datenanalyse.

2. Bereitstellung von speziellen Datenformaten und benutzerfreundlichen Programmschnittstellen.

3. Beratung bei der Frage, welches Werkzeug zur Lösung des aktuellen Problems am besten geeignet ist und wie dieses gehandhabt wird, sowie bei der Fehlersuche.

4. Schulung bei der Einführung neuer oder verbesserter Instrumente.

5. Administrative Aufgaben, z.B. Produktdokumentation oder Herausgabe eines Informationsblattes."

Betrachtet man das besonders von IBM gegenwärtig stark propagierte Schlagwort der individuellen Datenverarbeitung etwas distanzierter, so fallen folgende grundsätzlichen Komponenten auf:

- Der Endbenutzer erstellt selbst Software,
- er verfügt über Rechnerleistung am Arbeitsplatz,
- er verwendet endbenutzerorientierte Werkzeuge und Methoden.

Für die Datenverarbeitung im Wirtschaftsunternehmen mag diese Situationsbeschreibung zum überwiegenden Teil neu und umwälzend klingen, nicht jedoch für Universitäten und Forschungseinrichtungen. Der erste Punkt ist vielfach kein Novum. Naturwissenschaftler, Ingenieure, Techniker und Studenten sind seit langem gewohnt, Programme selbst zu entwickeln und an Terminals anzuwenden. Auch die Verfügbarkeit von Rechnerleistung am Arbeitsplatz ist zumindest dem Benutzer einer "virtuellen Maschine" keine Neuigkeit. Neu ist hier lediglich das enorme Preis/Leistungsverhältnis der Mikrocomputer und der Zugang zur vollständigen Peripherie am Arbeitsplatz, also die Unabhängigkeit vom Operating des Rechenzentrums mit allen Vorteilen, aber auch Nachteilen. Wirklich neu und ausschlaggebend für den Nutzen der individuellen Datenverarbeitung ist das Angebot an endbenutzerorientierten Sprachen, Werkzeugen und Methoden, die es dem geübten Benutzer erlauben, arbeitsplatzspezifische Daten direkt selbst zu verarbeiten und damit den zwangsweise vorhandenen Verständigungsproblemen zwischen DV-Spezialisten und Anwendern zu entgehen.

In seinen Seminaren versucht James Martin, die Überlegenheit des Information Center-Konzepts gegenüber der "konventionellen" Datenverarbeitung durch einen Funktionsvergleich bei der Entwicklung von Anwendungssoftware nachzuweisen, der hier auszugsweise zitiert wird (vgl. Tab. 1) [5].

Die klaren Vorteile der dort dargestellten Lösungen im Information Center-Konzept mögen auf den ersten Blick verblüffen, der erfahrene DV-Spezialist wird sich jedoch bei diesem Szenarium in die Zeit vor mehr als 10 Jahren zurückversetzt fühlen. Damals übten die Programmierer an den neu installierten, ersten Terminals die spontane Dialogprogrammierung per 'trial and error'-Methode. Die Problemlösung der IBM war seinerzeit die Bildung von Programmentwicklungsteams bestehend aus einem Systemanalytiker, einem Programmierer und einem Dokumentar bei strenger Funktionentrennung!

Der Sinn dieses "Hipo-Methode" genannten Wegs für die Entwicklung von Anwendungsprogrammen bestand in der Vermeidung von spontanen Programmänderungen, überlangen Entwicklungszeiten, unzureichenden Dokumentationen und fehlender Nachprüfbarkeit der Programmfunktionen, also Kriterien, die für eine ordnungsgemäße Datenverarbeitung und die geltenden Datenschutzgesetze von elementarer Bedeutung sind. Diese Maßstäbe sind durch die rasche, unkontrollierte Verbreitung der Arbeitsplatzrechner und durch die individuelle Verarbeitung von Daten nicht mehr zu gewährleisten.

Probleme bei konventioneller DV-Entwicklung	Lösungen im Information Center-Betrieb
• Großer Anwendungsstau verursacht Inflexibilität der DV und Unzufriedenheit der Endbenutzer.	• Sofortige Interaktion mit Endbenutzer mit schneller Erzeugung von Ergebnissen. Der Anwendungsstau der konventionellen Programmierer wird umgangen.
• Geringe Produktivität der Anwendungsprogrammierung.	• Nutzung von Abfragesprachen, Berichts- und Anwendungsgeneratoren bringt 10 bis 50% höhere Produktivität als COBOL oder PL/1-Programmierung.
• Konventionelle Programmierung trennt Programmierer und Nutzer.	• Information Center - Berater hat direkten Kontakt mit dem Endbenutzer.
• Das Schreiben formaler Spezifikationen ist sehr zeitaufwendig.	• Formale Spezifikationen werden normalerweise nicht geschrieben.
• Wesentliche Zeit des Programmierers geht in Dokumentation.	• Berichts- und Anwendungsgeneratoren mit Selbstdokumentation werden benutzt.
• Prototypen von Programmen werden nicht geschrieben.	• Prototypen sind einfach erzeugbar und schnell änderbar.
• Spezifikationen müssen in frühem Entwicklungsstadium festgelegt sein.	• Keine Festlegung nötig. Die Entwicklung ist schnell und flexibel.
• Bedarfs- und Projektdefinitionen sind aufwendig zu dokumentieren.	• Bedarfs- und Projektspezifikationen werden grundsätzlich nicht erstellt.
• Eine erdrückende Last an Wartung und Pflege wird erzeugt.	• Anwendungen werden relativ schnell, billig und kontinuierlich gepflegt.

Tab. 1: Vergleich konventionelle DV-Entwicklung und Information Center-Betrieb

4. Problemstellung

Die Verarbeitung personenbezogener Daten wird durch das Bundesdatenschutzgesetz (BDSG) bzw. entsprechende Datenschutzgesetze der Länder geregelt. Diese Gesetze sind seit ihrer Verabschiedung nahezu unverändert geblieben. Wie oben festgestellt, haben sich seither durch die rasche technologische Entwicklung in der Informatik drastische Wandlungen vollzogen, welche die Einsatzart, den Einsatzumfang und die Betriebsweise der Datenverarbeitung sowie die Möglichkeiten der Datenübermittlung im Gefolge der zunehmenden Dezentralisierung betreffen. Die Regelungen der Datenschutzgesetze, die von den Kontrollmöglichkeiten einer zentralen Datenverarbeitung ausgehen, sind damit praktisch undurchführbar geworden.

Insbesondere die medizinische Informatik leidet seit langem unter den Restriktionen der Datenschutzgesetze. Die epidemiologische Forschung wird erschwert durch die Beschränkungen der Datenübermittlung, da sie über keinen unmittelbaren Zugang zu

den von ihr benötigten, überwiegend personenbezogenen Daten verfügt. Die Inter-
vention von Datenschutzbeauftragten der Länder hat zur Schließung von Krebsregistern,
Psychiatrieregistern und zu erheblichen Behinderungen bei Feldstudien geführt [2].
Die Datenverarbeitung in den Tumorzentren ist Gegenstand der Diskussion und kritischen Überprüfung, wie aus dem jüngsten Jahresbericht der Landesbeauftragten für
den Datenschutz in Baden-Württemberg zu ersehen ist.

In dieser Situation wäre es fatal, wenn den bestehenden Konfliktfeldern im Zuge
des Einsatzes neuer Technologien ein weiterer Konflikt mit den Regelungen des
Datenschutzes hinzugefügt würde.

5. Regelungen der Datenschutzgesetze

Die Datenschutzgesetze regeln im wesentlichen die Bedingungen für die Verarbeitung
personenbezogener Daten und ihre Übermittlung, die Rechte der Betroffenen und die
Kontrolle der Einhaltung der Bestimmungen. Der betriebliche Datenschutzbeauftragte,
der nach dem BDSG in jedem Betrieb mit mindestens fünf in der Datenverarbeitung
Tätigen zu bestellen ist, hat insbesondere folgende Aufgaben:

- Verpflichtung der tangierten Mitarbeiter auf das Datengeheimnis.
- Registrierung aller Dateien mit personenbezogenen Daten, bzw.
  nach LDSG deren Meldung an den Landesdatenschutzbeauftragten.
- Überwachung der ordnungsgemäßen Verarbeitung und Übermittlung.
- Befriedigung der Rechte des Betroffenen bezüglich Auskunft über
  gespeicherte Daten, Benachrichtigung, Sperrung, Löschung.
- Überwachung der Kontrollmaßnahmen wie Zu- und Abgangskontrolle,
  Eingabekontrolle, Zugriffskontrolle, Abruf- und Transportkontrolle
  für Datenträger.

In der konventionellen Betriebsweise eines zentralisierten, abgeschotteten
Computersystems mit definiertem Bedienungspersonal, aufwendigem Betriebssystem,
Datenträgerverwaltung, Benutzerverwaltung bis hin zu Zugriffsberechtigungsprofilen
und einer zentralen Programmdokumentation war und ist es möglich, diese Aufgaben
des Datenschutzbeauftragten zu erfüllen und damit den Datenschutz zu gewährleisten.
Die geringe Zahl bekanntgewordener Verstöße beweist dies. Die rapide ansteigende
Anzahl von Kleinrechnern, Personal Computern und Textverarbeitungssystemen führt
jedoch zu einer völlig neuen Dimension, welche die Einhaltung der gesetzlichen
Vorschriften in der bisherigen Form unmöglich macht.

Der Datenschutzbeauftragte einer Großforschungseinrichtung stellt z.B. fest, daß
er sich bei mehr als 200 installierten Personal Computern nur noch auf die Registrierung der Geräte beschränken kann. Die Meldung und Registrierung von Dateien
mit personenbezogenen Daten scheitert an ihrer Anzahl und Änderungsgeschwindigkeit,

insbesondere bei Textverarbeitungssystemen. Kontrollen der Datenübermittlung sind durch die Anschlußmöglichkeit an Inhouse-Netze und offene Netze ebenso unmöglich wie Zugangs-, Abgangs- und Transportkontrollen wegen der Miniaturisierung der Datenträger. Die Kontrolle der ordnungsgemäßen Verarbeitung scheitert an den kontinuierlichen Programmänderungen und der fehlenden Programmdokumentation. Die Rechte der Betroffenen können nicht mehr gewährleistet werden. Das Information Center-Konzept weist hier keinen Ausweg, sondern institutionalisiert die neu entstandene Situation außerhalb des geltenden, gesetzlichen Rahmens.

Die technische Entwicklung hat die Datenschutzgesetze in der professionellen Anwendung ebenso überrollt wie im privaten Bereich. Der Ausschuß für wirtschaftliche Verwaltung in Wirtschaft und öffentlicher Verwaltung (AWV) forderte bereits 1982 in einem Brief an das Bundesinnenministerium die Ausgrenzung der Datenverarbeitung für private Zwecke aus dem BDSG und stellte fest:

"Leistungsfähige Systeme der automatischen Datenverarbeitung werden schon heute als Heimcomputer und elektronische Notizbücher für den persönlichen Gebrauch angeboten und für vielfältige private Zwecke genutzt. Es wäre geradezu absurd, wenn in diesem privaten Lebensbereich die Überwachungsvorschriften des BDSG anzuwenden wären. Hier wäre Datenschutzkontrolle ein unzulässiger Eingriff in die Persönlichkeitssphäre dessen, der einen Heimcomputer für private Zwecke nutzt. Der Persönlichkeitssphärenschutz des BDSG würde zu Privatsphäreverstößen führen, er würde in sein Gegenteil verkehrt werden.

- Aufsichtsbehörden müßten Überwachungen im Bereich der Privatsphäre durchführen
- Der höchst private Lebensbereich hätte sich ständig an den Erlaubnistatbeständen des BDSG zu orientieren
- Eine sechsköpfige Familie, die gemeinsam einen Heimcomputer nutzt, müßte einen Datenschutzbeauftragten bestellen."

Die letztgenannte Feststellung trifft auch auf Freiberufler zu, z.B. einen Arzt, der in seiner Praxis einen Arztcomputer betreibt.

6. Datenschutz und Datensicherheit bei Personal Computern

Der rasch wachsende Einsatz von Mikrocomputern hat das Bundesforschungsministerium (BMFT) veranlaßt, durch das Betriebswirtschaftliche Institut für Organisation und Automation der Universität Köln (BIFOA) eine "Untersuchung über Datenschutz und Datensicherheit bei Personal Computern und Anlagen der mittleren Datentechnik" durchführen zu lassen. Ein Zwischenbericht [4] basiert auf der schriftlichen Befragung von Hardwareherstellern, Softwarehäusern und Interviews in kleinen und mittleren Unternehmen.

Da die Ergebnisse mit hoher Wahrscheinlichkeit auf den gesamten Bereich der individuellen Datenverarbeitung zutreffen, sollen im folgenden die wesentlichen Resultate vorgestellt werden.

Untersucht wurde, in wieweit bekannte Hardware-Schutzmechanismen wie Schlüssel-schalter, Ausweisleser, Schreib/Lesesicherungen usw. einsetzbar sind. Dabei zeigte sich, daß im Bereich der Personal Computer für ca. 60% der untersuchten Geräte weder integrierte, hardwaretechnische Sicherungen realisiert sind, noch zusätzliche Maßnahmen angeboten werden. Auch die Personal Computer renommierter Hersteller verfügen nur selten über Hardware-Sicherungsmaßnahmen.

Eine Kompensierung der unzureichenden Hardware-Sicherung durch Software-Schutz-maßnahmen findet nur ungenügend statt. Untersucht wurde die Realisierung von Software-Maßnahmen wie verdeckte Passwörter, Zugriffsberechtigungsprofile, Logging, Plausibilitätsprüfungen, Festlegung des Dateistatus, Verifikation von Löschbefehlen, automatische Erstellung von Sicherungskopien usw. Dabei zeigte sich, daß ca. 30% der Softwarehäuser die Anwendungsprogramme für Personal Computer ohne jegliche softwaretechnische Sicherungen anbieten. In den übrigen Fällen liegt der Schwer-punkt im Bereich programmgestützter Identitätskontrollen, also beim Passwort, das allerdings nur bei 20% vom Betriebssystem abgefragt wird.

Noch dürftiger sieht es bei der Realisierung organisatorischer Maßnahmen aus, wo aus Kostengründen, geringem DV-Fachwissen und fehlendem Problembewußtsein für Datenschutz und Datensicherheit entsprechende Maßnahmen seitens der Benutzer kaum getroffen werden. Maßnahmen wie Dokumentation des Daten- und Informationsflusses, Festlegung von Benutzerberechtigungen, Anweisungen für Datenrekonstruktion und für unplanmäßige Jobabläufe, Datenarchivierung usw. waren nur selten anzutreffen. Die am häufigsten genannte Datenschutz- und Datensicherungsmaßnahme war tatsächlich das Duplizieren von Datenbeständen!

Der Bericht stellt zusammenfassend fest, "daß die Anwender von Kleincomputern bei der Wahrnehmung ihrer Datenschutz- und Datensicherungsfunktionen durch die Hardware- und Softwarehersteller unzulänglich unterstützt werden" [4]. Die optimistische Sicht von James Martin bezüglich der Lösung der "Software-Krise" durch individuelle Datenverarbeitung und das Information Center-Konzept erscheint fragwürdig, solange solch elementare Voraussetzungen für eine ordnungsgemäße Datenverarbeitung nicht erfüllt sind. DV-Veteranen fühlen sich hier in die Zeit versetzt, "als die Computer laufen lernten." Andererseits ist jedoch auch festzustellen, daß die bestehenden Datenschutzgesetze in ihrer technischen Konzeption überholt sind und einer Neu-regelung bedürfen, die der technologischen Entwicklung Rechnung trägt.

7. Neufassung des Datenschutzes

Am 15.12.1983 ist das Bundesverfassungsgericht in seinem Urteil zur geplanten
Volkszählung 83 erstmals von einem bereits 1976 von Podlech [6] formulierten
"Recht auf informationelle Selbstbestimmung" ausgegangen und hat damit einen über
die Datenschutzgesetze hinausgehenden Rechtsbegriff übernommen. Im Vergleich dazu
wirken die in den letzten beiden Legislaturperioden gemachten Novellierungsentwürfe
für das BDSG von Regierung und Parteien eher hilflos. Zur Diskussion gestellt werden
in diesen Entwürfen weitere Perfektionierungen, so z.B. bezüglich des Datenschutzes
bei Forschungsaktivitäten, Schadensersatzregelungen, Speicherung und Herkunft der
Daten, Kündigungsschutz für betriebliche Datenschutzbeauftragte usw., so daß
Kritiker von einer heraufziehenden "Datenverkehrsordnung" sprechen.

Der Bundesverband der Deutschen Industrie (BDI) stellt im Entwurf einer Stellung-
nahme zur jüngsten BDSG-Novelle des Innenministeriums fest:
"Überschaubarkeit muß gerade hier aus Gründen der Bürgernähe vor Normenflut und
bürokratischem Perfektionismus kommen. Nicht eine Fülle von Regelungen für alles
und jedes, sondern Besinnung auf das wesentliche sollten die Leitlinien des
Datenrechts sein."

Der Eindruck, daß hier die bestehenden Datenschutzgesetze von interessierter
Seite sturmreif geschossen werden sollen, wäre verfehlt. Auch der hessische
Datenschutzbeauftragte, als einer der profiliertesten Vorkämpfer des Datenschutzes
sicherlich über diesen Zweifel erhaben, hat vor dem Hessischen Landtag eine völlige
Neuordnung des Datenschutzes gefordert. Er bezweifelte bei dieser Gelegenheit, daß
eine bloße Novellierung des BDSG in Hinblick auf den Wandel der technologischen
Rahmenbedingungen ausreichend sei. Die FAZ berichtete dazu:
"Nach Ansicht des Datenschützers hat die expansive Verbreitung von Textverarbei-
tungsgeräten und Heimcomputern sowie die Dezentralisierung der Datenverarbeitung
die Ende der sechziger Jahre geltenden Voraussetzungen, die den Datenschutzgesetzen
zugrunde liegen, mehr und mehr gegenstandslos gemacht. Simitis warnte die Politiker
eindringlich davor, daß die entscheidenden Weichen nicht von ihnen, sondern von
der Entwicklung der Technik gestellt würden" [3].

Eine dieser Weichenstellung könnte die breite Einführung des Information Center-
Konzepts in der professionellen Organisation des Datenverarbeitungsbetriebs sein,
die vollendete Tatsachen schafft.

Vielleicht hat das Bundesverfassungsgericht mit dem neuen Rechtsbegriff des "Rechts
auf informationelle Selbstbestimmung" bereits den Weg gewiesen. Statt der Perfektion
der Datenschutzgesetze sollte ein neues Grundrecht geschaffen werden. Die Ver-
letzung dieses Grundrechts kann, wie bei anderen Rechtsgütern, im Strafrecht und
innerhalb der bestehenden Gesetze des BGB geregelt werden.

Dieser Lösung wäre der Vorzug zu geben vor einer zwangsläufig unzureichend perfektionierten Spezialgesetzgebung im BDSG und in weiteren 11 Landesdatenschutzgesetzen, die dem dynamischen, technologischen Fortschritt der Informatik stets hinterherhinkenden oder ihn gar behindern.

Literaturverzeichnis

[1] BODENDORF, F.:
     Information Center.
     Informatik Spektrum, 7, 174 (1984).

[2] BÖHM, K., WAGNER, G.:
     Datenschutz für Krebspatienten.
     Deutsches Ärzteblatt, 78, Nr. 42, 1977-1981 (1981).

[3] Datenschutzgesetze schon veraltet?
     FAZ vom 29.4.1983.

[4] GROCHLA, E., ALBERS, F., RUSCHENBAUM, F.:
     Einsatz von Kleincomputern in Klein- und Mittelbetrieben.
     Ein datenschutzrechtliches und datensicherungstechnisches Problem.
     Ergebnisse einer empirischen Untersuchung.
     Datenschutz und Datensicherung, 3/83, 186-191 (1983).

[5] MARTIN, J.:
     Management-Seminar Dokumentation.
     Savant Research Studies, Carnforth U.K., 1984.

[6] PODLECH, A.:
     Gesellschaftstheoretische Grundlage des Datenschutzes.
     In R. Dierstein, H. Fiedler, A. Schulz (Hrsg.): Datenschutz und
     Datensicherung, S. 311 ff. Köln: Bachem 1976.

AUFBAU EINES DEUTSCHEN FORSCHUNGSNETZES

- Stand der Realisierungen und Konzepte zum Betrieb -

Klaus Truöl

Zentrale Projektleitung des DFN - Berlin
Ges. f. Mathematik und Datenverarbeitung - Darmstadt

Dezember 1984

Inhalt:

1. Struktur des Deutschen Forschungsnetzes
2. Kommunikationsdienste im DFN
   2.1 Basisdienste
   2.2 Dienste zum Nachrichtenaustausch
   2.3 Graphik- und weitere spezialisierte Dienste
3. Protokollarchitektur im DFN
4. Stand der Realisierungen
5. Betriebskonzept des DFN
6. Literatur

1. Struktur des Deutschen Forschungsnetzes

Das Deutsche Forschungsnetz DFN ist anzusehen als ein Markt an Kommunikationsdiensten für die Bereiche der deutschen Wissenschaft (Hochschulen, Großforschungseinrichtungen, öffentliche geförderte Forschungseinrichtungen sowie Forschungsstellen der Industrie). In einem offenen, heterogenen Netz, basierend auf den Transportnetzen der DBP, werden in enger Kooperation mit Herstellern und Softwarehäusern Softwarebausteine für Kommunikationsdienste zur Unterstützung und Förderung der Kooperation zwischen Wissenschaftlern implementiert. Für Nutzer und Nutzergruppen eröffnen sich damit neue Dimensionen nationaler und auch internationaler Kooperation. Voraussetzung hierfür ist die Verwendung international akzeptierter und abgestimmter Standards und Normen für Kommunikationsdienste und -protokolle.

Das DFN ist damit eine Menge von Kommunikationsdiensten, realisiert auf autonomen Rechnern und in Rechenzentren. Es hat kein selbständiges Leitungsnetz für den Datentransport, keine eigenen Netzkontrollknoten und keine zentrale Netzüberwachung.

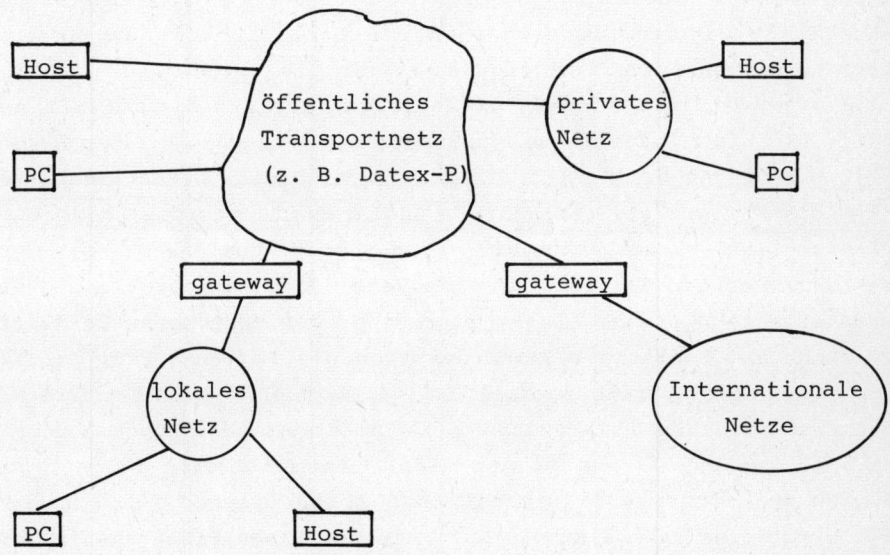

Dieses Forschungsnetz wird geschaffen für den Kommunikationsbedarf seiner Nutzer und Nutzergruppen. Insbesondere soll auch die Bildung neuer Nutzergruppen gefördert und ihre Organisation unterstützt werden. Einige Nutzergruppen, die sich derzeit schon gebildet haben, sind:

* Schaltkreisentwicklung (Pasinger Kreis)
* Hochenergie- und Plasmaphysik (HEPNET)
* Verteilung der Methodenbank RSYST
* Schiffsbau
* Künstliche Intelligenz
* Jobverbund Nordrhein-Westfalen
* Bibliothekswesen, Informationsdatenbanken

2. Kommunikationsdienste im DFN

2.1 Basisdienste

Die für das DFN realisierten Basisdienste für

* Dialog
* Remote Job Entry
* File Transfer

geben die Grundlage für den Zugriff auf Rechner anderer Forschungseinrichtungen, sei es im Dialog oder im Stapelbetrieb, sowie für den Austausch von Dateien. Dadurch wird die Basis für die angestrebte Unterstützung von Kommunikation und Kooperation geschaffen.
D i a l o g :   Ein einfacher zeilenorientierter Dialogzugriff auf Rechner über das öffentliche Transportnetz Datex-P ist gemäß den CCITT-Empfehlungen X.3/X.28/X.29 realisiert. Dieser Dienst gestattet es, von asynchronen zeilenorientierten Terminals aus über eine PAD-Einrichtung (PAD = Packet Assembly/Disassembly) und das Datex-P-Netz zu einem entfernten Zielrechner eine Verbindung herzustellen. Diese PAD-Funktion kann sowohl als eine private oder posteigene Hardware-PAD-Einrichtung realisiert sein oder auch als Software-PAD. Letzterer ist eine Softwarekomponente in einem Host, welche auf einer X.25-Implementierung aufsetzend die 'Packet Assembly/Disassembly'-Funktionen gemäß X.29 nachbildet. Über einen Software-PAD ist die Dialogfähigkeit für alle Terminals des Hosts gegeben; er kann zusätzlich für eine sehr einfache Realisierung eines Filetransfers erweitert werden. Im letzeren Fall werden Eingaben an den Zielrechner nicht vom Terminal sondern aus einer Datei abgerufen und umgekehrt Ausgaben von dem Zielrechner nicht auf das Terminal sondern in eine Datei geleitet.

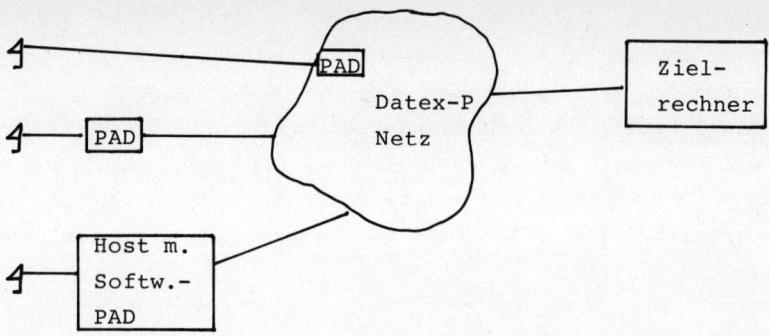

Für Dialogfunktionen allgemeinerer Art, z. B. für seiten- und for-
matorientierten Dialog, fehlen zur Zeit noch die international standardisierten Spezifikationen für ein v i r t u e l l e s T e r -
m i n a l. Von Fachinformationszentren ist ein Bedarf formuliert
worden, der sich zunächst an dem nationalen Zwischenprotokoll EHKP6
für den Bildschirmtext-Dienst orientiert. Hierfür sind spezielle
Implementierungen für TRANSDATA-Netze vorgesehen.

R e m o t e J o b E n t r y : Der RJE-Dienst ermöglicht es,
über das Netz einen Stapelauftrag in der Kommandosprache des Ziel-
rechners zu schicken, den Auftrag dort ausführen zu lassen und das
Ergebnis zum initiierenden Rechner zurück oder zu einem dritten
Rechner weiterzuschicken.

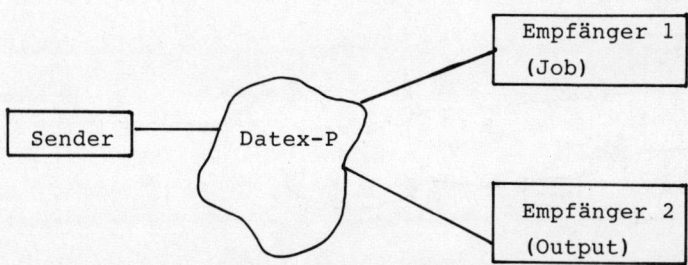

Da die Spezifikationen des JTM-Protokolls (Job Transfer and Manipulation) zur Zeit noch nicht verabschiedet und auch nicht stabil
sind, wird ein im PIX-Projekt erarbeitetes RJE-Protokoll als nationale Zwischenlösung implementiert.

F i l e T r a n s f e r : Die Übertragung einer Datei von dem

lokalen Speicher eines Rechners in den Speicher eines entfernten
Rechners und umgekehrt ist ein wichtiger Dienst zur Unterstützung
des Datenaustausches zwischen kooperierenden Wissenschaftlern. Auch
hier ist die Situation dadurch gekennzeichnet, daß die FTAM-Spezifi-
kationen der ISO noch nicht stabil genug sind. Es wird daher auch
wieder als Zwischenlösung eine vereinfachte Fassung des für BERNET
in Berlin spezifizierten RDA-Protokolls (Remote Data Access) zugrunde gelegt.

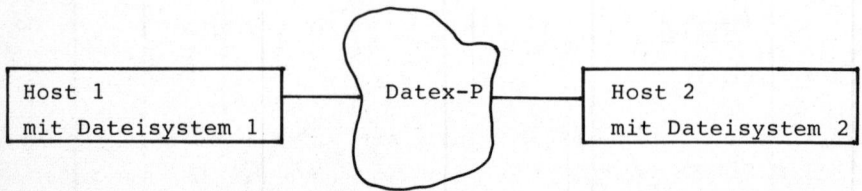

2.2 Dienste zum Nachrichtenaustausch

Eine der wichtigsten und am meisten verbreiteten Anwendungsformen
der computerunterstützten Kommunikation ist der Nachrichtenverbund
(Electronic Mail, Electronic Messaging) und darauf aufbauend rech-
nergestützte Konferenzführung. Hierzu gehören Funktionen wie Definition von Verteilerlisten, Anfordern von Empfangsbestätigung und Antwort, Ablage von Briefen zur Wiedervorlage, Archivverwaltung usw. Im
DFN wird das zentrale Messagesystem TELEBOX der Deutschen Bundespost
eingesetzt.

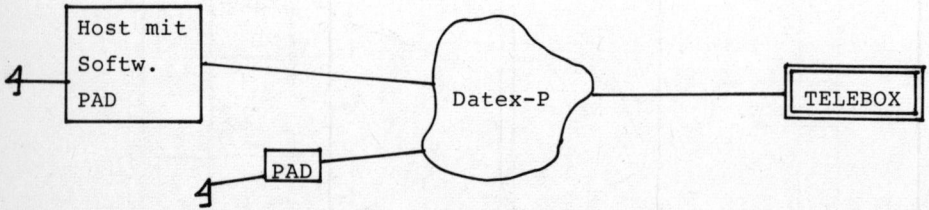

Darüber hinaus sind Vorbereitungen getroffen und es werden Projekte
beginnen, in enger Kooperation mit der DBP ein dezentrales Messagesystem MHS zu realisieren. Dieses wird auf den CCITT-Empfehlungen
der Serie X.400 für 'Message Handling Systems' beruhen und auch
Übergänge in das Teletexnetz sowie in ausgewählte private Message-
Systeme ermöglichen.

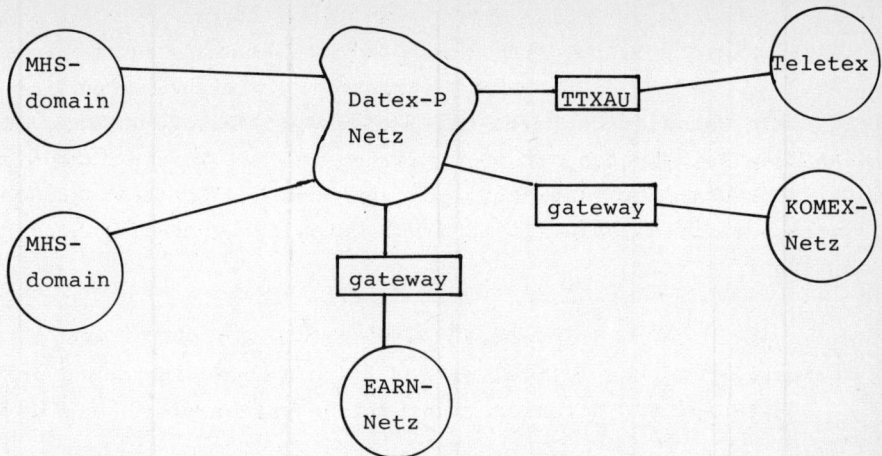

Aufgrund der international standardisierten MHS-Protokolle bzw. über
Gateway-Realisierungen wird hier verstärkt die Möglichkeit zur internationalen Kommunikation geboten.

2.3 Graphik - und weitere spezialisierte Dienste

Die graphische Datenverarbeitung läßt einen zunehmenden Einsatz in
vielen Anwendungsbereichen erkennen. Damit wächst auch der Bedarf,
graphische Informationen in einem Netz zu übermitteln, auf Spezial-
hard- und -software im Graphikbereich zuzugreifen. Die zu realisie-
renden Dienste können den folgenden Bereichen zugeordnet werden:
  * GKS-orientierter Dialog und Filetransfer
  * Übertragung produktbeschreibender Modellierungsdaten
  * Dokumentenübertragung von Text und Graphik
Die Konzipierung und Realisierung weiterer anwendungsbereichspezi-
fischer Dienste ist vorgesehen. Dies entspricht der allgemeinen
Zielvorstellung, mit dem DFN einen Kommunikationsmarkt für Nutzer-
gruppen zu schaffen.

3. Protokollarchitektur im DFN

Der erklärte Grundsatz für den Aufbau des DFN ist es, den Implementierungen für die Kommunikationsdienste nur international verab-
schiedete und akzeptierte Spezifikationen für Dienste und Protokolle
zugrundezulegen. Dadurch soll die Kommunikationsmöglichkeit nicht
nur beschränkt auf den engeren DFN-Bereich gegeben sein, sondern

darüber hinaus der Anschluß an internationale Netze problemlos oder zumindestens mit geringem Aufwand realisierbar sein. Nationale Zwischenlösungen sind nur zeitlich befristet eingeplant, wenn die internationale Normen noch nicht abgeschlossen ist (z. B. FTAM, JTM). Auch an den Bestrebungen zur europaweiten und weltweiten Harmonisierung der Normung, der Festlegung von Optionen und Freiheitsgraden in den Normenspezifikationen, ist das DFN beteiligt und wird sich ihnen anschließen.

Einen Überblick über die Protokollarchitektur im DFN - wie sie im DFN-Protokoll-Handbuch festgelegt ist - und ihre Einordnung in die ISO - Architektur für Offene Kommunikationssysteme gibt das folgende Bild.

Schichten

6 - 7	X.29- Dialog	RJE	FT	VT- EHKP6	Graphik- Dienste	MHS CCITT X.400ff
5						CCITT T.62 (ISO Layer 5, BAS)
4	CCITT T.70 (ISO Transport Class 0)					
1 - 3	CCITT X.25					

In dieser Übersicht sind die ISO-Dienste für FTAM, JTM und das Virtuelle Terminal nicht aufgenommen, da sie zukünftigen Weiterentwicklungen vorbehalten sind.

4. Stand der Realisierungen

Betriebssysteme im DFN, für die zur Zeit Kommunikationsbausteine verfügbar sind bzw. für die solche entwickelt werden, sind:

CDC NOS/BE	Siemens R30 ORG
CDC NOS	DEC PDP11 RSX
IBM MVS	DEC10 TOPS10

```
IBM VM            UNIX (AT&T)
IBM SNA           UNIX (Berkeley)
Siemens BS2000    ND 100
Siemens BS3000    UNIVAC OS1100
Siemens TRANSDATA
```

Das DFN konnte aus früheren Projekten bzw. auch aus Herstellerpro-
dukten bereits eine Reihe von Kommunikationsdiensten übernehmen und
damit mit einer 0-ten Protokollgeneration starten. Hierzu gehören
die folgenden Dienste.

X.29:   CDC/NOS BE, PDP11 RSX, VAX11 VMS, DIETZ 621, IBM
                  MVS, BS2000, BS3000,TR440, UNIVAC 1100
Software-PAD: PDP11 RSX, VAX11 VMS, DIETZ 621, HP 1000, BS2000,
                  Siemens R30
RJE: CDC NOS/BE, CDC NOS, PDP11 RSX, DIETZ 621, BS2000,
                  TR440, UNIVAC 1100
File Transfer: PDP11 RSX, VAX11 VMS, BS3000

Allerdings setzen die Dienste RJE und FT dieser 0-ten Generation auf
dem Transportprotokoll 'Message Link' auf, einer Entwicklung aus dem
früheren PIX-Projekt.

Die Kommunikationsdienste der ersten Protokollgeneration, der ersten
wirklich DFN-spezifischen Protokollgeneration sind, gemäß der in Kapitel 3 skizzierten Protokollarchitektur aufgebaut. X.29-Dialog und
Software-PADs können als Herstellerprodukte bzw. aus früheren Projekten beibehalten werden. Die übrigen Dienste werden zur Zeit auf
das Transportprotokoll T.70 (ISO Transport Class 0) umgestellt bzw.
für viele der o. g. Systeme neu entwickelt. Fertigstellung und Einsatz sind ab Anfang 1985, z. T. auch erst in 1986 geplant. Insbesondere die Realisierung eines verteilten Message-Dienstes wird erst
1986 zum Einsatz kommen.

Die zweite DFN-Protokollgeneration wird insbesondere auch für File
Transfer und Job Transfer internationale Protokollspezifikationen
benutzen und verstärkt Herstellerprodukte einsetzen. Produkte hierzu
werden nicht vor 1987 verfügbar sein.

5. Betriebskonzept des DFN

Das Deutsche Forschungsnetz befindet sich im Aufbau. Die ersten
Softwareprodukte der 1. Protokollgeneration werden 1985 zum Einsatz
kommen. Es sind daher rechtzeitig Überlegungen anzustellen und Konzepte zu entwickeln, um einen reibungslosen und vor allem nutzer-
freundlichen und auf die speziellen Bedürfnisse der Nutzer abgestimmten Betrieb des DFN sicherzustellen. Das Grundprinzip hierbei
ist die Selbststeuerung des Netzes aufgrund von Angebot und Nachfrage, aufgrund des natürlichen Kooperationsverlangens der wissenschaftlichen Nutzergruppen. Zentrales Management im DFN soll auf das
notwendige Minimum beschränkt bleiben. Im folgenden werden die Konzepte zum Betrieb des DFN kurz skizziert. Dabei liegt die Betonung
auf dem künftigen Betrieb, nicht auf dem Aufbau des Netzes und der
Betreuung der Entwicklungsprojekte. Letztere erfordern naturgemäß
ein erhöhtes Maß an zentraler Koordinierung.

5.1 Bilaterales Kommunikationsmodell

Software für Kommunikationsdienste wird zentral im DFN und für DFN
entwickelt. Diese Produkte sind anschließend auf den verschiedenen
autonomen Rechnern und Rechnersystemen der DFN-Mitgliedsorganisa-
tionen installiert und verfügbar. Damit kann das Angebot und die
Nutzung dieser Dienste durch bilaterale Anbieter/Nutzer-Beziehung
geregelt werden. Hierzu gehören einerseits das Angebot der Dienste,
die Bereithaltung von Kapazitäten, die Vergabe von Benutzerkenn-
zeichen und Zugriffsberechtigungen, die Kostenverrechnung für in
Anspruch genommene Leistungen; auf der anderen Seite die Nutzung der
Dienste, die Beantragung von Zugangsberechtigungen und die Anerken-
nung der beim jeweiligen Zielsystem geltenden Betriebs- und Gebüh-
renordnung. Das Grundprinzip ist eine verursacherorientierte und
nutzungsorientierte Abrechnung auf zweiseitiger Basis. Eine DFN-zen-
trale oder gar einheitliche Regelung dieser Fragen würde einen hohen
Verwaltungsaufwand bedeuten und vor allem zu sehr in die Autonomie
der Rechenzentren und der einzelnen Länderverwaltungen eingreifen.
Insbesondere sind auch die Gebührenstrukturen und Modalitäten der
Kostenverrechnung bei den DFN-Mitgliedern zu unterschiedlich, um in
ein einheitliches Modell überführt werden zu können. Übertragungskosten sind hierbei unproblematisch, da sie dem Verursacher von der
DBP in Rechnung gestellt werden.

5.2 MHS-Kommunikationsmodell

In einem verteilten Nachrichtenvermittlungssystem, wie es gemäß
CCITT X.400 ff für DFN realisiert werden soll, ist der Betrieb nicht
mehr in einfacher Form nach dem Verursacherprinzip zwischen Anbieter
und Nutzer organisierbar. Hier sind zusätzliche vertragliche Absprachen
zwischen MHS-Domains und des lokalen MHS-Nutzers mit der für
ihn zuständigen Domain erforderlich. Diese beziehen sich z. B. auf
ständige Verfügbarkeit, auf die Bereithaltung von Speicher für die
Aufnahme von Nachrichten, auf die Verrechnung von Sekundärkosten
(Weiterleitung von Nachrichten an die Empfänger, automatisches Rück-
senden von Empfangsbestätigungen, d. h. Bearbeitungsleistungen des
empfangenden Message-Transfer-Agenten).
Absprachen des Benutzers mit seiner lokalen Domain:
Es wird ein domainspezifischer pauschaler Preis je gesendete Nachrichteneinheit festgesetzt. Dieser fixe Kostensatz kann variieren je
nach Zieldomain (Tarifautonomie der einzelnen MHS-Domains!) und abhängig sein von gewünschten Leistungsoptionen (z. B. mit oder ohne
automatische Empfangsbestätigung). In die Kalkulation für einen solchen fixen Kostensatz gehen ein

* Kosten für die lokale Nachrichtenverteilfunktion
    (lokale MTA-Funktion)
* Übertragungskosten
* Sekundärkosten in der Empfänger-Domain
    (Empfänger-MTA-Funktion)

Absprache zwischen MHS-Domains:
Sekundärkosten für die Bearbeitung empfangener Nachrichten werden
pauschaliert je Nachrichteneinheit erfaßt und der sendenden Domain
in Rechnung gestellt. Diese von der Sender-Domain zu tragenden Kosten sind dort bereits bei der Kostenkalkulation für die lokalen
MHS-Nutzungsgebühren berücksichtigt.

Die Implementierung eines solchen Modells wird einer gewissen Zeit
des Anlaufs und des Sammels von Erfahrungen bedürfen. Es ist daher
ein etwa 1-jähriger Probebetrieb unter zentraler DFN-Koordination
vorgesehen. Auf die Probleme der Kostenverrechnung bei Gruppenkom-
munikation und bei Gateways zu anderen Netzen kann in dem Umfang
dieser einführenden Darstellung nicht eingegangen werden.

5.3 Protokoll-Konformitätstest

Das DFN soll Kommunikation in einem offenen heterogenen Netz ermöglichen. Damit ist die Verpflichtung verbunden, die Korrektheit, Zu-
verlässigkeit und Verträglichkeit mit den Normen und Standards des
DFN-Protokollhandbuchs zu gewährleisten. Durch Nutzung der Test- und
Abnahmedienste der DBP (X.25, künftig gegebenenfalls MHS) sowie
durch Einrichtung und Betrieb eines Protokoll-Testlabors bei der GMD
in Darmstadt als zentralem DFN-Dienst wird diese Protokollkonformität überprüft und zertifiziert. Das bedeutet, ein Prüfling, die
Implementierung eines Kommunikationsdienstes, muß bei einer Kommunikation mit einer Test-Implementierung korrektes Protokollverhalten
zeigen und insbesondere auch auf vom Tester beabsichtigte fehlerhafte Protokolldaten vorschriftsmäßig reagieren. Nur auf diese Weise
zertifizierte Produkte werden im DFN zum Einsatz kommen.

5.4 Softwareverteilung und -wartung

Neben der Zertifizierung der Protokollkonformität ist als wichtige
zentrale Aufgabe im DFN die dienst- und funktionsspezifische Abnahme
von entwickelten Produkten im softwaretechnologischen Sinne identifiziert. Dies bedeutet Überprüfung auf Konformität mit dem Pflich-
tenheft, auf korrekte Diensterbringung, auf sinnvolle Einbettung in
das Betriebssystem, auf eine modulare und übersichtliche System-
struktur sowie auf Vollständigkeit der Dokumentation. Weiterhin gehören hierzu die Verteilung der Software an DFN-Mitglieder. Instal-
lationsberatung, Verfolgung von Fehlern und Organisation der Wartung. Diese Aufgaben sind betriebssystemspezifisch. Es wird daher
für jedes im DFN vertretene Betriebssystem eine Referenzmaschine
eingerichtet, die für die jeweilige Systemumgebung zentral die ge-
schilderten Arbeiten durchführt.

Das bedeutet, Softwareprodukte im DFN durchlaufen vor ihrem Einsatz
im DFN die Instanzen Protokoll-Testlabor und - betriebssystemspezi-
fische - Referenzmaschine. Insbesondere ist hier eine enge Kooperation zwischen dem Protokoll-Testlabor und den Referenzmaschinen vorgesehen.

5.5 DFN-Informationssystem

Die Akzeptanz der Netzdienste im DFN wird sehr stark davon abhängen, wie leicht der Zugang zu diesen Diensten ist und wie flexibel ein Interessent Auskunft über angebotene Netzdienste, ihre Verfügbarkeit, über Kosten und Adressen erhält. Im Falle von länger dauernden Netzstörungen sollten die Benutzer zentral informiert werden können. Für diesen Zweck wird ein - aus Sicherheits- und Verfügbarkeitsgründen - auf zwei BS2000-Anlagen der FU in Berlin laufendes zentrales Informationssystem aufgebaut. Es wird auf einer mit SESAM-DRIVE realisierten Datenbank beruhen. Der Benutzer kann über X.29-Zugang auf dieses Informationssystem zugreifen, um aktuelle Informationen über das DFN zu erfragen.

6. Literatur

(1)   Deutsches Forschungsnetz - Kurzbeschreibung
        DFN, Berlin 1984

(2)   Deutsches Forschungsnetz - Dienste und Architektur
        DFN, Berlin 1985

(3)   Deutsches Forschungsnetz - Konzept für den Betrieb
        DFN, Berlin 1985

(4)   Dienste im Deutschen Forschungsnetz
        DFN, Berlin 1985

(5)   K. Görgen, H. Parslow, U. Viebeg, S. Vollmer
        Protokoll-Testlabor im DFN
        DFN, Berlin 1985

(6)   K. Birkenbihl, K. Kröger, F. Limburger
        Abnahme, Pflege und Wartung von DFN-Produkten
        DFN, Berlin 1985

(7)   K. Truöl
        Zum Betrieb des DFN
        GI-Tagungsband "Kommunikation in Verteilten Systemen",
        11. - 15. 3. 1985 in Karlsruhe

INTEGRIERTE DIENSTE ZUM NETZMANAGEMENT

DEFINITIONEN - KONZEPTE - LÖSUNGEN

F. Hahn
Siemens AG
Zentralbereich Betriebswirtschaft Organisation
8000 MÜNCHEN 1

ZUSAMMENFASSUNG

Das Zusammenwachsen firmeninterner Netze mit unterschiedlichen Kom-
munikationsarten, die Benutzung öffentlicher Post-Dienste und der
Einsatz neuer digitaler Vermittlungssysteme machen es erforderlich,
die für die Administration der einzelnen homogenen Teilnetze einge-
setzen und geplanten Produkte nach den Kriterien Sicherheit, Verfügbarkeit, Performance, Qualität und Wirtschaftlichkeit zu einem integrierten Netzmanagement zu vereinen, um privaten und öffentlichen
Netzbetreibern ein integriertes Servicepaket für heterogenes Netzmanagement an die Hand zu geben.

INHALT

1   EINLEITUNG UND DEFINITIONEN
2   PROBLEMATIK UND TRENDS
3   BEDARF
4   NUTZEN
5   KONZEPT ADMKOM (Administration in Kommunikationsnetzen)
6   SYSTEM FÜR INTEGRIERTE DIENSTE ZUM NETZMANAGEMENT
6.1   Systemarchitektur
6.2   Leistungsumfang
6.3   OSI-References
7   AUSBLICK

1   EINLEITUNG UND DEFINITIONEN

Bei steigendem Anteil des Informationsübertragungsinvestments (Da-
ten-, Text-, Sprachübertragung und -vermittlung) am Gesamtinvest-
ment, gewinnen übergreifende Administrationswerkzeuge auf dem Infor-
mationsservicesektor für (betriebs)technische, organisatorische und
betriebswirtschaftliche Aufgaben immer mehr an Bedeutung (Bild 1).

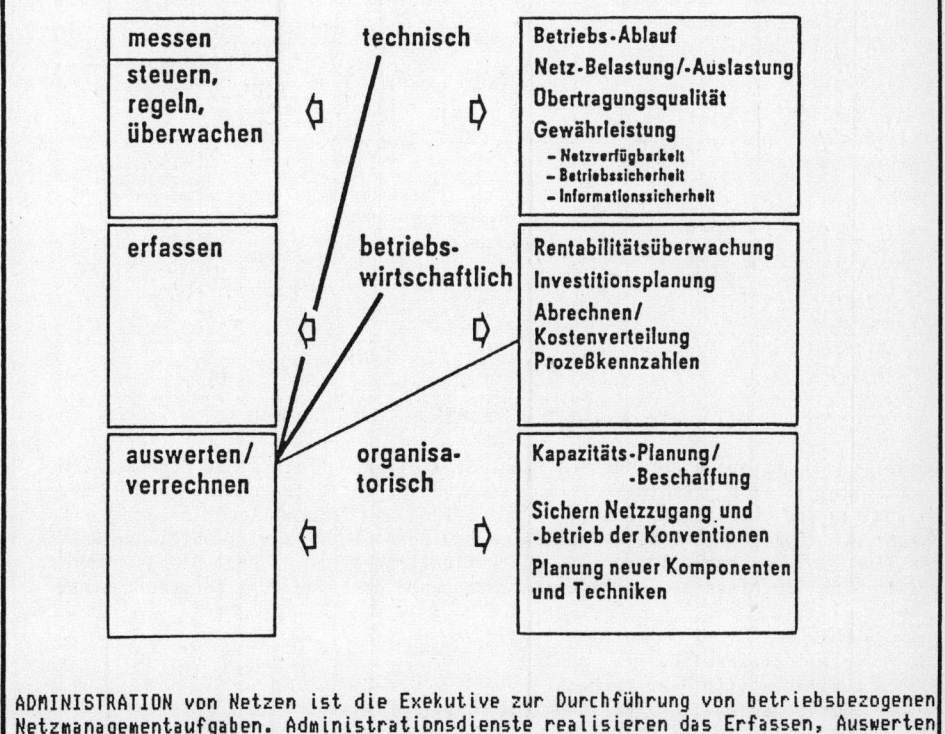

ADMINISTRATION von Netzen ist die Exekutive zur Durchführung von betriebsbezogenen
Netzmanagementaufgaben. Administrationsdienste realisieren das Erfassen, Auswerten
und Treffen von Maßnahmen (einschließlich Laden, Zu- und Abschalten, Aktivieren,
Deaktivieren, Prüfen, Sperren und Freigeben einschließlich Wartung und Diagnose)
auf Grund von Stördaten, Verkehrsmeßdaten und Verbindungsdaten (Gebührendaten) und
das Konfigurieren von Netzsystemkomponenten (z.B. Wege, Endgeräte/Teilnehmer,
etc.) einschließlich Verwalten der Konfigurationsdatenbasen. Zur organisierten
Durchführung von Netzbetreiberverwaltungsaufgaben sind Administrationsdienste im
Rahmen eines Netzmanagements erforderlich.

Bild 1:   Aufgaben - Blickwinkel - Arbeitsbereiche

Die meisten anzutreffenden Netzwerkkonfigurationen beinhalten Netzkomponenten vom Großrechner (Host) mit Anwendungsprogrammen, Vor-
rechner oder Kommunikations- und Vermittlungsrechner zur Koordination der Informationsströme, Cluster oder Controller zur Schnittstel-
lenvervielfältigung, Server zur Gewährleistung von Dienstgüten und
Verwaltung, Terminals oder Endteilnehmergeräte für die Mensch-
Mensch- und Mensch-Maschine-Kommunikation bis hin zu Leitungen (Nah-
bereich, LAN, Fernbereich) und Anschlüssen an öffentliche Netze zum
Aufbau der Verbindungen zwischen den einzelnen Komponenten (siehe
Bild 2).

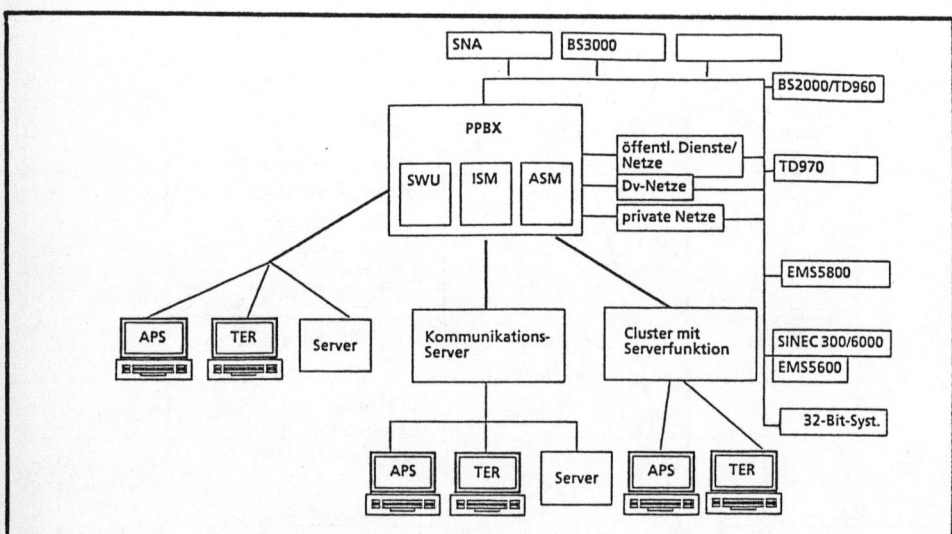

TEILNETZE sind homogene Netzsysteme eines Herstellers (Teil eines Kommunikations-
netzes), mit in sich geschlossenem Funktionsumfang und eigenen Soft- und Hardwarekomponenten zur Übertragung und/oder Vermittlung von Informationen einer Kommuni-
kationsform (Sprache oder Bild oder Daten und/oder Text), bzw. Vermittlung von Informationen einer oder mehrerer Kommunikationsformen und eigenen Diensten zur Administration (Betriebssteuerung) komponentenspezifisch und/oder homogen zentral.

Es bedeuten:
APS   Arbeitsplatzsystem
ASM   Administartion Service Modul
EMS   Electronic Mail System (5800, 5600: Büro-Offices)
ISM   Integrated Service Modul
PPBX   Private Nebenstellenanlage
SINEC   Kommunikations-Systemsoftware für Siemens-Systeme 300 und 6000
SNA   IBM-Network Architektur
SWU   Switch Unit
TD   Siemens System TRANSDATA
TER   Terminal

Bild 2: Teilnetze

Systemhersteller bieten dem Betreiber von Kommunikationsnetzen -
firmeninterne Organisationen wie Rechenzentren, Betriebsstellen oder
Standortverwaltungen - (siehe Bild 5) statische und dynamische Informationen pro homogenes Teilnetz (siehe Bild 2) und zum Teil pro
Netzkomponenten an. Darüberhinaus stehen eine Vielzahl untereinander
heterogener Betriebssysteme und Mechanismen zur Verfügung; ein großer Teil aber zu ein dem selben Zweck: Administration (siehe Bild 1
und 3).

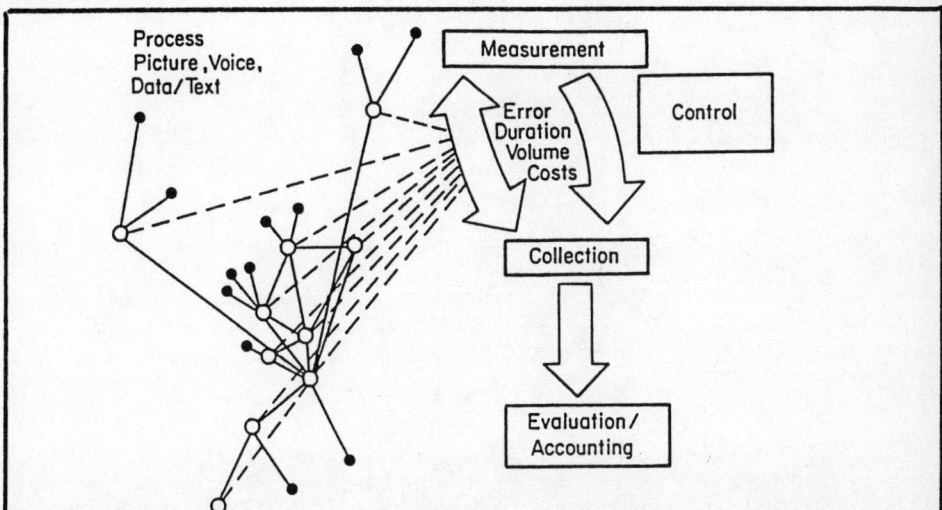

Das KOMMUNIKATIONSNETZ ist die Gesamtheit aller für die übertragung von Daten,
Text, Bild und Sprache erforderlichen Hard-, Soft- und Firmwarekomponenten sowie
der erforderlichen übertragungswege (öffentliche Postnetze, private und gemietete
Stromwege) und damit die technische Grundlage für Prozesse, die ablaufen, um Informationen zu sammeln, zu verteilen, zu verarbeiten und verfügbar zu halten. Be-
gleitend in diesen Prozessen müssen fortlaufend Meßwerte über Betriebsmittelnut-
zung, die Kosten der Inanspruchnahme, die Fehler- ursachen und -häufigkeiten
aus dem Betrieb aufgezeichnet werden. Betriebsmittel und Prozesse müssen sowohl
für den Verarbeitungsbetrieb administriert werden, als auch für übertragungsdien-
ste der Daten-, Text-, Sprach- und Bildkommunikation.

Bild 3: Umfeld

Die Flut von Informationen und Aktionen erlauben es dem Netzoperator
heute schon nicht mehr, bei der Bedienung nur eines Teilnetzes, den
vollen Überblick über das Netzgeschehen zu behalten und kurzfristig
zu reagieren, geschweige denn bei mehr als zwei unterschiedlichen
Kommunikationssystemen.

Die Realisierung organisatorischer und technischer Verwaltungs- und
Kontrollvorgänge in heterogenen Netzverbundsystemen werden hierdurch
für den Netzbtreiber sehr aufwendig und erschweren sich zunehmend
durch den ständigen Ausbau und die zunehmende heterogene Verflech-
tung firmeninterner Kommunikationsnetze untereinander und die Benutzung öffentlicher Dienste.

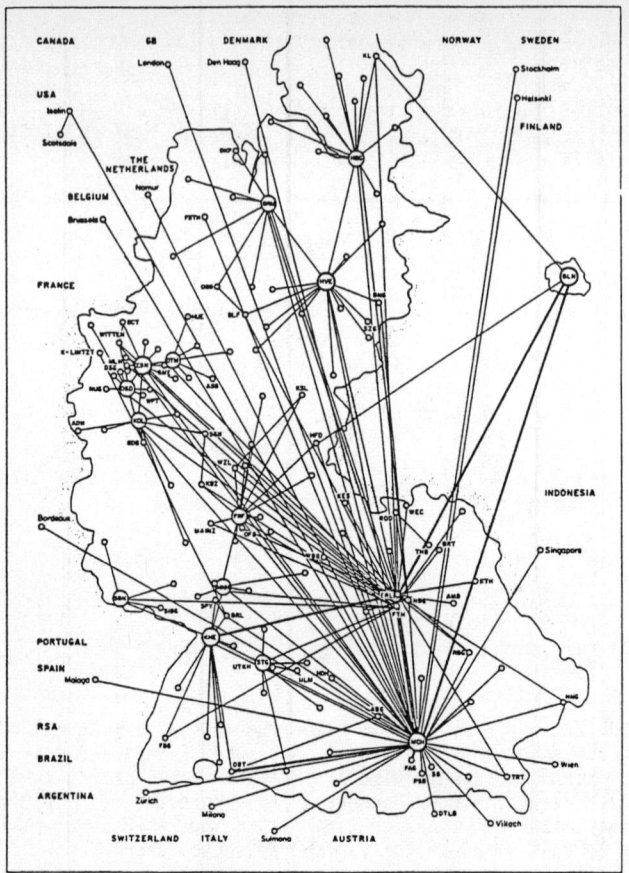

Bild 4:   Eine innerbetriebliche Netztopologie

In dem zukünftigen integrierten digitalen Fernmeldenetz (ISDN -Inte-
grated Services Digital Network) wird die DBP alle Kommunikationsformen (Sprache, Bild, Text und Daten) für schmalbandige Übertragungen und später auch für die Breitbandkommunikation zusammenführen.

Die Vielschichtigkeit der Kommunikationsbeziehungen, komplexe Pla-
nungsvorgänge, Übersicht über die sich laufend ändernden Bestimmungen der DBP, Kenntnis der Alternativmöglichkeiten im Fernverkehr,
Fragen der Kostenaufteilung, der Investitionsplanung, der Verwaltung
und Wartung der Kommunikationsnetze machen neue firmeneinheitliche
Kommunikationsorganisation erforderlich, welche die komplexen Kommu-
nikationsaufgaben lokal und zentral lösen können müssen. Dieser
Strukturwandel wird zur Lösung von Administrationsproblemen heterogener Netze unabdingbar sein.

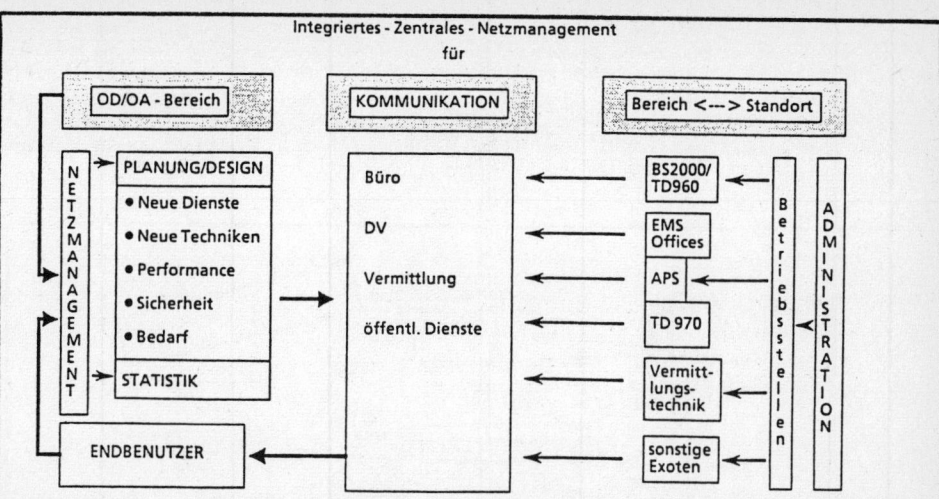

NETZBETREIBER stellen Netzleistungen (Gewährleistung von Durchsatz, Verfügbarkeit und Qualität der übertragungs- und Vermittlungsdienste) mit Hilfe installierter Netzsysteme (Teilnetze wie z.B. TRANSDATA, EMS, SINEC und andere homogene Netzsysteme), die Administrationsinformationen liefern und den produktiven Informationstransport ermöglichen, zur Verfügung. Der Partner des Netzbetreibers ist der Netzbenutzer, der die angebotenen Netzleistungen in Anspruch nimmt, Dienste fordert und die erforderlichen Kapazitäten zusammen mit dem Netzbetreiber plant.

<u>Netzbetreiber-Aufgabenblöcke:</u>

NETZWERKSTRATEGIE/NETZWERKPLANUNG
-Auswahl der Technologien, Topologien,   -Entwicklung Anwendungs-Konzepte
 Kommunikationsformen- und -dienste,   -Migration: Releases, Kompatibilität
 Netzarchitekturen, -Back-Up- und   -Realisierungsplanung im Rahmen einer
 Recovery-Verfahren   Projektabwicklung
-Festlegen, Durchsetzen und überwachen   -Einführungsplan (netzspezifisch)
 von Standards und -Konventionen   -Netzanalyse(Mengen/Investm./Kosten)
-Festlegung, Durchführen und überwachen   -Definition von Kenngrößen
 von Test- und Pilotinstallationen

                                                PERFORMANCEANALYSE
NETZWERK-INSTALLATION   -überwachung des Servicegrades
-Installationsplanung (Vorgaben,   -Ausführung von Messungen
 Spezifikationen)   -Durchführung Tuning/Netzwerkoptimierung
-Installationsdurchführung   -Generierungen
-Installationsüberwachung   -Teilnetzbezogene Analysen und Statistiken
-Abnahme/Inbetriebnahme   -Pflege der Netz-DB/-Dateien
-Programmierung von Betreiber- und   -Definition von Performancekenngrößen
 Prüfroutinen   -Erarbeitung von Prozeduren und Programmen
                                                -Bereitstellung Analysedaten

NETZBETRIEB-ADMINISTRATION
- Bestandsführung - Änderungsmanagement - Netzabrechnung - Auswertung von
Fehlermeldungen - Auswertung des Servicegrades -überwachung/Steuerung/
Netzbetriebsbedienung - Problembestimmung, -erkennung - (Vor)Diagnose
- Ausführung von vorgefertigten Betreiber- und Prüfprogrammen und -routinen
- Informationsverteilung an Benutzer -Fehlerbehebung - On- und Off-line technische
Instandhaltung

Bild 5: Organisatorisches Umfeld

2   PROBLEMATIK UND TRENDS

Die Problematik, der Trend und Zwang zur Kommunikationssysteminte-
gration und die damit erforderlichen Rationalisierungsbemühungen,
ergeben den Bedarf nach Werkzeugen zur maschinellen, integrierten
Durchführung von Netzmanagementaufgaben und qualitative Anforderungen an ein integriertes Netzmanagementsystem (siehe Bild 6).

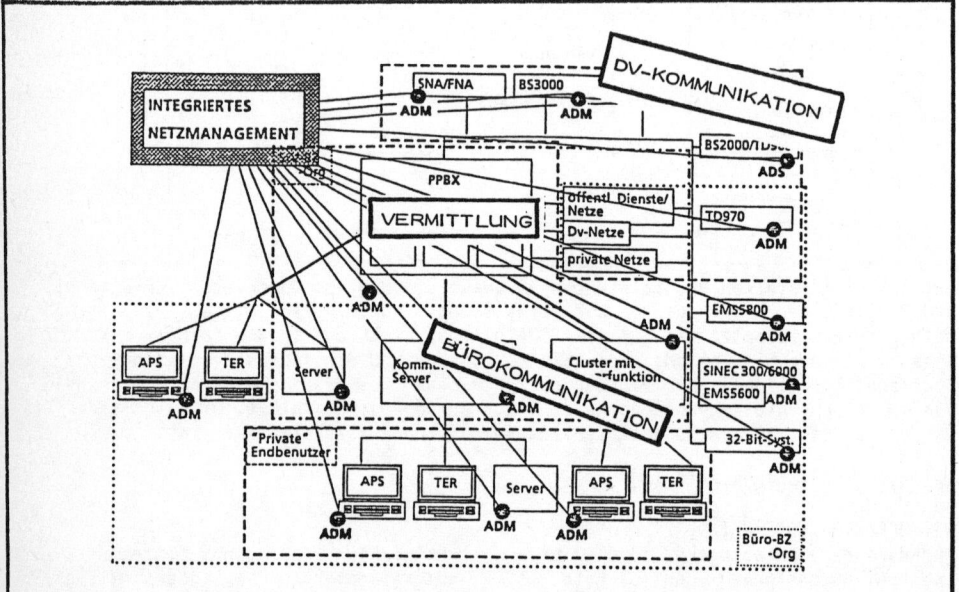

INTEGRIERTE DIENSTE ZUM NETZMANAGEMENT realisieren das Administrieren und Planen
von Komponenten und Wegen eines Netzes heterogener Struktur, bestehend aus homogenen Teilnetzen unter Vereinigung und Nutzung netzweiter Administrations-Lei-
stungsmerkmale

Bild 6: Definition: Integriertes Netzmanagement

Zusammenfassend ergeben sich für die Betreiber komplexer Netze die
folgenden Probleme:

o TRANSPARENZ: Problematisch ist für die Bildung von Kenngrößen zur
  Netzperformance die effiziente und benutzernahe Anwendung der ver-
  schiedensten Netzperformancedaten als transparente und verständli-
  che Aussage für die Kapazitäts- und Investitionsplanung dynamisch
  wachsender Netze.
o Für die wirtschaftliche Steuerung von Netzbetreiberdienstleistun-
  gen ist eine VERURSACHUNGSGERECHTE KOSTENZUTEILUNG erforderlich.
  Diese Kostenermittlung für Verarbeitung und Übertragung im Netz,
  die verursacherbezogen mehr und mehr ins Gewicht fällt, ist in der
  Rechnungstellung und Statistik auftragsbezogen nur pauschal, ver-
  ursachergerecht überhaupt nicht, bzw. sehr aufwendig möglich.

o HETEROGENITÄT DER ADMINISTRATIONSWERKZEUGE: Den größten Kostenan-
teil eines Netzbetreibers stellt der Aufwand für die Aufrechterhaltung des Netzbetriebes, für die Netzbetreuung und -verwaltung
dar. Es werden Mittel und Methoden benötigt, um diese Aufgaben bewältigen zu können. Netzbetreiber und -benutzer sind bei der Realisierung solcher Hilfsmittel und zur Durchführung betriebsunterstützender Maßnahmen auf die vom Hersteller zur Verfügung gestellte Basissoftware, die pro unterschiedliches Kommunikationssystem
nocheinmal eigene Administrationstools enthält, angewiesen.
Bei allen Netzbetreibern und Kommunikationssystemen sind jedoch
immer wieder dieselben Administrationsfunktionen erforderlich, um
ein Netz zu planen, zu konfigurieren und generieren, in Betrieb zu
nehmen, zu überwachen und zu steuern, zu tunen , zu analysieren
und die Netzleistung zu verrechnen.
Es lohnt sich also einheitliche und kostenreduzierende Werkzeuge
zu schaffen, die mit sinnvollen Schnittstellen Systeme mehrerer
Hersteller und Anschlüsse zu den öffentlichen Netzen aus einer
Hand administrierbar machen.
o Mit Administration ist für den Netzbetreiber ein AUFWAND verbunden (Softwarepflege, Netzbetreuung und -verwaltung), der optimie-
rende Zusatzleistungen (Sicherheit, Transparenz und Benutzerunterstützung) beschneidet. Der Aufwand für Administration läßt die
Personalkosten in den Netzbetreiberzentren stetig anwachsen. Das
Ziel muß hier ein weitgehend vom Servicepersonal befreiter Betrieb
sein, realisiert mit Techniken wie Fernadministration (z.B.: Ein-
und Ausschalten, Bedienung und Steuerung aller Netzkomponenten von
einer oder einigen wenigen Stellen aus) oder automatische Reaktio-
nen auf Ereignisse im Netz durch Hard oder Software (z.B.: Wiederanlauf oder Routenumschaltungen bei Ausfall oder Kapazitätsgrenz-
werten).
o OVERHEAD DER ADMINISTRATIONSDATENGEWINNUNG: Kennwerte für perfor-
manceorientierte Aussagen werden heute fast ausschließlich durch
Software bereitgestellt: Die Technik dieser Administrationsdatengewinnung verursacht Overhead und die Genauigkeit der erfaßten
Kennwerte ist nicht immer ausreichend.

3   BEDARF

Um den Ansprüchen für Integration der Dienste, für Zentralismus auf
Bedienebene, für rationellen Einsatz sowie Qualitätssteigerung von
Kommunikationsnetzen gerecht zu werden, sind qualitative Systemmerk-
male erforderlich. Das kommunikationsübergreifende Netzmanagement
der Zukunft setzt voraus:

o Eine Basis zur bedienerfreundlichen, weitgehend automatischen,
vollständigen und overheadarmen Durchführung administrativer Aufgaben und
o die Standardisierung der Begriffswelt, Funktionen, Datenformate
und Adressierung auf dem Sektor Netzmanagement einschließlich der
Interkommunikation (Protokolle) zwischen Teilnetzadministrations-
systemen.

Gefordert ist, die netzbetreiberspezifischen Probleme mit dem Integrierten Netzmanagementsystem zu lösen:

o Hoher Bedienkomfort und damit Zeitersparnis und besseren Personaleinsatz.
o Verbesserung der Systemverfügbarkeiten durch
  - Verminderung des Erfassungsoverhead,
  - schnelle Administrationsmöglichkeiten und automatisierten Be-
    trieb zur Entlastung des Netzservicepersonals und
  - bessere Diagnose und Wartung.
o Weitgehende Unabhängigkeit von Betriebssystemen, Teilnetzarchi-
  tekturen und Netzkomponenten.
o Flexibilität bei Konfigurierung und Dimensionierung.
o Planungssicherheit durch betriebswirtschaftliche und organisatorische Netzmanagementunterstützung (Netzplanung/Design/Abrech-
  nung).

4   NUTZEN

Analysen bei über 50 Anwendern haben repräsentativ qualitative Auswirkungen und eine kalkulierbare Aufwandsreduzierung durch den Einsatz eines Integrierten Netzmanagementsystems ergeben (siehe Bild
7). Ratio-Auswirkungen staffeln sich demnach nach Umfang von Konfiguration und Heterogenität:

o Wirkungsbereiche:
  - PLANUNGSSICHERHEIT durch betriebswirtschaftliche (Netzplanung
    /Design/Abrechnung) und organisatorische (Statistik) Netzma-
    nagementunterstützung.
  - VERBESSERUNG des SERVICEGRADES im Netz.
  - ZEITERSPARNIS, besserer PERSONALEINSATZ und AUFWANDSREDUZIE-
    RUNG bei System-EINSATZ durch
    . Zentralisierung von Spezialwissen und vereinfachte Ausbil-
      dung in den verschiedenen Netzmanagementebenen und
    . Entlastung des Netzservicepersonals mit automatischen,
      schnellen Reaktionen, Menuetechnik und komprimierter,
      strukturiert gespeicherter und in übersichtlicher Form gra-
      phisch dargestellter Informationsvielfalt.

o Aufwandsreduzierung durch den Einsatz (Bild 7):

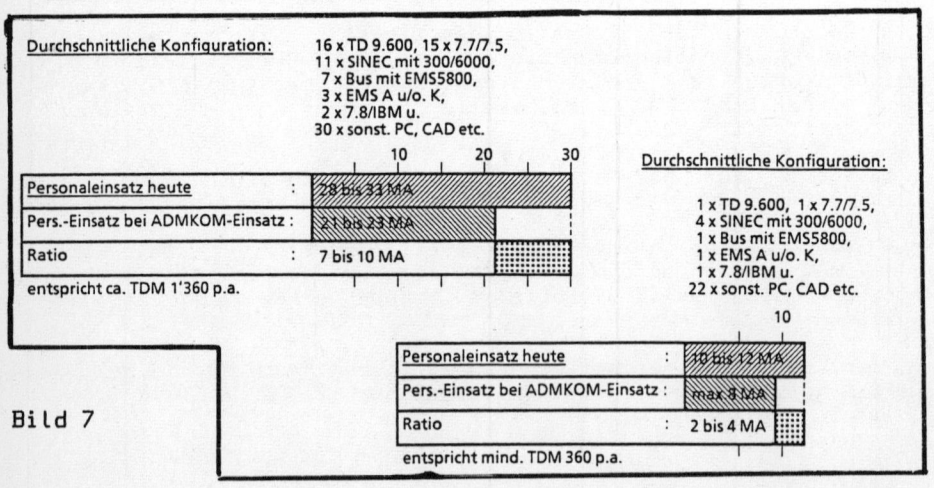

Bild 7

5   KONZEPT ADMKOM

Kommunikationsnetze tranportieren nicht nur Nutzinformationen, sondern auch eine Flut von Administrationsdaten, die es ermög-lichen,
das Netz zu charakterisieren und seine Komponenten und Prozesse zu
steuern. Diese Daten - Mengen, Zeiten, Fehler und Kosten -   müssen
erfaßt (Meßwerte), vorverarbeitet (Kennwerte und Kenngößen) und dem
Zwecke der Administration zugeführt werden. Setzt man diesen Meßda-
ten die im Netz gewünschten Einflußgrößen hinzu (Konstante, Schwell-
werte) so erhält man ein Gerüst von Administrationsdaten für die Administration aus technischer, organisatorischer und betriebswirt-
schaftlicher Sicht.

Mit dieser Administrationsdatenerfassung beginnt der im Bild 8 definierte Funktionskreislauf zum Netzmanagement, der die Funktionen als
Steuer- und Regelkreis nach den Aufgaben der Netzbetreiber beschreibt. Betroffen sind hier die organisatorischen Strukturen der
Netzbetreiber vom Netzbediener, -Administrator, -Organisator und
-Kaufmann bis hin zum Manager. Letzlich aber profitieren die Endbenutzer von der Optimierung des Netzmanagements.

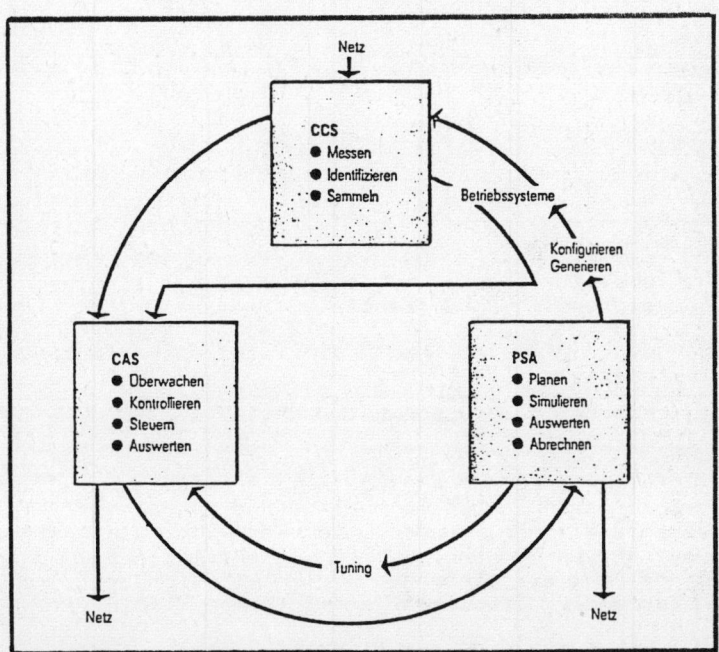

Bild 8: ADMKOM-Funktions-Kreislauf

So entstehen die Konzeptbausteine CCS (Communication Collection
System), CAS (Communication Administration System) und PSA (Planing,
Simulation, Accounting).

6   SYSTEM FÜR INTEGRIERTE DIENSTE ZUM NETZMANAGEMENT

Wird das Konzept mit einer Bedienoberfläche und Steuermechanismen
versehen und ergänzt mit einer Performancedatenspeicherung, die alle
Schnittstellen "nach Aussen" realisiert, entstehen Architektur und
Leistungsumfang für das integrierte Netzmanagementssystem.

6.1 Systemarchitektur

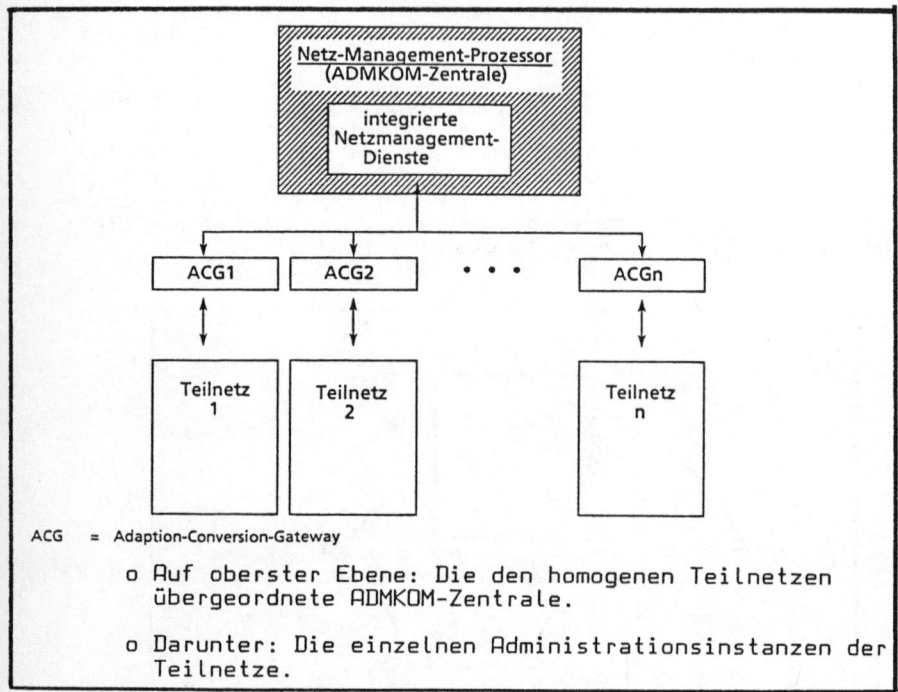

Bild 9: 'Hierarchische' Netzmanagement-Architektur

An Hand von Informationen aus den Teilnetzen erfaßt die ADMKOM-Zentrale Zustandsänderungen in den Teilnetzen und veranlaßt die entsprechenden Gegenreaktionen. Diese, von der ADMKOM-Zentrale initi-
ierten administrativen Maßnahmen werden in den Teilnetzen unter Inanspruchnahme der dort existierenden Administrationsinstanzen (Be-
rechtigungen, Zuständigkeiten) realisiert (siehe Bild 9).

Wesentliche Merkmale dieser Administrationsarchitektur sind:

o Das integrierte Netzmanagement ist auf einem eigenen, eigenständi-
  gen Netzmanagementprozessor mit Basisbetriebssystem (Ein- Ausgabe-
  system, Dateiverwaltung) installiert.
o Integrierte und standardisierte Anpassungselemente gewährleisten
  den ordnungsgemäßen Datenaustausch zwischen den Teilnetzen und der
  ADMKOM-Zentrale.

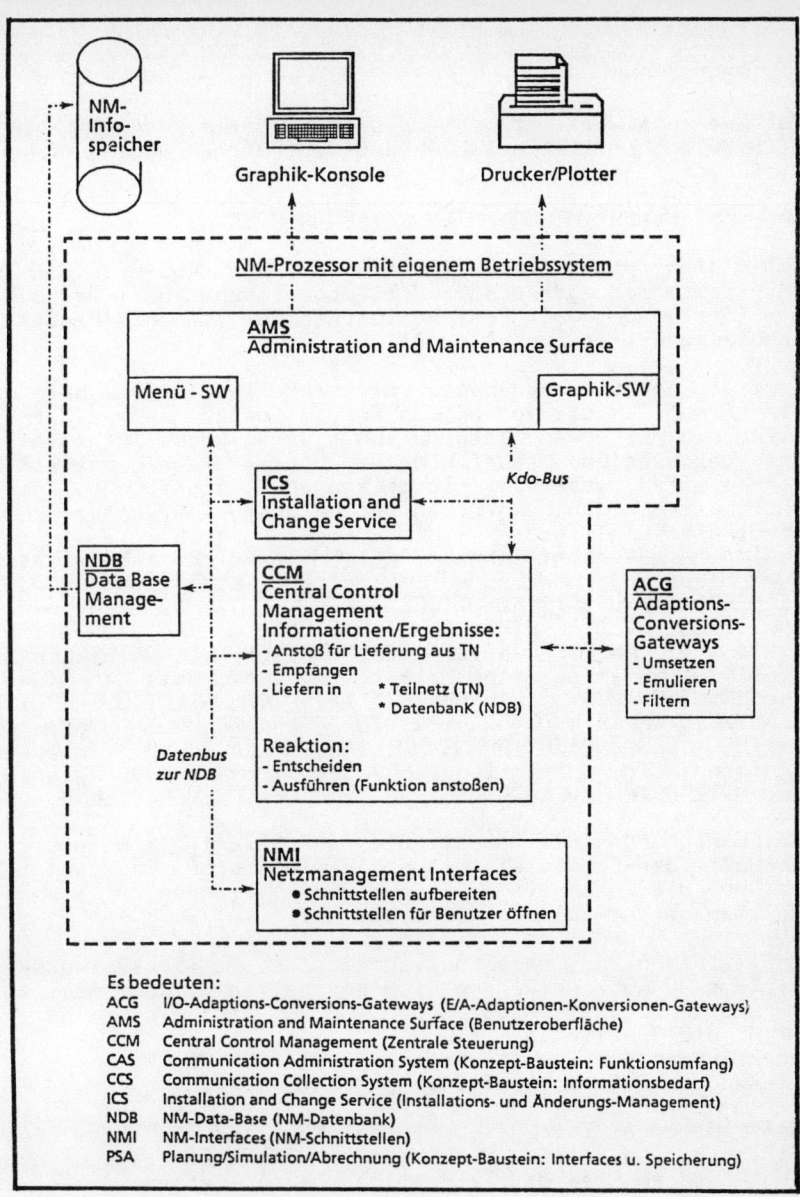

Bild 10: Blockschaltbild der ADMKOM-Zentrale

6.2 Leistungsumfang (siehe Bilder 10 und 11)

DAS BETRIEBSSYSTEM:

Die Aufgabe des Betriebssystems besteht darin, dem ADMKOM-System virtuelle Betriebsmittel entsprechend den Anforderungen und Bedürfnissen eines heterogenen Netzmanagements bereitzustellen.

DIE KOMPONENTEN DES INTEGRIERTEN NETZMANAGEMENTS:

AMS (Administration Maintenance Surface): Der AMS-Baustein stellt die komfortable menuegesteuerte Bedienoberfläche des Gesamtsystems durch Unterstützung von Peripheriesystemen (Konsole/Drucker) mit Farbgraphik bereit (siehe Bild 11).

CCM (Central Control Management): Als exekutive Instanz der ADMKOM-Zentrale nimmt CCM die Verwaltung der Teilnetze anhand der aus den Teilnetzen eintreffenden Informationen wahr. Nach Interpretationen wird entweder aufgrund prädefinierter Automatikregeln gezielt in das Netz eingegriffen, oder bei signifikanten Netzzuständen, die nicht durch Automatismen behoben werden der Netzverwalter unterrichtet.
CCM umfaßt die Funktionen
* In-, Wieder- Ausserbetriebnahme der NM-Resourcen * Betriebsüberwachung und Steuerung: UMWEGSCHALTUNG BEI AUSFALL/STÖRUNG und ÜBERLASTUNG EINER NKO UND BETRIEBSMITTELSTEUERUNG - TRANSPARENTE TEILNETZ-ADM-FUNKTIONEN - TESTBETRIEB: FUNKTIONSTESTS und LEISTUNGSTESTS NKO.
* Info Dienste: ANZEIGEN/NETZSPIEGELFUNKTIONEN: - AKTUELLER STATUS/AKTUELLES ROUTING im gesamten Netz/Teilnetz/NKO/zwischen NKO-n - INFORMATIONEN ÜBER ANZAHL TEILNEHMER aktiv, KOMMUNIKATIONSVERBINDUNGEN aktiv, NETZKENNWERTE UND -GRÖSSEN, ZU TREFFENDE MASSNAHMEN - AUSWERTEN-ON-LINE - BENACHRICHTIGUNG: MAILING, BULLETIN * Batchauswertungen: Zeitabhängig, darstellungsabhängig, funktionsabhängig * MAINTENANCE: NETZSOFTWAREVERWALTUNG und NETZSOFTWAREVERTEILUNG.

NMI (Netzmanagement Interfaces): Die ADMKOM-Zentrale unterstützt generelle Betreiber-Schnittstellen und bietet eine Programm-Schnittstelle, über die nachgelagerte externe Verfahren zu Daten aus der NDB (Netzmanagement-DB) zugreifen können.

ICS (Installation and Change Service): Die Betriebsvoraussetzungen des Systems ADMKOM werden von ICS geschaffen, indem sämtliche Betriebs- und Konfigurationsdaten der ADMKOM-Zentrale erfaßt werden.
ICS umfaßt die Funktionen
Festlegen/ändern Konfigurationsdaten - Starten ADMKOM - Verwalten DB /Initiieren der Datenbanksoftware und Informieren.

NDB (Netzmanagement Data Base): In der NDB sind sämtliche Informationen hinterlegt, die zum Betrieb der ADMKOM-Zentrale erforderlich sind und Aussagen über das Teilnetzgeschehen liefern.

ACG (Adaptionen Conversionen Gateways)
Die ADMKOM-Zentrale ist über Schnittstellen an die einzelnen Teilnetze angebunden. Für jede Teilnetz-Gruppe existiert ein ACG-Baustein, der die Instruktionen der ADMKOM-Zentrale konvertiert und emittiert und den Informationsfluß aus den Teilnetzen in das ADMKOM-interne Datenformat transformiert (siehe Bild 9).

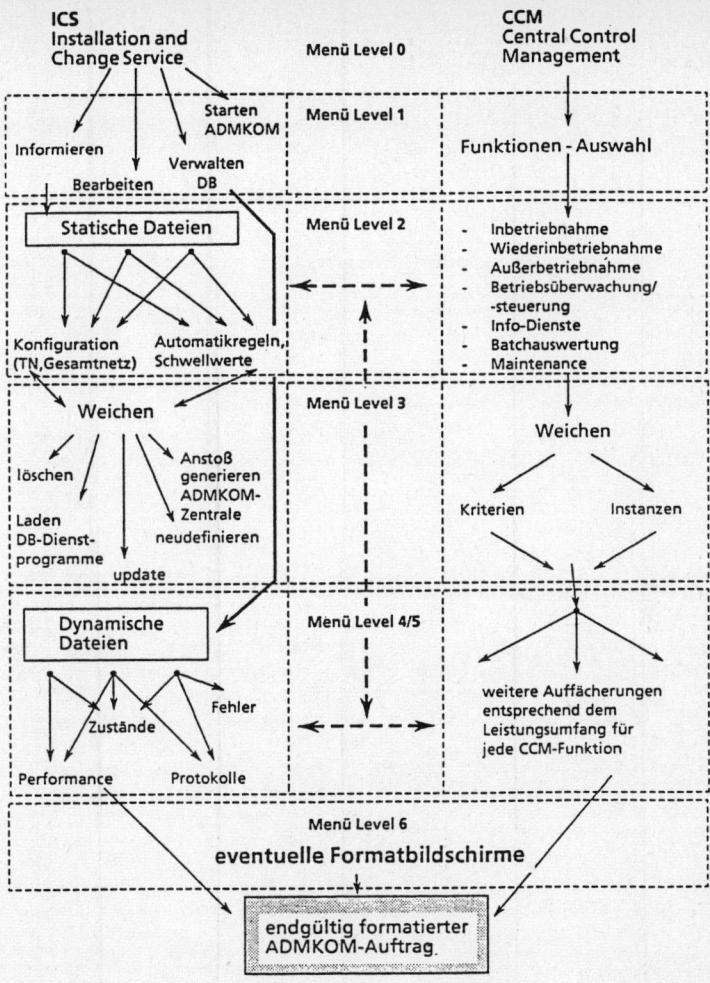

Bild 11: Funktioneller Menüablauf

6.3 OSI-References

Aus der Sicht des OSI-Management-Modells ist das ADMKOM- System mit seinem Leistungsumfang dem System-Management zuzuordnen. Im Rahmen des System-Managements sind folgende Normierungsbemühungen von Interesse:

o Die Schnittstelle des System-Management zum Layer-Management bzw. zum Application-Management,
o Ein System-Management-Protokoll, das die Kooperation und Koordination untereinander verbundener Zentralen regelt.

Aus derartigen Normierungen resultierten folgende Vorteile:

o Reduktion des Implementierungsaufwands, d.h. die ACG-anwendungsnahen Protokollumsetzungen wären unter diesen Umständen identisch und müßten nur einmal implementiert werden.
o Die Integration weiterer Teilnetze wäre ohne nennenswerten Mehraufwand gegeben.

7   AUSBLICK

Von den Langfristplanungen für Kommunikationssysteme der Zukunft werden vor allem die Betreiber firmeninterner Netze (Rechenzentren, Standortverwaltungen, etc.) betroffen sein. Hier findet ADMKOM seine Anwendung für Konzeptionen zum organisatorischen und technischen Netzmanagement lokaler Systeme (Büro-,Personalcomputer, andere Local Area Networks und DV-Netzsysteme) ebenso, wie für ISDN (Integrated Services Digital Netzwork) im privaten Vermittlungsbereich.

So wird es künftig Systeme geben, die jede beliebige Information gleichgültig welcher Kommunikationsart vermitteln werden. Das Spektrum der Daten für das Netzmanagement aus einer Hand wird größer. Die Einteilung nach der jeweiligen Verwendung jedoch bleibt.

Netzmanagementsysteme unterschiedlicher Hersteller und für beliebige Kommunikationsnetze müssen in Zukunft auf einer Ebene, der Netzmanagementebene kommunizieren können.

Den Netzbetreibern, die es mit Systemen der Mischkommunikation zu tun haben und es zu tun bekommen, müssen die Werkzeuge für das erforderliche Netzmanagement zur Verfügung gestellt werden, um die unterschiedlichsten Netzsysteme anwendungs- und herstellerneutral aus einer Hand administrieren zu können.

Wichtig für die Verwirklichung dieses Zieles ist es,

o daß die Realisierung nach internationalen Netzmanagementnormen erfolgen kann, damit die Realisierung und Weiterentwicklung derartiger Systeme auch wirtschaftlich erfolgen kann und die Netzbetreiber kurzfristig rationell unterstützt und künftig vor heterogenen Netzmanagementproblemen bewahrt werden und
o daß Organisationen bezüglich Integration von Kommunikationsdiensten flexibler vorgehen.

SCHRIFTTUM

‹1›   Hahn F., Administration in Communication Networks, ECOMA
        10, Computer Performance; München/Butterworth,Okt./Dez.
        1982; ADMCOM-practical solutions for effective network
        management, ECOMA 11; Kopenhagen, Okt. 1983, Precedings

‹2›   Terplan K., Network Performance Reporting, Computer Net-
        work Performance Symposium; Washington D.C., Precedings,
        p. 156-170; Network Performance Management, ECOMA 10;
        München, Okt. 1982, Precedings, p. 60-70; Management der
        Mischkommunikation, Telecom 1983, Köln, S. 335-348

‹3›   Hahn F., Dellweg J., Terplan K., Automatische Verwaltung
        optimiert Kommunikationsnetze, Data Report, Jun. 1983,
        Heft 3/83, S. 32-35 (Bestellnr.L-10/383,ISSN 0374-289X);
        Projekt ADMKOM-Problematik, Konzepte und Lösungen zum
        Netzmanagement, telcom report 7 (1984) Heft 1

‹4›   Softwareprodukt ADS, Produktblatt, Benutzerbeschreibung,
        Siemens AG, Bereich Datentechnik; München, August 1984,
        (Bestellnr. U-1218-J-Z74-1)

‹5›   EWSD, Digitales Elektronisches Wählsystem, Siemens AG,
        Bereich Öffentliche Vermittlungssysteme; München,
        (Bestellnr. A30808-X2589-X-1-18)

‹6›   EDX Systembeschreibung, Siemens AG, Bereich Öffentliche
        Vermittlungsysteme, München (Bestellnr. D-235/150-18)

‹7›   SINEC 300 Anwendungssystemprogramme, Siemens AG, Ge-
        schäftsgebiet Mittlere Datentechnik, Erlangen (Bestell-
        nr. E-36/2501)

‹8›   Lohwasser F., Überwachung und Störungseingrenzung im in-
        tegrierten Text- und Datennetz der DBP (IDN), ONLINE 82,
        Düsseldorf, S. 5c-1 - 5c-6

‹9›   Gerke P.,Telkommunikationsdienste im zukünftigen Dienst-
        integrierten Digitalnetz (ISDN), Siemens AG, Bereich Öf-
        fentliche Vermittlungssyteme,Mch, Bestellnr. N-120/3118)

‹10›   TRANSDATA-Dokumentationen, Siemens AG, Bereich Daten-
        technik, München, 1980-1984

‹11›   Lux R., Bitzl W., Kommunikationssystem EMS, Siemens AG,
        Bereich Privat- und Sonderkommunikationsnetze, München,
        Okt. 1983, Telcom Report 5/83, S. 301-309

‹12›   Frost and Sullivan, Data Network Management and remote
        test systems market in Europe, New York, N.Y., May 1983

‹13›   Lux R., Kommunikationssystem EMS - Drehscheibe der Büro-
        kommunikation, telcom report 6 (1983) Heft 5

‹14›   J. Andiel, Benutzerkreise des Netzmabnagements von Rech-
        nernetzen, telcom report 7 (1984) Heft 6.

NETZWERKMANAGEMENT

Eine Herausforderung

Pée   A.

IBM DEUTSCHLAND

STUTTGART

DEFINITION

Netzwerkmanagement adressiert die spezifischen Aufgaben im Rechenzentrum beim Betrieb von Kommunikationsnetzwerken, mit dem Ziel

° die Servicequalität zu verbessern
° die Produktivität des Rechenzentrums zu steigern

Diese Ziele werden erreicht durch Einleitung von abgestimmten Maßnahmen zur Verbesserung der Organisation und der Management-Disziplinen, und zum Einsatz von technischen Hilfsmitteln.

UMFELD

Weltweit werden die Unternehmen durch Aufrechterhaltung bzw. Verbesserung ihrer Wettbewerbsfähigkeit geleitet. Um dieses Ziel zu erreichen werden hauptsächlich drei Strategien eingesetzt:

° Rationalisierung der Geschäftsfunktionen
° Einführung von neuen Dienstleistungen
° Steigerung der Produktivität

Alle diese Strategien resultieren, letztendlich, in einem verstärkten Einsatz der Datenverarbeitung.

° Geschäftsfunktionen werden automatisiert und mit Hilfe der Datenverarbeitungsanlage durchgeführt.
° Neue Dienstleistungen, wie Bankomat oder Bildschirmtext Anwendungen, basieren meistens auf dem Einsatz von Datenverarbeitungsanlagen.
° Die Produktivitätssteigerung im Unternehmen wird hauptsächlich
  durch den Einsatz von maschinellen Hilfsmitteln für die Mitarbeiter erreicht. Beispielhaft dafür sind :
    - Individuelle Datenverarbeitung
    - Bürokommunikation
    - Technische und wissenschaftliche Anwendungen.

Für den Bereich "Informations-Systeme" bedeutet dieser Wandel auch
einen Wandel in der Aufgabe die er in dem Unternehmen wahrnimmt.

° Der I/S Manager ist im zunehmendem Maße mit der Verwaltung von
  Unternehmensdaten und mit der Logistik zur Informations-Vertei-
  lung konfrontiert.
° Die Anwendungen werden verstärkt mit Hilfe dezentraler, in Benutzer Verantwortung arbeitender Abteilungsrechner oder Personal
  Computer realisiert und folglich nicht mehr vom I/S Management
  kontrolliert.

Die Konsequenzen dieser "Evolution" kann man, vereinfacht, wie folgt
darstellen :

- Explosives Ansteigen der Benutzerzahl
- Verteilung der Benutzerpopulation auf immer mehr Lokationen
- Dezentralisierung der Verarbeitung und der Daten
- Rapides Wachstum des Netzwerkes verbunden mit einer sich immer
  schneller verändernder Technologie wie z.B. Local Area Network,
  Netzverbund, neue Angebote der Post u.s.w.
- Zunehmende Abhängigkeit des Unternehmens von dem von den Rechen-
  zentren geleisteten Service, die durch immer kritischere Anwen-
  dungen und ständig erweiterte Service-Zeiten entsteht.

HERAUSFORDERUNGEN AN DAS I/S MANAGEMENT

Das I/S Management ist konfrontiert mit drei sich scheinbar wider-
sprechenden Herausforderungen

- ° Beherrschen des Wachstums
- ° Steigerung der Servicequalität
- ° Limitierte Resourcen

Das Wachstum führt zu
- Einführung neuer Dienstleistungen
- Zunehmender Änderungsrate
- Steigender Komplexität

Die Steigerung der Servicequalität erfordert
- eine Erhöhung der Verfügbarkeit
- eine Verbesserung des Antwortzeitverhaltens
- den Ausbau der Benutzerbetreuung

Diesen Herausforderungen begegnet das I/S Management in einer Situation, in der es über limitierte Mittel verfügt und gleichzeitig Per-
sonal- und Qualifikations-Engpäße überwinden muß.
Wenn auch diese Herausforderungen einzeln einfach zu handhaben wären,
in ihrer Gesamtheit scheinen sie unlösbare Probleme aufzuwerfen. Z.B.
kann die Steigerung der Servicequalität zu einer Erhöhung der Änderungsrate führen, dagegen wirken sich Änderungen destabilisierend aus
und sind somit für die Servicequalität eine absolute Gefahr.

HERAUSFORDERUNGEN AN DAS MANAGEMENTSYSTEM

Die vorhin erwähnten Herausforderungen an das Management können nur
durch eine Veränderung des Managementsystems selbst bewältigt werden.
Diese Veränderung, die letztendlich eine Anpassung an das "neue" Um-
feld darstellt, muß folgende Ziele verfolgen:
- Gewährleistung einer aktiven Betreuung der Benutzer
- Wahrnehmen von End-to-End Serviceverantwortung
- Sicherstellung einer schnellen Reaktion beim Auftreten von Pro-
  blemsituationen
- Durchführung von Änderungen ohne Beeinträchtigung der Service-
  Qualität
- Automation des Betriebes zur Entlastung des Personals und Ver-
  meidung von Fehlern
- Zentrale Steuerung und Kontrolle aller, auch der dezentral, er-
  brachten Leistungen

- Abstimmung und Überwachung der Service-Ziele
- Verbesserung der Kommunikationsstrukturen zwischen allen beteiligten Funktionen
- Eindeutige Definition der Verantwortung und ihre Zuordnung auf allen Funktionsebenen.
- Schaffung von Entwicklungspotential für das RZ-Personal durch Aufstiegsmöglichkeiten und Ausbildungspläne
- Aufbau neuer Funktionen zur Durchführung der hinzugekommener Aufgaben.

INHALT EINES NETZWERKMANAGEMENTSYSTEMS

Wie jedes Managementsystem stützt sich auch das Netzwerkmanagement-System auf eine Kombination von Organisation, Management-Disziplinen und deren Prozessen, Werkzeugen und Daten.

Die Organisation

In dem organisatorischen Bereich verlangt Netzwerkmanagement sowohl eine Stärkung der bestehenden, als auch die Schaffung von neuen, Benutzer orientierten Funktionen.
Zu den bestehenden Funktionen gehören der

System- und Netzbetrieb

Der Systembetrieb ist Verantwortlich für die Bereitstellung der System-Resourcen.
Der Netzbetrieb hat eine parallele Aufgabe auf dem Gebiet der Netzwerksteuerung.
Diese beiden Funktionen zusammen, sind verantwortlich für die Steuerung aller Resourcen, die für die Gewährleistung des optimalen Services erforderlich sind.
Mit der explosionsartigen Erhöhung der Anzahl der Komponeneten wird von diesen Funktionen, und insbesondere vom Netzbetrieb, eine nahezu nicht zu erbringende Leistung erwartet.
Verschärfend wirkt sich aus, daß die Aufgabe dieser Funktionen sich zunehmend, vom reaktiven zum präventiven Handeln hin verlagert. Dies ist eine Folge der Notwendigkeit den System- und Netz-Status laufend zu überwachen.
Diese Aufgabe kann nur durch eine Automation der ständig wiederkehren-

der Bedienungsaktivitäten gelöst werden.Die Werkzeuge die dafür eingesetzt werden, müssen sicherstellen daß
- die Steuerung aller, auch der im Netzwerk entfernten Komponenten
- die Analyse des Netzwerkstatus
- die Sammlung von Netzwerkdaten
jederzeit möglich ist.
Maßnahmen wie:
  ° Filter für Systemmeldungen
  ° Alarmmeldungen beim Überschreiten von Schwellwerten
  ° Automatisches Umgehen ausgefallener Komponenten
sind hier ebenfalls vorzusehen.

Die wachsende Komplexität der Netzwerke und der Datenkommunikations-
Einrichtungen hat zur Folge, daß die Qualifikation des Bedienungs-
Personals im Rechenzentrum, in der Regel nicht mehr ausreicht, um
die eventuell vorkommenden Problemsituationen schnell und sicher zu
analysieren, und auf dem optimalen Weg zu lösen. Hier wird eine Funktion, vor Ort, mit hoher, spezieller, technischer Qualifikation,
erforderlich die

Technische Unterstützung

Diese Funktion benötigt zur Lösung ihrer Aufgabe, anspruchsvolle
Werkzeuge, die es erlauben, während des laufenden Betriebes und ohne
Beeinträchtigung der anderen Benutzer, eine zuverlässige Problemanalyse durchzuführen. Die Aufgabe der Technischen Unterstützung besteht
vor allem darin, unvorhergesehene Problemsituationen auf dem schnell-
sten Weg zu erkennen und zu lösen. Auch die vorhin geschilderte Automation des Betriebes liegt in der Verantwortung dieser Funktion. Dazu gehört die Entwicklung und die Wartung der eingesetzten Hilfsmittel

Die Technische Unterstützung ist eine Service-Funktion für den
RZ-Betrieb. Es muß deutlich unterschieden werden zwischen der TU
und der allgemeinen Systemprogrammierung, die völlig andere Aufgaben
wahrzunehmen hat. Die TU ist eine technische, Betriebsorientierte
Funktion.
Mit der wachsenden Automation im RZ Betrieb wird die Bedeutung der
Technischen Unterstützung immer mehr zunehmen.

Die Service Kontrolle

ist die koordinierende und berichtende Funktion im Rechenzentrum.
Die Aufgaben der Service Kontrolle sind:

- Den Grad des vom Rechenzentrum geleisteten Service zu kontrollieren und laufend mit dem angestrebten Service-Grad zu vergleichen. Falls nötig, entsprechende Eskalationsmaßnahmen einzu-
  leiten.
- Änderungen zu koordinieren, mit dem Ziel die Auswirkungen auf
  die Servicequalität zu minimieren.
- Den Prozeß der Problembehandlung zu überwachen um etwaige Zeit-
  verluste zu verhindern.
- Berichte für das Management des Rechenzentrums zu erstellen, um
  die Voraussetzungen für die Kontrolle des Management-Systems zu
  schaffen und Basis-Daten für den Plannungsprozeß zu liefern.
- Die Kommunikation mit dem Benutzer zu pflegen indem er laufend
  über den tatsächlich geleisteten im Vergleich zum vereinbarten,
  Service-Grad informiert wird.

Zur Durchführung dieser Aufgaben benötigt die Service Kontrolle historische Daten über das Netzwerk. Es bietet sich an eine zentrale
Datenbank, mit Informationen über Komponeneten-Ausfälle, Belastung
der einzelnen Komponenten, Werte der Serviceindikatoren u.a. einzusetzen um die Durchführung von Trendanalysen zu ermöglichen und eine
Grundlage für den Plannungsprozeß zu schaffen.
Die Service Kontrolle unterstützt das Management des Rechenzentrums
in der Durchführung der ihm obliegenden Kontroll-Funktion.

Der Ausbau von Netzwerken und die steigende Anzahl der Benutzer haben
die Notwendigkeit einer neuen Funktion im Rechenzentrum hervorgebracht

Der Benutzer-Leitstand   (User Help Desk)

Diese Funktion ist verantwortlich für die Schulung und Betreuung der
Benutzer. Zu ihren Aufgaben gehört Service Änderungen dem Benutzer
bekannt zu geben und Ansprechpartner für ihn zu sein beim Auftreten
von Problemsituationen.
Wird vom Benutzer zur Durchführung seiner Aufgabe Unterstützung vom
Rechenzentrum benötigt, nimmt der Benutzer-Leitstand die Anforderung

entgegen.

Die an den Benutzer-Leitstand adressierten Probleme werden entweder dort gelöst, oder, wenn das nicht möglich ist, an eine qualifizierte Funktion weitergeleitet. In jedem Fall hält der Benutzer-Leitstand Kontakt mit dem Benutzer und informiert ihn über die zur Problemlösung eingeleiteten Maßnahmen.

Ein mit guten Hilfsmitteln ausgestatteter Benutzer-Leitstand trägt wesentlich zur Produktivitätssteigerung innerhalb des Rechenzentrums bei, indem er die einfachen, häufiger auftretenden Anfragen beantwortet und damit verhindert, daß das technische Personal durch diese trivialen Probleme in Anspruch genommen wird.

Der Benutzer-Leitstand muß, durch seine Aufgabe bestimmt, mehr Benutzer- als technisch orientiert sein. Einfühlungsvermögen und Verständnis für die Benutzer Situation sind hier wichtiger als hohe technische Qualifikation und Kenntnis aller Komponenten.

Um seiner Aufgabe gerecht zu werden, muß der Benutzer-Leitstand Zugriff auf Konfigurations-Daten, alle bereits eingegangenen Problemmeldungen und durchgeführte Änderungen haben. Nur so, ist es ihm möglich das Benutzer-Problem zu lokalisieren und eventuell vorhandene Lösungen zu erkennen. Auch einfache Analysen müssen vom Benutzer-Leitstand aus durchführbar sein z.B. Abfragen des Status aller Komponenten, die auf dem Pfad zum Benutzer liegen.

Aus dem bisher dargestellten wird ersichtlich, daß allein in dem operationellen Bereich eines Rechenzentrums mindestens fünf Funktionen mit der Wahrnehmung von Service bezogenen Aktivitäten beschäftigt sind. Diese Funktionen können ihre Aufgaben nur dann erfüllen wenn eine enge Kommunikation unter einander sicher gestellt ist. Außerdem ist es erforderlich, daß alle auf die gleichen Informationen zugreifen können.

Als organisatorische Lösung bietet sich hier an, alle diese Funktionen in einem Raum und mit den gleichen Werkzeugen arbeiten zu lassen. Eine solche Gruppierung der Service-Funktionen wird

System / Netzwerk-Leitzentrum (System / Network Control Center)

genannt.

Das System / Netzwerk-Leitzentrum ist der Nerv des gesamten Rechenzentrums.

- von hier gehen alle Service Leistungen aus
- hier werden alle, die Servicequalität betreffenden, Informationen gesammelt und zentral verwaltet.

Da durch eine solche Organisation auch die Kommunikationswege extrem kurz und sehr einfach sind, wird die Reaktionsfähigkeit des System / Netzwerk-Leitzentrums auf das maximale erhöht.

MANAGEMENT - DISZIPLINEN

Die wesentlichen Management-Disziplinen, die das Netzwerkmanagement unterstützen sind :

- ° Problem-Management
- ° Änderungs-Management
- ° Service-Management
- ° Betriebsablaufsicherung

Jede dieser Disziplinen besteht aus einem oder mehreren Prozessen. Die Prozesse wiederum aus mehreren Aktivitäten, die in einer bestimmten Reihenfolge ablaufen (Prozeß-Fluß). Jeder Prozeß wird durch einen in den Prozeß integrierten Kontrollmechanismus gesteuert. Bei der Implementierung der Prozesse muß auf eine klare Zuordnung der Aktivitäten zu einer Funktion und die Definition der Kontrollparameter für den Kontrollmechanismus besonders geachtet werden.

Um dies zu überwachen wird ein Verantwortlicher, "Koordinator", benannt. Dieser ist, dem Management gegenüber, für die Qualität des Prozesses verantwortlich. Zu seinen Aufgaben gehört, dem Management, die erforderlichen Berichte über die Prozeß-Indikatoren zu liefern.

Die in den Berichten enthaltenen Informationen unterstützen das Management bei der Wahrnehmung seiner Kontroll-Aufgaben.

Problem - Management

Das Problem-Management beschäftigt sich hauptsächlich mit der Verbesserung der Verfügbarkeit. Die Verfügbarkeit wird durch die Anzahl der Ausfälle und deren Dauer bestimmt. Folglich wird das Problem-

Management eine Minimierung dieser beiden Faktoren anstreben.

Um die Zahl der Ausfälle so gering wie möglich zu halten stellt das
Problem-Management sicher, daß jedes Problem, das einmal aufgetreten
ist, gelöst wird. Auf diese Art wird ein erneuter Ausfall aus dem
gleichen Grund verhindert.

Damit die Zeit, in der die Service-Einschränkung existiert, möglichst
kurz ist wird auf die exakte Einhaltung des Prozeß-Flusses geachtet.
Dabei muß das Problem-Management dafür Sorge tragen,daß
- Das aufgetretene Problem umgangen wird, nach dem es für die
  weitere Bearbeitung erfaßt worden ist
- Keine der durchzuführenden Aktivitäten mehr Zeit in Anspruch
  nimmt als unbedingt erforderlich

Selbstverständlich kann und sollte das Problem-Management auch andere
Problembereiche, außer Ausfällen, bearbeiten wie z.B. Performance
Probleme, Anwendungs-Probleme oder auch prozedurale Probleme innerhalb
des Rechenzentrums. Wichtig ist nur, daß das von Problem-Management
abzudeckende Gebiet klar definiert ist und, daß der Prozeß für jede
Art von Problemen eingehalten wird.

Änderungs-Management

Das Ziel des Änderungs-Management ist es, die Auswirkungen von
Änderungen auf die Qualität des Services so klein wie möglich zu hal-
ten. Die Messgrößen sind im wesentlichen die gleichen wie beim
Problem-Management (Dauer und Anzahl der Ausfälle) .

Innerhalb des Prozesses sind die folgenden Kriterien von Bedeutung:

- Richtige Einschätzung der möglichen Auswirkungen einer Änderung.
  Der Prozeß-Ablauf wird dann aufgrund dieser Einschätzung fest-
  gelegt, mit dem Ziel die größte mögliche Sicherheit bei der
  Installation der Änderung zu gewährleisten.
- Das durch die Einführung der Änderung entstehende Risiko bei der
  Durchführung und der Kontrolle von Tests beachten
- Sorgfältige Planung des Zeitpunktes zu dem die Änderung instal-
  liert wird
- Die Möglichkeit vorsehen die Änderung wieder rückgängig zu machen

und diese Möglichkeit testen
- Kontrolle des Ergebnisses der Änderung und gegebenenfalls Durchführung einer Korrektur der Prozedur bzw. des Prozeß-Flusses

Service Management

Die Disziplin Service Management besteht aus drei Prozessen.

- Servicegrad Planung
- Steuerung der Resourcen
- Service Kontrolle

Von größter Wichtigkeit ist dabei der Prozeß Servicegrad Planung.
Dieser Prozeß schafft die Grundlage für die beiden anderen (Steuerung der Resourcen und Service Kontrolle), die auch zum Netzwerkmanagement System einen wichtigen Beitrag leisten.

Die Servicegrad Planung analysiert die Anforderungen der Benutzer
an den vom Rechenzentrum zu leistenden Service und die, dafür zur
Verfügung stehenden, Resourcen und legt die Basis fest für ein gemein-
sames Verständnis über den Servicegrad, zwischen Benutzer und Rechenzentrum, durch Service -Vereinbarungen.

Die Resourcen-Steuerung überwacht die Leistung aller am Service beteiligten Resourcen und steuert deren Einsatz mit dem Ziel den best-
möglichen Service zu liefern.

Die Service Kontrolle vergleicht laufend den erzielten Servicegrad
mit dem mit dem Benutzer vereinbarten, leitet gegebenenfalls die
entsprechenden Maßnahmen ein und liefert Zahlen über Service- und
Resourcen-Leistungen für den Planungsprozeß.

Betriebsablaufsicherung

Die Betriebsablaufsicherung beschäftigt sich mit den Maßnahmen, die
notwendig werden um den Betrieb im Rechenzentrum aufrecht zu erhalten
im Falle des Ausfalls von einer oder mehreren Komponenten. Ist eine
Aufrechterhaltung des Services nicht mehr möglich, so müssen möglichst
kurze und einfache Wiederanlauf-Verfahren zur Verfügung stehen.

Primär geht es dabei um Prozeduren die eine Umgehung des aufgetretenen Problems ermöglichen. Das Vorhandensein solcher Prozeduren sicher zu stellen ist ebenfalls eine Aufgabe innerhalb der Betriebsablaufsicherung.

Die Betriebsablaufsicherung bewegt sich in einem durch den System-Design vorgegebenem Rahmen. Die Zielsetzung ist dabei die richtige Nutzung des vorhandenen System-Design.

Innerhalb des Netzwerkmanagements befaßt sich die Betriebsablaufsicherung sowohl mit zentralen Resourcen wie z.B. zentrale Hardware, Daten, und Anwendungen als auch mit den sich im Netzwerk befindenden Komponenten.

Eine der Möglichkeiten, Probleme zu umgehen liegt in der Nutzung von alternativen Pfaden im Netzwerk. Aber nicht nur im Netzwerk sondern auch zentral müssen Vorkehrungen getroffen werden um die Folgen von möglichen Ausfällen gering zu halten. Dazu gehört Ausweichen auf Ersatz-Hardware, Wiederherstellen der Datenbanken, Einspielen von Sicherungskopien von Programmversionen.

Welche Maßnahmen erforderlich sind um Daten und Programme zu sichern, bestimmt ebenfalls die Betriebsablaufsicherung. Bei der Definition der Sicherungsmaßnahmen spielt die Abwägung von Risiko und Aufwand eine Schlüssel-Rolle. Ein häufiges Erstellen von Sicherungskopien erfordert sehr viel Aufwand. Wiederherstellen von Datenbanken ist meistens sehr langwierig. Auch kann nicht uneingeschränkt Ersatz Hardware zur Verfügung gestellt oder alternative Pfade im Netzwerk aufgebaut werden.

Die Betriebsablaufsicherung muß hier das richtige Maß finden und dabei auch die Bedeutung des Services für unterschiedlich kritische Anwendungen berücksichtigen.

Schließlich muß die Betriebsablaufsicherung auch den möglichen Katastrophen Fall abdecken können und das Vorhandensein entsprechender Pläne sicherstellen.

WERKZEUGE UND DATEN

Die im Rahmen des Netzwerkmanagements erforderlichen Werkzeuge lassen
sich in folgende Gruppen einteilen :

- Messwerkzeuge
- Analyse-Werkzeuge
- Steuerungs-Werkzeuge
- Werkzeuge zur Verwaltung von Prozeß-Daten
- Werkzeuge zur Verwaltung von Prozeß-Kontroll-Daten
- Auswertungs-Werkzeuge
- Automations-Werkzeuge

Anforderungen an Messwerkzeuge

- Integration in der Einheit, deren Werte sie messen sollen. Damit
  wird sichergestellt, daß die tatsächlichen Werte gemessen werden.
- Weiterleitung der Messdaten an eine zentrale Stelle. Auf dieser
  Grundlage werden dann zentral Analysen durchgeführt
- sind von einer Zentralen Stelle aus ansprechbar. Abhängig von
  den Anforderungen können die Messparameter dynamisch verändert
  werden
- können sowohl rein physische, z.B. Anzahl Bytes pro Nachricht,
  als auch logische (Kommunikationsrelevante), z.B. Antwortzeiten,
  Anzahl der geführten Dialoge, Daten erfassen

Anforderungen an Analyse-Werkzeuge

- nutzen den selben Pfad wie die gewöhnliche Kommunikation
- führen zentral Analysen durch, auf der Grundlage der von den
  Messwerkzeugen gelieferten Daten.
- erzeugen im Bedarfsfalle, Alarm- oder Warnungs-Meldungen
- erstellen aus den Messdaten Berichte, in einer dem Betriebsperso-
  nal angepassten Form, zur besseren Entscheidungsfindung
- können von einer zentralen Stelle aus aktiviert und eingesetzt
  werden

Anforderungen an Steuerungs-Werkzeuge

- ermöglichen die Steuerung von Komponenten von einer zentrale
  Stelle aus.

Anforderungen an Werkzeuge zur Verwaltung von Prozeß-Daten

- können bei jeder beliebiegen Implementierung des Prozesses eingesetzt werden ohne, daß größere Modifikationen notwendig sind
  (leicht anpassbar).
- sind Benutzerfreundlich gestaltet. Unterstützen den Prozeß-Ablauf und behindern ihn nicht
- verwalten die Prozeßbezogenen Daten in einer Weise, die die
  Erstellung von aussagefähigen Berichten, über den Status, der
  im Prozeß befindlichen Elemente, sowie Trendanalysen unterstützt
- können die,für die Prozeß Kontrolle relevanten, Informationen an
  spezialisierte Kontroll-Werkzeuge weiterleiten

Anforderungen an Werkzeuge zur Verwaltung von Prozeß-Kontroll-Daten

- empfangen die für die Kontrolle des Prozesses relevanten Daten
  von den Prozeß-Daten verwaltenden Werkzeugen, speichern und
  verwalten sie
- unterstützen die Integration aller Prozeß-Kontroll-Daten aus
  allen Prozessen, unabhängig davon von welchen Werkzeugen diese
  Daten übermittelt wurden. Sind also mit allen Werkzeugen die
  Prozeßbezogene Daten verwalten verträglich. Die Integration
  der gesamten Kontroll-Daten hat den Zweck Quer-Referenzen
  zwischen den Prozessen zu ermitteln und zu untersuchen.

Anforderungen an Auswertungs-Werkzeuge

- können alle Arten von Daten handhaben
- sind mit einer flexiblen Berichtsanforderungssprache ausgestattet
- können Quer-Referenzen zwischen verschiedenen Prozessen darstellen

Anforderungen an Automations-Werkzeuge

- können leicht an ein verändertes System angepaßt werden (flexibilität gegenüber Systemänderungen)
- haben eine einfache Schnittstelle zum Bedienungspersonal. System-
  konventionen können durch eine Benutzerorientierte Namensgebung
  ersetzt werden. Wünschenswert ist die Möglichkeit systemorientier-
  te Komponenten in servicebezogene Einheiten zu gruppieren.

Allgemeine Anforderungen an Werkzeuge

- sind einfach zu handhaben
- sind Benutzerfreundlich
- können sowohl zentral als auch dezentral bedient werden

ZUSAMMENFASSUNG

Netzwerkmanagement ist, mit Sicherheit, die Herausforderung der
kommenden Jahre. Ein erfolgreiches Netzwerkmanagement ist nur dann
möglich, wenn

° die Management-Disziplinen innerhalb des Rechenzentrums ver-
  bessert werden
° die Kontrolle von einer zentralen Funktion ausgeübt wird,
  auch dann, wenn die Verarbeitung und die Daten dezentralisiert
  sind
° der RZ-Betrieb weitgehend automatisiert wird

und nicht zuletzt, wenn das I/S Management sich seiner Service-
orientierten Verantwortung im Unternehmen bewußt wird.

LITERATUR - VERZEICHNIS

Belford, G.G.   A State of the Art report on Network data
Bunch, S.R.   Management and related Technology.
Day, J.D.   Verlag : NTIS, Springfield

Brinckloe, W.D.   Managerial operations research
                   Verlag : MacGraw-Hill , New York

Craven, T.E.   Network Management - What lies ahead ?
                   Computerworld   V 17 N 41a Dec 1983

Frank, R.   Planning the new telecommunications network -
                   A Talk with James Martin.
                   Business Communications Review V14 N2 Mar/Apr 1984

Freedman, D.H.   Clearing network management hurdles
                   Infosystems   V 31 N 8 Aug 1984

Garrigues, R.D.   Application of Network Management at a large
                   Computing Service. Computer Networks.
                   IBM System Journals V 22 N 1-2 1983

Hart, L.   Network management: a User perspective
                   Telecommunications V 18 N 7 Jul 1984

Hillhouse, J.   The new world of Telecomm
                   Computer Decisions V 15 N 10 Sep 1983

Jenkins, C.H.   Need for Network Management
                   Computerworld V 17 N 20a May 1983

King, J.   Future Networking with IBM
                   Computerworld   V 17 N 39a Sep 1983

Martin, J.   Computer networks and distributed processing :
                   Software, Techniques and Architecture
                   Verlag : Englewood Cliffs , Prentice-Hall

Mocenigo, J.m.T.   Managing a Network that won't sit still
                   AT&T Bell Laboratories Record V 62 N 6 Aug 1984

Strobl, R.   Coping with network control :
                    Managers reveal their plans
                    Data Communications   V 13 N 3 Mar 1984

Strobl, R.   Keeping networks under control
                    Computerworld   V 18 N 8a Feb 1984

Wiggins, R.   Intelligent Networking: A Management Concept
                    Telecommunications   V 17 N 1 Jan 1983

IBM   A Management System for the Information Business
                    Volume I   Management overview   GE20-0662
                    Volume II The Information Systems
                              Service Mission   GE20-0749
                    Volume III The I/S Development Mission GE20-0750
                    Volume IV Managing Information Systems
                              Resources   GE20-0751

Automatisierung des Rechenzentrumsbetriebes

F. Wagner

Bertelsmann Datenverarbeitung

D-4830 Gütersloh

1. Einleitung

Ziel eines jeden Rechenzentrums ist das Erstellen von Informationen.
Dies bedeutet, daß Großrechenzentren in Industrieunternehmen und
Verwaltung als Produktionsbereiche angesehen werden müssen. Sie pro-
duzieren Informationen als Dialog-Bild, Datei, Liste oder Fiche.
Rechenzentren haben eine Dienstleistungsfunktion für die Fachabtei-
lungen eines Unternehmens zu erfüllen.
Daraus ergeben sich die folgenden Konsequenzen:

> (1) eine automatisierte Auftragsabwicklung im
>   Rechenzentrum
>   und
> (2) eine Transparenz der Rechenzentrumsdienstleistungen
>   gegenüber dem EDV-Laien in der Fachabteilung des
>   Unternehmens.

Im ersten Fall bedeutet dies, daß der Anwender, oder besser gesagt:
der Kunde aus der Fachabteilung, einen Gesamtauftrag an das Rechenzentrum gibt und die Abwicklung des Auftrages nicht weiter zu verfolgen braucht. Er wird auch vom Rechenzentrum als Gesamtauftrag
interpretiert (unabhängig von den gegebenen technischen Anforderungen)
und entsprechend abgewickelt.

Unter Transparenz verstehen wir, daß die "Black Box" Rechenzentrum
zu einer "White Box" wird, und der Kunde die Abwicklung seines
Auftrages "X" im Detail verfolgen kann und jederzeit im Sinne eines
voll informierten Kunden entsprechende Anweisungen oder Änderungen
weitergeben kann.

2. Die Produktionsabwicklung

Der methodische Ansatz zur Automatisierung eines Rechenzentrums ist
im Grundsatz einfach. Unter der Voraussetzung, daß ein Rechenzentrum als Produktionsbetrieb verstanden wird, ergibt sich eine
Dienstleistungsfunktion für die einzelnen Fachabteilungen. Genau
gesagt bedeutet dies, die Anwender als Kunden zu betrachten.

Aus diesen Randbedingungen resultieren folgende zwei grundsätzliche
Anforderungen an den methodischen Ansatz:

> I) Konsequente Auftragsbetrachtung aller
>   Aufgaben des Rechenzentrums
>   und
> II) Dokumentation (und Transparenz) aller
>   Abwicklungen innerhalb des Rechenzentrums.

Der Fall (I) bedeutet eine Kundenbetrachtung aus der Sicht des
Rechenzentrums, und der Fall (II) resultiert unter anderem aus einer
automatisierten Produktionsabwicklung (Diagramm 1).

Die Kunden geben "per Bildschirm" die aktuellen Modifikationen bzw.
Parameter für die RZ-Abläufe vor (siehe Diagramm 1). Im Sinne eines
End-User-Service wird also ein RZ-Produktionsablauf gesteuert. Dies
setzt für die Abläufe im Rechenzentrum ein generelles Vorab-Design
voraus:

> Bei Übernahme eines Ablaufs (Batch, Dialog) in die
> RZ-Produktionsabwicklung muß die vom Kunden ge-
> wünschte maximale Variabilität programmiert werden.

Durch eine Parametersprache wird diese Variabilität formuliert und
per Bildschirmmasken abgefragt. Dies bedeutet, der Anwender gibt
jeweils per Dialog die aktuellen Werte des Ablaufs vor (Diagramm 1).
Zusätzlich zu den Steuerungsvorgaben für die Batch- und Dialogab-
wicklungen sind insbesondere für den Dialog zusätzliche Qualitäts-
gesichtspunkte der laufenden Abwicklung wie

> - Verfügbarkeit
>   und
> - Antwortzeit

zu berücksichtigen.

Diagramm 1:

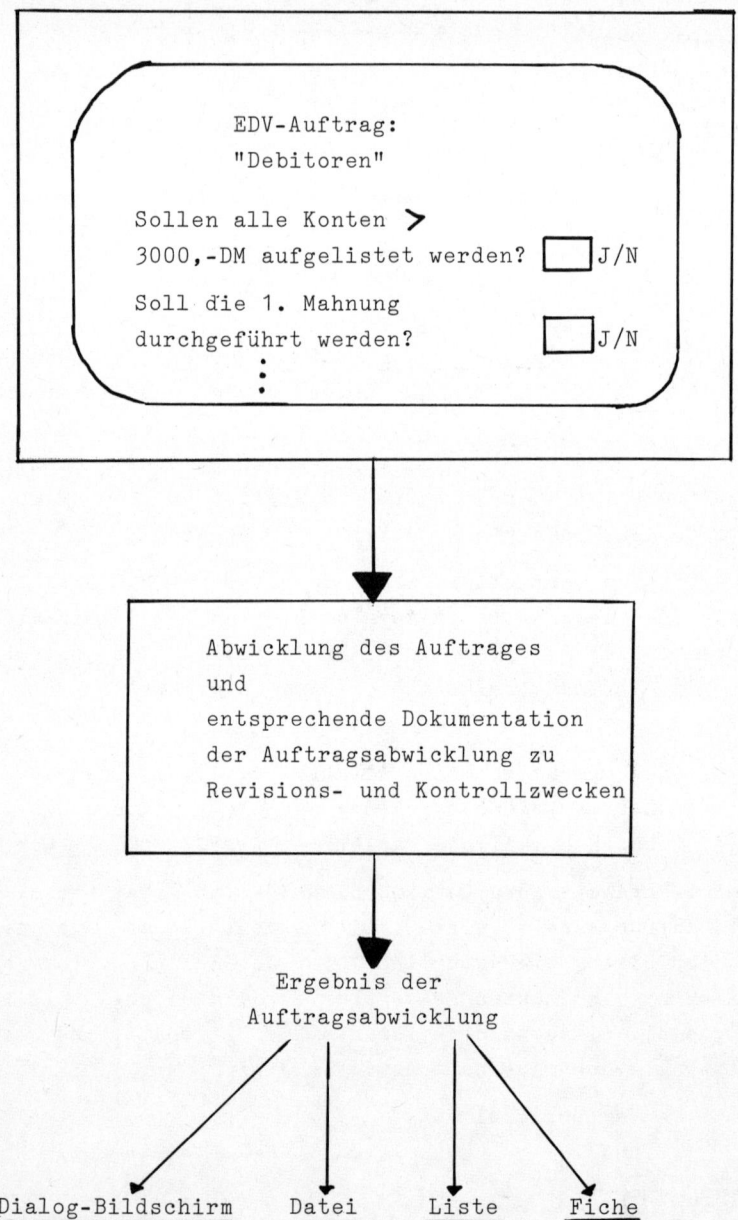

EDV-Auftrag:
"Debitoren"

Sollen alle Konten >
3000,-DM aufgelistet werden?   [ ] J/N

Soll die 1. Mahnung
durchgeführt werden?   [ ] J/N

Abwicklung des Auftrages
und
entsprechende Dokumentation
der Auftragsabwicklung zu
Revisions- und Kontrollzwecken

Ergebnis der
Auftragsabwicklung

Dialog-Bildschirm   Datei   Liste   Fiche

Diagramm 2:

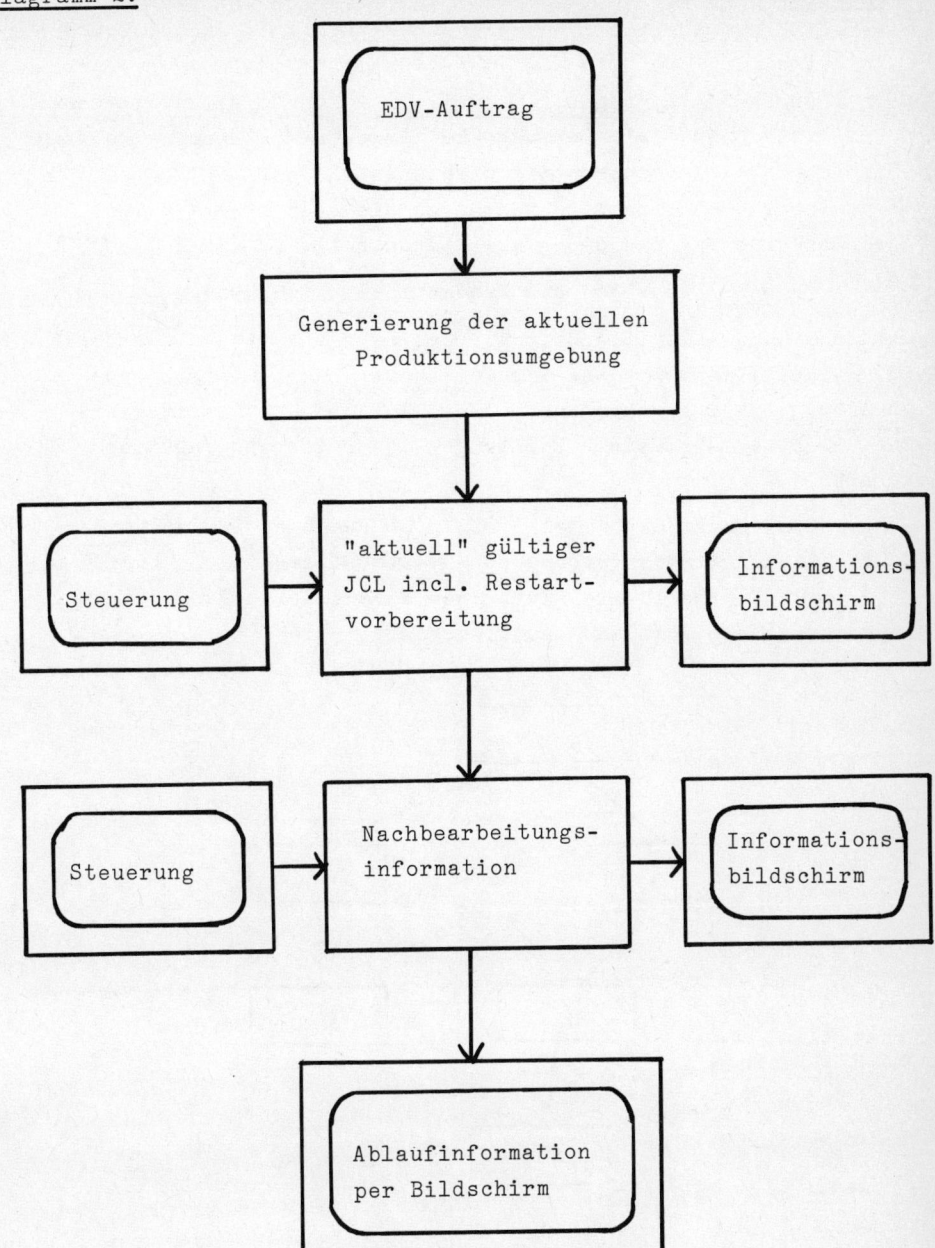

Die Basisdaten für deren Feststellung lassen sich aus den Betriebssystemen (RMF und SMF bei MVS) gewinnen. Damit kann auch automatisch
(per Software) eine Verdichtung dieser Daten auf relevante Zeiträume
erfolgen. Durch Festlegung von Schwellwerten für die Qualitätsan-
forderung (z.B. 99% Dialogverfügbarkeit pro Tag) ist nun eine standardisierte Überwachung durch das Rechenzentrum möglich.
Das klassische Operating wird nun durch die oben beschriebene
Produktionssteuerung und die Qualitätskontrolle zu einer

System- und Produktionsüberwachung.

Durch die automatisierte Arbeitsvorbereitung (AV) und die automatisierte Produktionsabwicklung wird diese veränderte Aufgabe durch das
klassische Operating wahrgenommen. Die Aufgabe des Arbeitsvorbereiters
wandelt sich damit zu einer Beratungs- und Betreuungsfunktion
(Diagramm 4).

Beim Operating rückt die Aufgabe einer Überwachung in den Vordergrund.
Die Aufgabe der Ablaufsteuerung wurde automatisiert. Die Einzelauf-
gaben (Jobs) innerhalb eines Auftrages werden durch Bedingungen
(Beendet sein von Jobs) automatisch gesteuert:

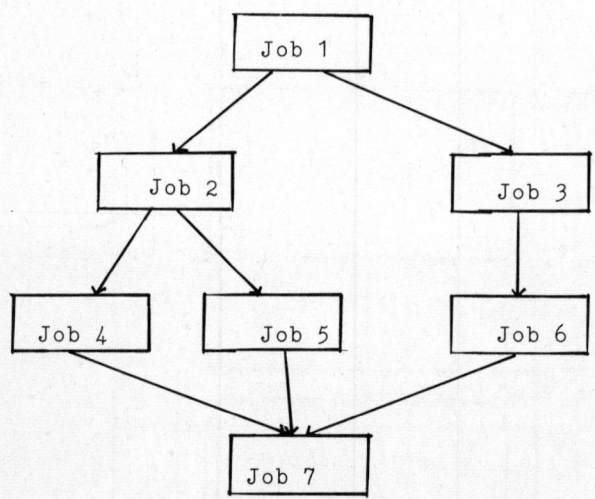

Abhängigkeitsgraph eines EDV-Auftrages

Für den Anwender stellt die schriftliche Formulierung der "Fragen" im EDV-Auftrag die Dokumentation seines Ablaufs bzw. die Dokumentation der Auftragsmöglichkeiten dar.

Eine Dokumentation des Ablaufs ist nur noch für das Ablaufdesign (Erstellung und Programmierung des EDV-Auftrages) und die Programmierung notwendig.

3. Die Systemunterstützung

Neben einer Produktionsabwicklung von Batch- und Dialogapplikationen gehören zu den Aufgaben eines Rechenzentrums auch

> a) Change-Management
> und
> b) Konfigurations- und Systemplanung.

Unter dem Change-Management versteht man die Verwaltung und Organisation aller Veränderungen und Maßnahmen an einer Rechenzentrumssystemumgebung.

Mit "Systemplanung" ist die Planung und Veränderung der gesamten RZ-Landschaft bezeichnet.
Bei Großrechenzentren mit weit über 1.000 Bildschirmen ist eine Planung des Systems ohne Softwareunterstützung nicht mehr denkbar. Alle Systemkomponenten (Hardware und Software) werden schon bei der ersten Aktivität (Planung bzw. Bestellung) im Dokumentationssystem registriert. Dort wird jede Änderung mitdokumentiert. Diese Basisdaten dienen gleichzeitig als Input für die Rechnungschreibung.
Die Verantwortung für die Systemdokumentation liegt bei der "Systemunterstützung" (Diagramm 4).

Für die Aufgabe des "Change-Managements" ist eine zentrale Stelle innerhalb des Rechenzentrums erforderlich. Bei ihr müssen alle Informationen über das System und die Produktion zusammenlaufen. Welche Stelle wäre dazu besser geeignet als die "Systemüberwachung" ?

Diagramm 3:

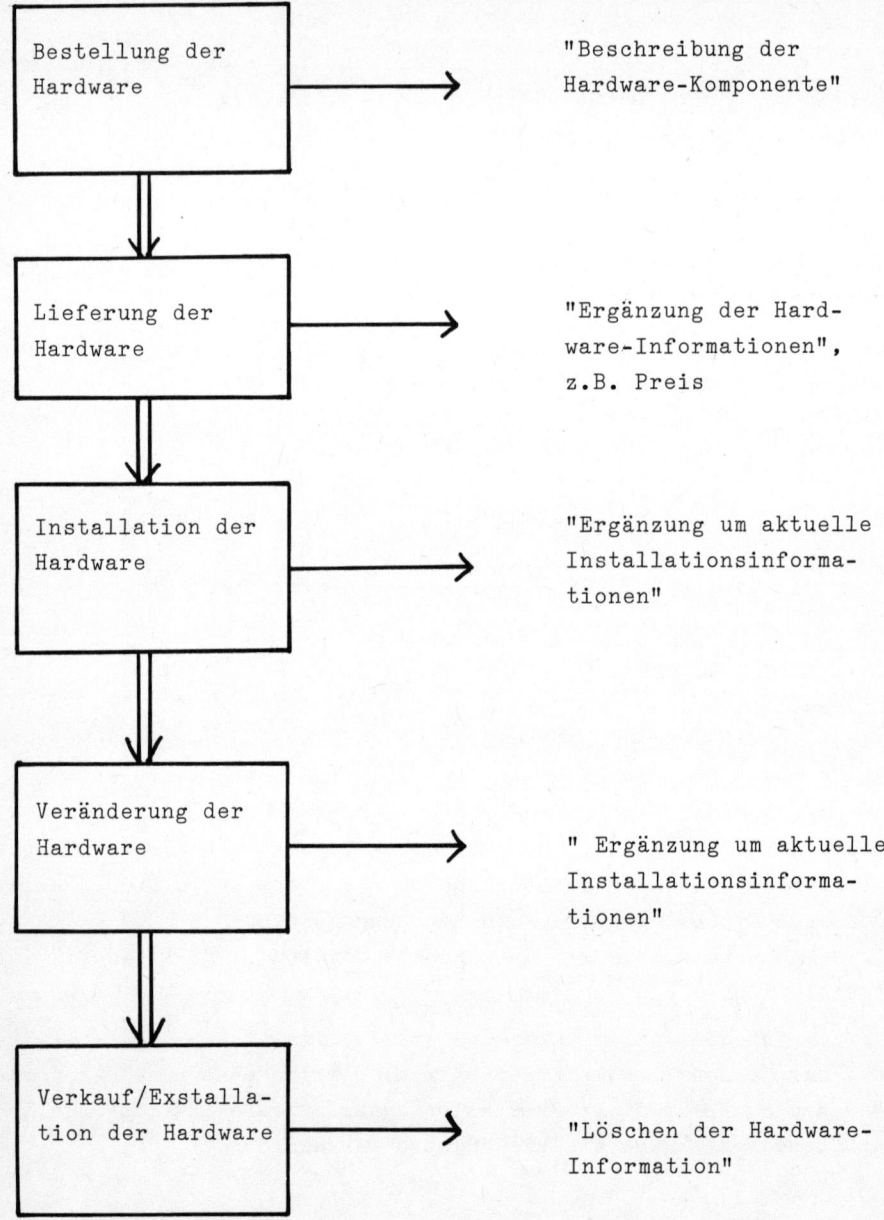

Bestellung der Hardware	"Beschreibung der Hardware-Komponente"
Lieferung der Hardware	"Ergänzung der Hardware-Informationen", z.B. Preis
Installation der Hardware	"Ergänzung um aktuelle Installationsinformationen"
Veränderung der Hardware	" Ergänzung um aktuelle Installationsinformationen"
Verkauf/Exstallation der Hardware	"Löschen der Hardware-Information"

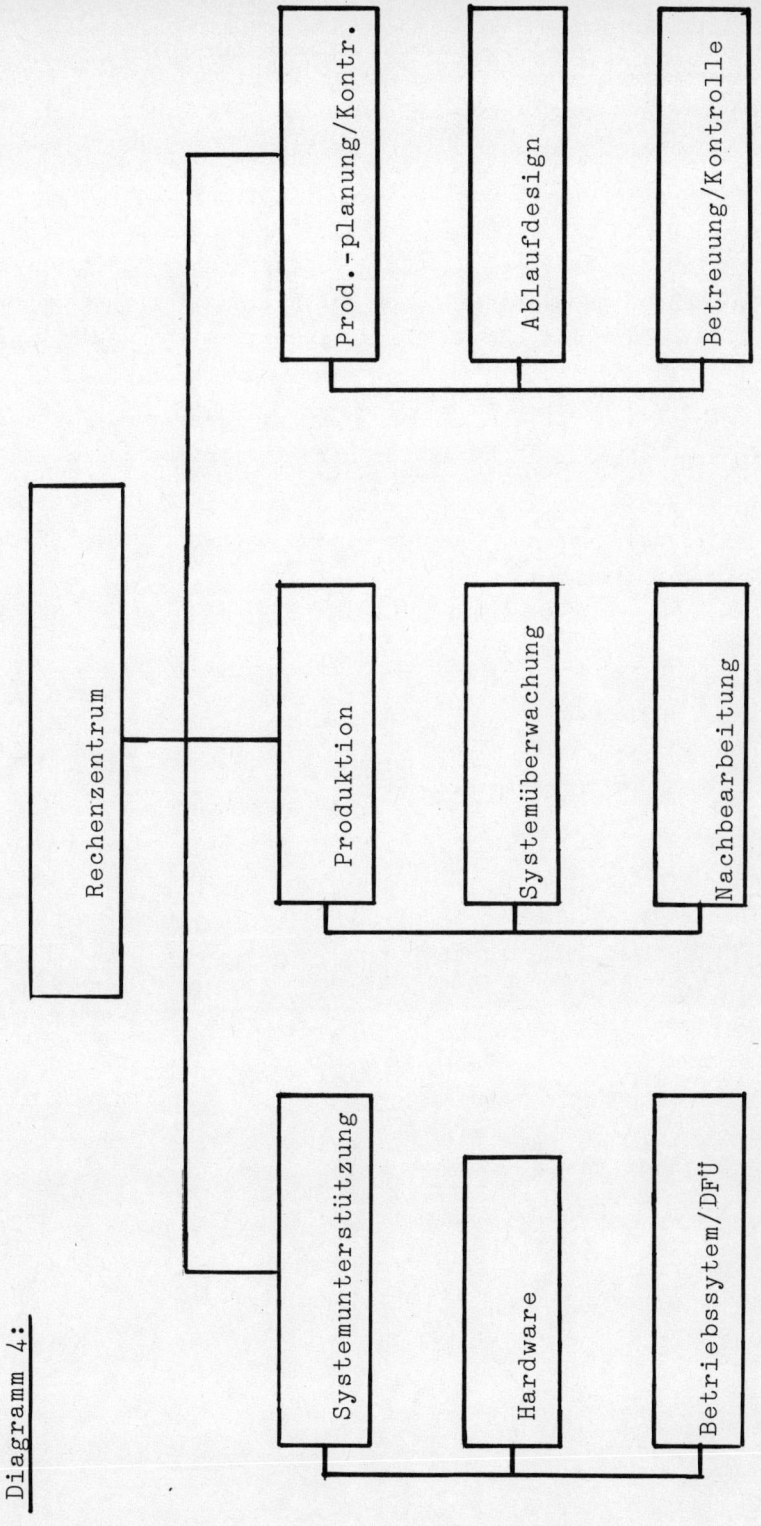

Diagramm 4:

4. Zusammenfassung

Aus der Automatisierung von Arbeitsvorbereitung und Operating und
einer konsequenten Dokumentation im Rechenzentrum ergibt sich die
in Diagramm 4 aufgezeigte Aufbauorganisation.

Ein operatorloses Rechenzentrum ist hier nicht unterstellt. Eine
Überwachungsfunktion ist weiterhin notwendig. Jedoch könnte die
individuelle Auftragsvorbereitung durch entsprechende Software automatisiert werden. Dies bedeutet neben dem Rationalisierungsaspekt insbesondere eine wesentlich höhere Ablaufsicherheit und damit Qualität
der RZ-Dienstleistung.

Durch die automatische Ablaufsteuerung wird insgesamt für ein Unternehmen auch eine wesentlich höhere Sicherheit erreicht:

Bei einem totalen RZ-Ausfall können die Abläufe incl. der Steuerungs-
software relativ einfach auf ein Ausweichrechenzentrum übertragen
werden.

CHANGE MANAGEMENT DER OfDV
-Systemverwaltung-

K. Breiholdt
J. Krüger

ORGANISATIONSGESELLSCHAFT für DATENVERARBEITUNG
der schleswig-holsteinischen Sparkassen

Kiel

1. Firmenprofil OfDV

1.1. Stellung und Aufgaben

Innerhalb der Sparkassenorganisation hat die OfDV die Stellung des Verbands-
rechenzentrums für das Verbandsgebiet Schleswig-Holstein.

Zunächst wurde sie 1979 allerdings mit dem Ziel gegründet, die Softwareentwicklung und Hardwareauswahl der 40 schleswig-holsteinischen Sparkassen zu
koordinieren, da diese als Einzelanwender oder Buchungsgemeinschaften weitgehend voneinander unabhängig vorgingen.

Ihren heutigen Auftrag, Softwarehaus zu sein und zentral für alle Sparkassen
des Verbandsgebiets moderne online-Systeme zu konzipieren, zu realisieren und
weiterzuentwickeln sowie die Gesellschafter bei deren Einsatz zu betreuen,
erhielt sie Mitte 1981 und nimmt ihn seitdem wahr.

Dieser Auftrag besteht weiterhin darin, zwei verschiedene Konzepte der DV-
Unterstützung zu verwirklichen, nämlich einerseits den Einsatz des Bankenan-
wendungssystems KORDOBA der Firma Siemens auf Siemens-Hardware und andererseits die individuelle Entwicklung von Anwendungssystemen unter Verwendung von
Fremdsoftware (dort wie es geboten erscheint) in einer IBM-Hardwareumgebung.

Von den zur Zeit 90 Mitarbeitern der OfDV gehören 51 dem IBM-Bereich an,
die sich verteilen auf

Geschäftsführung (mit Stabsstellen)   3
Systementwicklung   (SE)   31
Organisationsberatung   (OB)   10
Methoden-Standards-Tools (MST)   7

1.2. Die Service-Rechenzentren

Parallel zum Aufbau der OfDV schritt die Konzentration der Produktions-
stätten voran, so daß heute noch drei Service-Rechenzentren existieren,
an die sich die letzten Einzelanwender in Kürze anschließen werden.
Zwei dieser Rechenzentren sind für die Produktion der dem IBM-Anwender-
kreis zugehörigen Sparkassen zuständig, von denen die DVG Kiel (Datenver-
arbeitungsgesellschaft) im Folgenden mit einigen Zahlen charakterisiert
werden soll:

Rechner: IBM 3081, 24 MB   IBM 3033, 16 MB
                    (IBM 3084 Q, 2 x 32 MB bestellt)
Plattenspeicher: IBM 3380, 3350   Kapazität: 45,5 GB
Betriebssystem: MVS SP 1.3
DB-System: IMS/DB 1.2
TP-Monitor: CICS   1.6
TP-Netz: ca. 1.600 Terminals (IBM 3270 Bankenterminals
                                         IBM 3600/4700)
Transaktionen: ca. 300.000/Tag
Mitarbeiter: 40

Aufgaben und Abläufe der anschließend vorzustellenden Systemverwaltung
sind abgestimmt auf dieses Rechenzentrum. Zum zweiten, kleineren RZ erfolgt ein periodischer Software- und Informationsaustausch zwischen den
Rechenzentren, der wegen der identischen Systemsoftware ohne weitere Probleme ist.

Diese Aussagen betreffen nur von der OfDV entwickelte oder in ihrer Verantwortung befindliche Software. Darüber hinaus setzt die DVG noch Altanwendungen einzelner Gesellschafter ein, für die bisher entweder noch keine OfDV-Software existiert, oder die Sparkasse die entsprechende OfDV-Anwendung noch nicht einsetzt.

Schließlich ist noch die Landesbank Schleswig-Holstein zu nennen, die als Softwarehaus betrachtet eine mit der OfDV vergleichbare Größenordnung einnimmt und ihre Anwendungen ebenfalls bei der DVG ablaufen läßt.

2.   Systemverwaltung

Die Systemverwaltung (SV) ist eine Gruppe von 3 Mitarbeitern innerhalb von MST.
Die Aufgaben von MST sind

° Systementwicklungskonzeption (Vorgehensmodell, Methoden und Tools zur Projektorganisation und Anwendungsentwicklung)
° Datenorganisation (Einsatz des Data Dictionary 'DATA MANAGER' für die Anwendungsentwicklung)
° Systemverwaltung

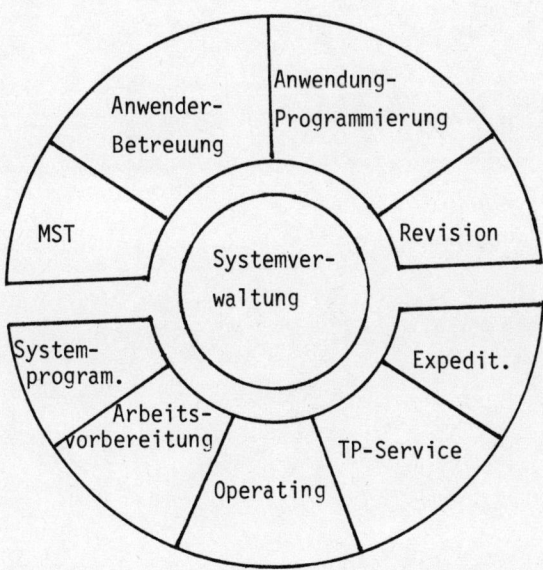

Bild 1: Aufgabenverteilung zwischen OfDV und DVG

2.1. Aufgaben und rechtliche Grundlagen

Die Aufgaben der Systemverwaltung im Einzelnen sind:

° Durchführung und Kontrolle der Bereitstellung und Übergabe von
  Softwaremodulen an Systementwicklung und Produktion
° Datensicherung
° Pflege und Weiterentwicklung des Anwendungssystems 'Systemverwal-
  tung', insbesondere zur Integration neuer Anwendungen
° Kontrolle der Namenskonventionen
° Beratung und Unterstützung beim Umgang mit Systemsoftware (TSO/
  ISPF, RACF ...)

Durch die organisatorische Einbindung der Systemverwaltung und die von ihr
entwickelten Abläufe und Verfahren ist die Einhaltung der Vorschriften des

HGB § 44   über die Aufbewahrung von
               Organisationsunterlagen
               sowie des
FA OPD 2/75   über die kontrollierte Übergabe
               an die Produktion
sichergestellt.

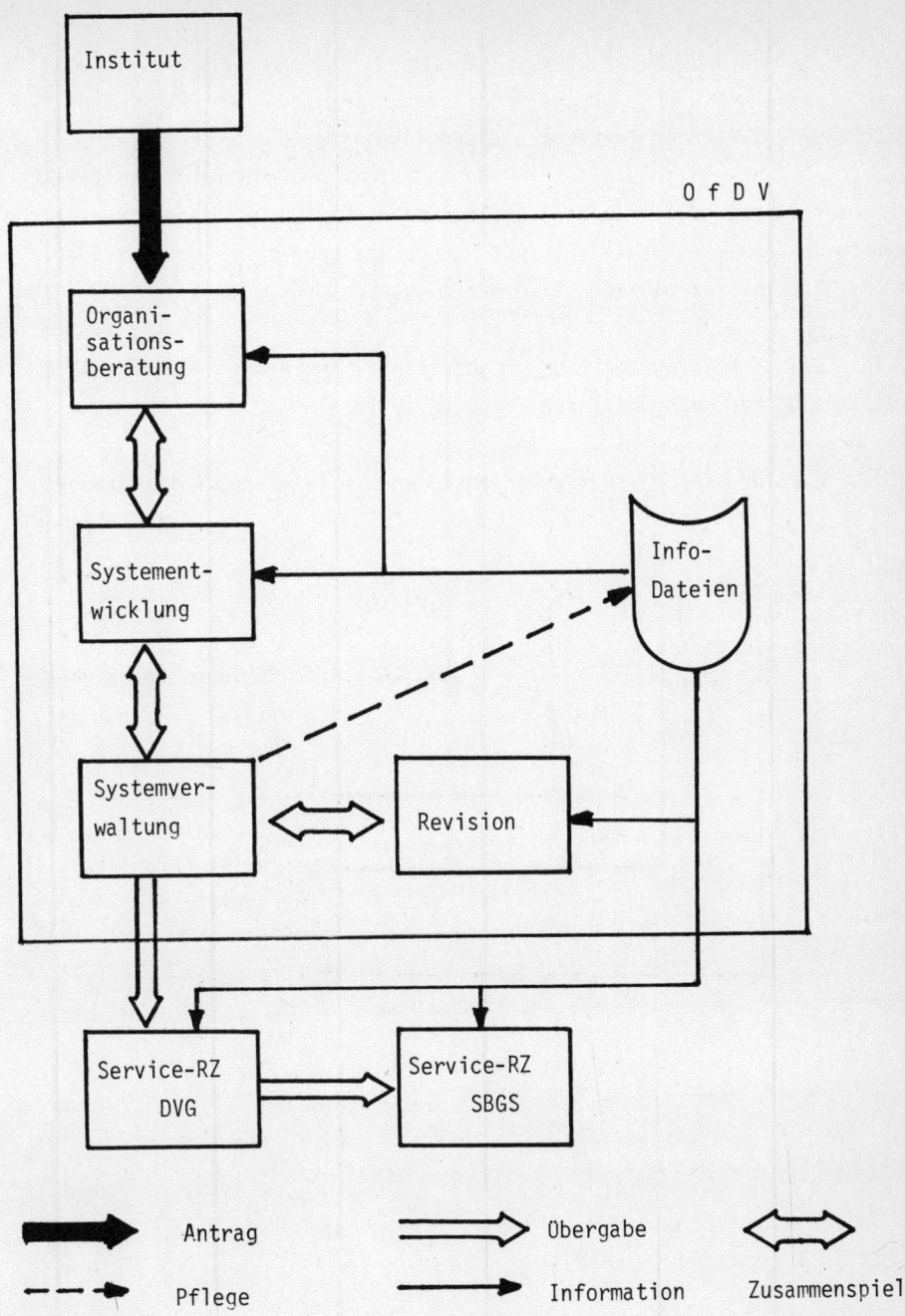

Bild 2: Abläufe mit der Systemverwaltung

2.2. Problemstellung

Die OfDV entwickelt COBOL- und Assembler-Programme nach den Prinzipien
der strukturierten Programmierung und modulare Anwendungssysteme.
Die Übersichtlichkeit modularer Anwendungssysteme und die leichtere Wart-
barkeit der Einzelmoduln führt allerdings dazu, daß zur Bildung einer
ablauffähigen Phase eine Vielzahl von Source und Loadmoduln bei Umwandlung und Linklauf zusammengefügt werden müssen.

Ist diese statische Programmstruktur aber einmal fehlerfrei festgestellt,
resultieren daraus keine weiteren Probleme (Bild 3).

Als Basis hierfür sind die Namenskonventionen mit folgendem Aufbau anzusehen:

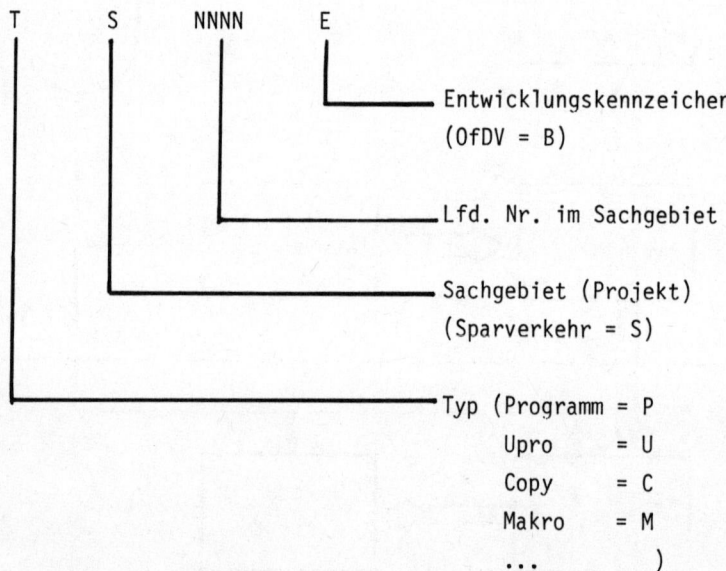

```
T    S    NNNN    E
                  └──────── Entwicklungskennzeichen
                            (OfDV = B)

              └──────────── Lfd. Nr. im Sachgebiet

         └───────────────── Sachgebiet (Projekt)
                            (Sparverkehr = S)

    └────────────────────── Typ (Programm = P
                                 Upro    = U
                                 Copy    = C
                                 Makro   = M
                                 ...        )
```

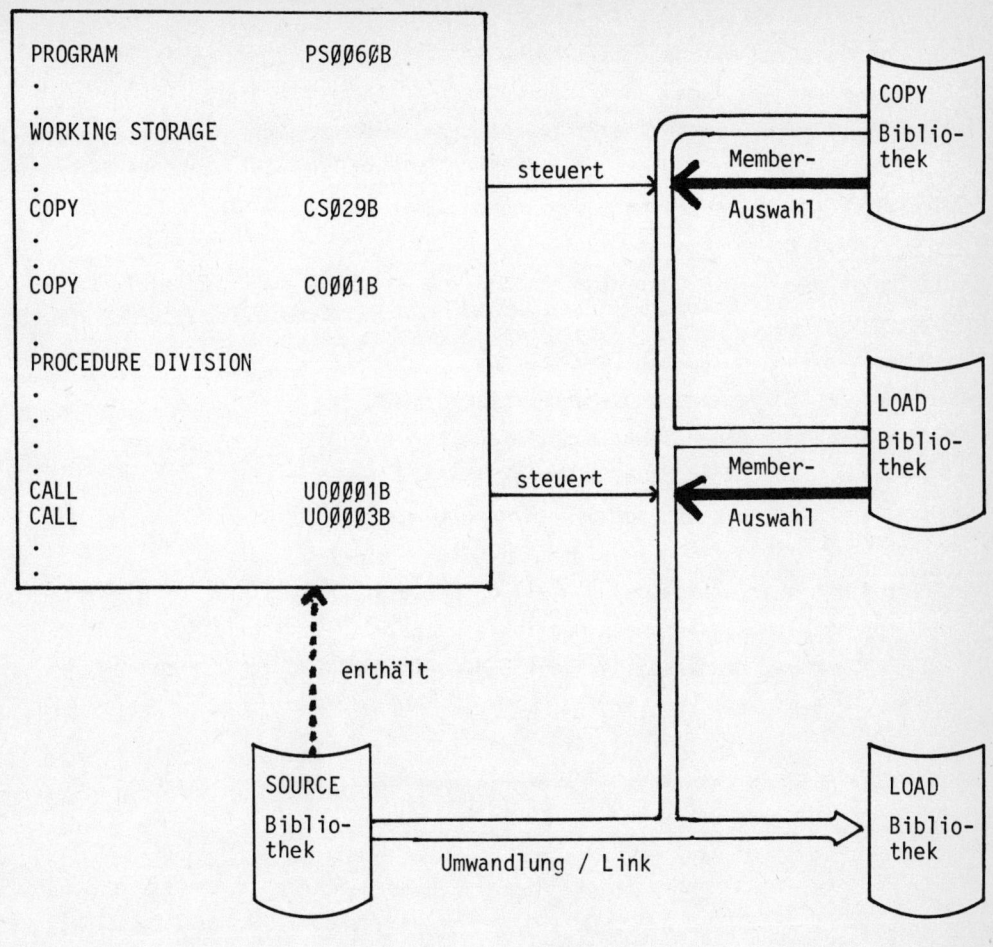

Bild 3: statische Programmstruktur (COBOL)
        und Loadmodul-Erzeugung

Da die Einzelmoduln aber nicht nur wegen ihrer internen Übersichtlichkeit,
sondern insbesondere mit dem Ziel der Mehrfachverwendung in einem oder
mehreren Anwendungssystemen gebildet werden, resultieren hieraus entsprechend häufige Wartungs- und Pflegeaufträge, wodurch jedes Modul einen
zeitlich individuellen Entwicklungsprozeß durchläuft, der in der Regel
außerhalb der Kontrolle des ursprünglichen Autors liegt.

Die Kontrolle der Verwaltungsinformationen pro Modul, die vom Entwickler
zu pflegen sind:

    ° Level   (= lfd. Nummer der Änderung)
    ° Typ   (zur Umwandlungs- und Linksteuerung)
sowie die Vergabe eigener Verwaltungsinformationen
    ° Einsatz- und Löschdatum in Produktion
sind die zentralen Aufgaben der Systemverwaltung.

Das Hilfsmittel hierfür ist das manuell geführte Stockregister, zu welchem
diverse maschinelle Auswertungen möglich sind (z.B. Revisionslisten).
Eine Umstellung des Stockregisters auf den 'DATA MANAGER' ist für das
laufende Jahr geplant.

```
==============================================================================
=== O F D V ==      S T O C K - REGISTER                            ===
==============================================================================
 IDENT  LVL TYP      NAME                      R.DAT EINSATZ  UNGUELT.
=======.===.===.==========*==========*==========.=====.========.==========

PS0060B*012 CBD GENERELLE ZINSSATZÄNDERUNG      10/84 10.10.84/2266

CS029B  000 C   SATZ PS01ESPAARBBER SEGEBERG   06/80 14.04.82

C0001B  000 C   DRUCKSTEUERG K00004A           02/81 03.05.82

U00001B*005 AB  INTERF F DYN AUFR V UNTERPR    01/83 01.02.83
U00003B*003 AB  JOBABEND                       01/81 31.03.81


==============================================================================
=== O F D V ==      H I S T O R Y - REGISTER                        ===
==============================================================================
 IDENT  LVL TYP      NAME                      R.DAT EINSATZ  UNGUELT.
=======.===.===.==========*==========*==========.=====.========.==========

PS0060B 004 CBD GENERELLE ZINSSATZAENDERUNG    05/82 01.09.82 02.09.82
PS0060B 005 CBD GENERELLE ZINSSATZAENDERUNG    09/82 02.09.82 01.10.82
PS0060B 006 CBD GENERELLE ZINSSATZAENDERUNG    09/82 01.10.82 27.01.83
PS0060B 007 CBD GENERELLE ZINSSATZAENDERUNG    01/83 27.01.83 17.02.83
PS0060B 008 CBD GENERELLE ZINSSATZAENDERUNG    02/83 17.02.83 30.03.82
PS0060B 009 CBD GENERELLE ZINSSATZAENDERUNG    03/83 30.03.83 13.12.83
PS0060B 010 CBD GENERELLE ZINSSATZAENDERUNG    12/83 13.12.83 04.10.84
PS0060B 011 CBD GENERELLE ZINSSATZAENDERUNG    07/84 04.10.84 10.10.84
U00001B 004 AB  INTERF F DYN AUFR V UNTERPR    02/80 17.02.81 01.02.83
```

2.3. Leistungsdaten der Systemverwaltung

Zur Zeit entwickelt und wartet die OfDV ca.

1.050	Programme
295	Unterprogramme
890	Copies
15	Makros
340	Sonstiges (PSB, DBD, APB, CPGEN)
2.590	Module

Anträge der Institute werden von der Organisationsberatung umgesetzt und integriert in Produktanforderungen, die an die Systementwicklung weitergegeben werden. Diese erstellt hieraus Produktaufträge, von denen jeder genau ein Softwaremodul betrifft und die konkrete Änderung beschreibt. Benutzt man diese Produktaufträge als Maß für die Aktivitäten der OfDV und die Häufigkeit von Änderungen in der Produktionsumgebung, so ist folgende Entwicklung aufzuzeigen:

Bild 5: Änderungen (Neuerstellungen) pro Jahr

3.   Das Systemverwaltungssystem

Als Systemverwaltungssystem werden die im Bild 6 dargestellten Dateigruppen
mit den auf ihnen operierenden Batchjobs zur Realisierung der Abläufe
- ° Bereitstellung
- ° Umwandlung
- ° Revisionsübergabe
- ° Produktionsübergabe (oder Rückgabe)
- ° Sicherung

bezeichnet.

Die Zugriffsberechtigung auf die Dateien wird durch das Dateisicherungssytem
'RACF' überwacht. Auf den Dateien des Übergabebereichs hat nur die Systemverwaltung ein Änderungsrecht, auf den Produktionsdateien nur das RZ.

Den Entwicklern stehen die Dateien des Testbereichs mit (fast) allen Rechten
zur Verfügung, auf alle anderen Dateien existiert für sie nur ein Leserecht
(aber damit die Möglichkeit des Kopierens).

Für die Bibliotheken des Source-Codes und die Dokumentation wird das Biblio-
theksverwaltungssystem 'PANVALET' eingesetzt, bei allen anderen Dateien handelt es sich um sequentielle TSO-Dateien. PANVALET-Dateien können über Pass-
word geschützt werden, der RACF-Schutz ist hier nicht möglich.
PANVALET wird nicht nur wegen der Speicherorganisation (direkt), sondern
insbesondere wegen des Status-Konzepts auf Datei- und Member-Ebene verwendet.
So werden gewisse Stati ausschließlich für Zwecke der Systemverwaltung re-
serviert und zur Jobsteuerung der Systemverwaltung herangezogen.
Gesteuert wird vor allem das Übertragen von Modulen zwischen Dateien und
das eventuell erforderliche Löschen in der Quelldatei. Außerdem wird über
Stati der Bearbeitungsstand der Member verschlüsselt.
Die im Bild 6 dargestellte Dateistruktur ist ein vereinfachtes Abbild der
tatsächlich implementierten Dateistruktur. Weitere Dateien sind erforderlich
für Fremdsoftware und eigenständige Anwendungssysteme (FCL-Programme der
Bankenterminalsteuerung). Die hierfür erforderlichen Steuerinformationen
werden in der Steuerdatei verwaltet.

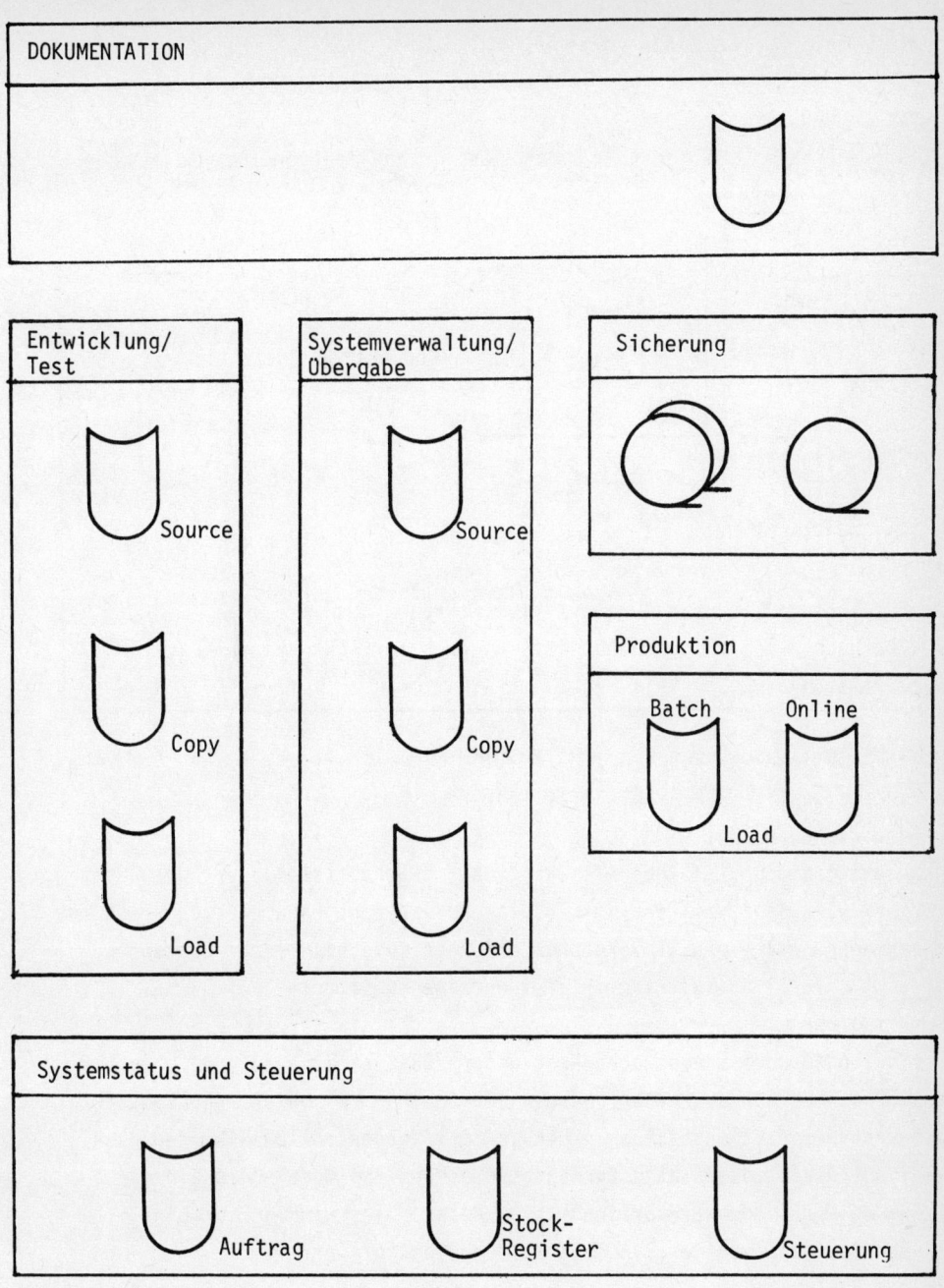

Bild 6: Systemverwaltung - Dateigruppen

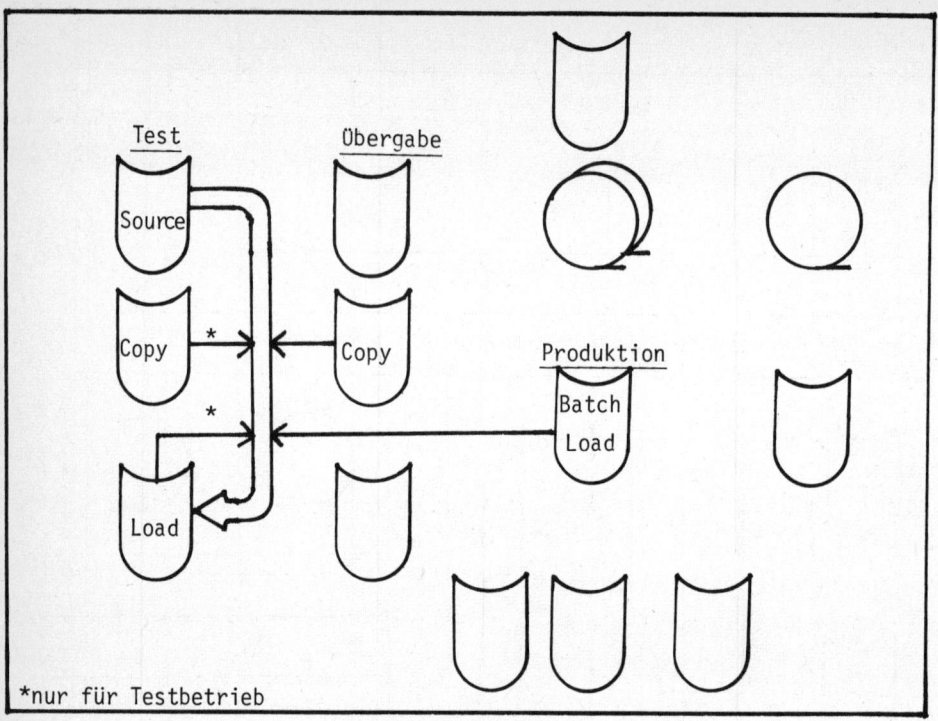

Bild 7: Systemverwaltung - Ablauf: Umwandlung

Für die 'Umwandlung' ist bereits eine online-Schnittstelle auf der Basis des TSO/ISPF-Dialogmanagers im Einsatz. Auswahl und Parametersteuerung für Umwandlungsroutine und Linkprozedur erfolgen ausschließlich aufgrund der vom Entwickler im Bildschirmmenue eingetragenen Daten:

   ° Membername
   ° Typ (Programmiersprache/Programmart/DB-System)

Darüber hinaus kann gesteuert werden, ob Copies bzw. Unterprogramme im Test- oder Produktionsstatus berücksichtigt werden sollen. Für den Produktionseinsatz müssen alle verwendeten abhängigen Module des einzusetzenden Moduls den Produktionsstatus haben. Dies wird in der Linkliste dokumentiert und von der Systemverwaltung kontrolliert.

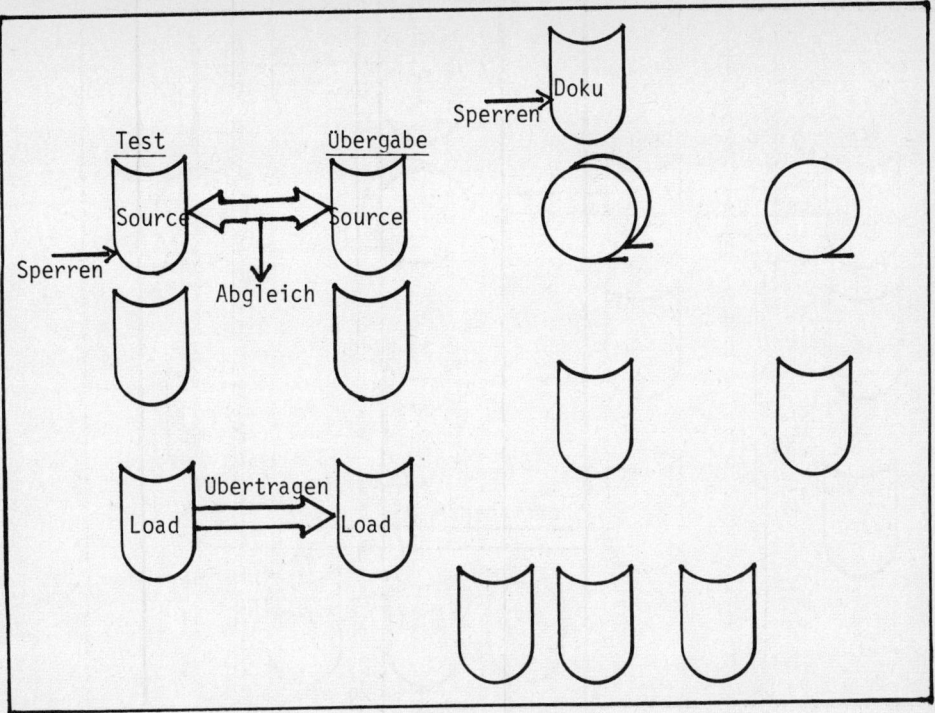

Bild 8: Systemverwaltung - Ablauf: Übergabe in die Revision

Die Revisionsübergabe entzieht dem Entwickler die von ihm bearbeiteten
Module durch Übertragung in geschützte Dateien oder durch Statusänderung.
Gleichzeitig wird über die Compare-Utilities (COMPAREX, Pansophic-Source-
Compare) ein Änderungsprotokoll erstellt.
Physisch wird eine Programmakte mit diesen und anderen Unterlagen an die
Revision übergeben und hier geprüft.

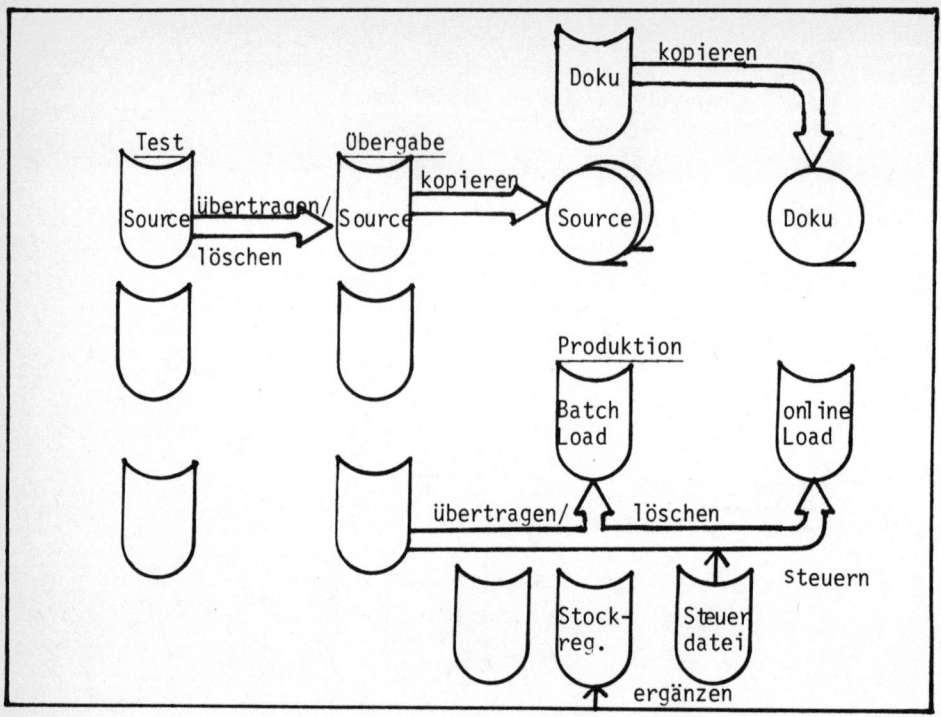

Bild 9: Systemverwaltung - Ablauf: Übergabe an die Produktion

Die Produktionsübergabe überträgt das Loadmodul aus der geschützten Übergabe-Datei in die Produktionsbibliothek des RZ.
Da die Systemverwaltung kein Änderungsrecht an diesen Dateien hat, bedeutet
Übergabe hier: Aufbau einer Zwischendatei mit Kontrollinformationen für
einen täglich laufenden DVG-Batchjob. Dieser DVG-Job führt dann die Übertragung der in der Zwischendatei beschriebenen Module durch, löscht sie in
der Übergabedatei und erstellt ein Protokoll für die Systemverwaltung.
Parallel hierzu pflegt die Systemverwaltung das Stockregister (Löschdatum
beim alten Modul-Level, Einsatzdatum beim neuen Level).
Außerdem sorgt der Übergabejob für die Übertragung des Source-Moduls aus
der Test-in die Übergabe-Datei (hier werden die aktuellen Stände aller OfDV-
Source-Module für einen jederzeitigen online-Zugriff gehalten).
Die PANVALET-Philosophie erlaubt es, mehrere Level eines Moduls in einer
Bibliothek zu halten, so daß die Sicherung in die Banddateien nur perio-
disch erfolgen muß.
Um kurzfristig auf mögliche Fehler in der Produktion wegen neu eingestell-
ter Module reagieren zu können, sichert die DVG das bisher eingesetzte
Load-Modul.

Ältere Load-Module können jederzeit aus den von der OfDV gesicherten Source-Modulen unter Berücksichtigung der Stockregister-Informationen erneut erstellt werden.

4. Schlußbemerkungen

Das weiter steigende Auftragsvolumen macht den zügigen Ausbau der ISPF-Benutzerschnittstelle erforderlich, um den zur Zeit noch notwendigen, teilweise redundanten, manuellen Erfassungsaufwand zu minimieren. Hierbei wird insbesondere auch die Integration des Data Dictionary hilfreich sein.

Aber auch für den jetzigen Stand der Systemverwaltung kann festgestellt werden, daß ein hoher Sicherheitsstandard erreicht worden ist, so daß Modulverlust oder falsche Load-Modul-Bildung praktisch nicht mehr vorkommen.

5. Literaturverzeichnis

HGB	Handelsgesetzbuch
FA OPD 2/75	Fachausschuß für Ordnungsmäßigkeit und Prüfung der Datenverarbeitung, Dtsch. Sparkassen- und Giroverband
IBM	COBOL Compiler & Library Programmer's Guide
	Interaktive System Productivity Facility Dialog Management Services
	OS/VS2 MVS Utilities (Rel 3.8)
	TSO Command Language Reference
	VSAM Programmer's Guide
Pansophic	PANVALET Features and Techniques
	PANVALET System Management Manual OS/TSO
	PANVALET User Reference Manual OS/TSO
PLUS SOFT	VSAMIO User's Guide
STERLING SOFT-WARE	COMPAREX User's Reference Manual

ABLAUFSICHERUNG UND ABSTIMMKONTROLLE
VON BATCH-LÄUFEN

Hans-Hinrich Lohse

SCS Organisationsberatung und Informationstechnik GmbH

Hamburg

Zusammenfassung: Für eine große Versicherungsgruppe in Hamburg wurde ein DV-System zur maschinellen Ablaufsicherung und Abstimmkontrolle konzipiert und realisiert. Die Prüfregeln sind dabei aus der Anwendung herausgelöst und auf eine externe Datei ausgelagert. Alle maschinell durchgeführten Prüfungen eines Batch-Systems werden der Arbeitsnachbereitung in einem zusammenhängenden Protokoll angezeigt. Solche inhaltlichen Vergleiche von Daten sind job- und systemübergreifend möglich.

Summary: A data processing system for automatic job securing and harmonizing check has been designed and realized for a large insurance company in Hamburg, Germany.

The checking rules have been removed from the application and were inserted in an external database. All automatic checks of a batch-system will produce an integrated protocol. Comparisons of data are possible to overlap job and system.

1. Einführung

Ablaufsicherung: In Rechenzentren müssen häufig Abläufe wegen fehlender oder mangelnder Ablaufsicherungsmaßnahmen wiederholt werden.

Der Ablauf von Prozeduren wird im allgemeinen mit Job-SteuerungsSystemen (z.B. UCC7) geplant und durchgeführt. Innerhalb der Prozeduren bietet die Condition-Code-Setzung und -Abfrage eine Möglichkeit der Steuerung. Bei Abbrüchen und Wiederaufsetzen von Jobs wird meistens manuell in die automatische Jobsteuerung eingegriffen. Beim Aufsetzen von Jobs innerhalb von Prozeduren (weil z.B. die ersten Steps bereits richtig durchgeführt wurden) wird die Condition-Code-Steuerung von außen unterlaufen.

Zum Zeitpunkt des Jobablaufs sind inhaltliche Prüfungen (Vergleich von Beträgen, Anzahlen, Paßwörtern) bisher nur innerhalb eines Anwenderprogramms durch programminterne Prüfungen möglich, jedoch nicht step-, job- oder systemübergreifend.

Abstimmkontrolle: In den meisten Fällen erfolgt die Abstimmkontrolle manuell, d.h. die Arbeitsnachbereitung bekommt pro EDV-System ein Handbuch mit der Beschreibung der Abstimmkreise, sucht sich täglich die benötigten Datenwerte aus den unterschiedlichen Lauf- bzw. Abstimmprotokollen heraus und führt die geforderten Vergleiche durch. Bei einem negativen Prüfergebnis wird ein Lauf im nachhinein für ungültig erklärt.

Die Volksfürsorge-Lebensversicherung in Hamburg hat seit 1984 ein sehr umfangreiches EDV-System für das Zentral-Inkasse im Einsatz. Um den Anteil der Batch-Läufe nach Dialogende abends bis zum Dialoganfang am nächsten Morgen bewältigen zu können, wird parallel auf zwei IBM-Großrechnern gearbeitet. Die Komplexität und der Umfang dieser Batch-Läufe machte eine maschinelle Unterstützung bei der Ablaufsicherung und der Abstimmkontrolle notwendig.

Im Auftrag und in enger Zusammenarbeit mit der Volksfürsorge wurde ein von den Anwendungen gelöstes DV-System zur automatischen Ablaufsicherung und Abstimmkontrolle (AS) von der SCS GmbH in Hamburg konzipiert und realisiert.

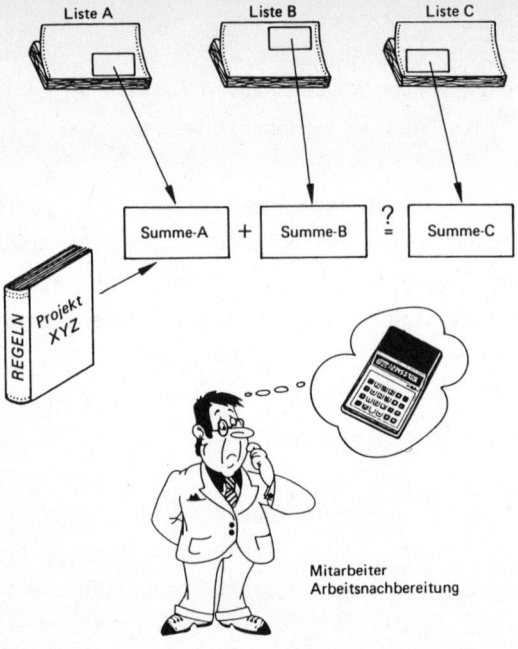

wenn ≠ ⇒Job ungültig (im nachhinein)

Bild 1.1 - Abstimmkontrolle bisher

2. Zielsetzung einer maschinellen Unterstützung

Das Verfahren soll die Ablaufsicherung und die Abstimmkontrolle von Batch-Abläufen maschinell durchführen. Im Dialog-Betrieb werden diese Funktionen vom Benutzer wahrgenommen.

Unter Ablaufsicherung soll verstanden werden:
- Sicherstellen, daß während eines komplexen Batch-Ablaufes alle Programme ausgeführt werden, deren Voraussetzungen erfüllt sind
  (Voraussetzungen sind korrekte Eingabedaten, einwandfreie Datenbank-Zustände und richtig abgeschlossene Funktionen in Vorprogrammen. Programme, deren Vor- aussetzungen nicht erfüllt sind, dürfen nicht ausgeführt werden).

Unter Abstimmkontrolle soll verstanden werden:
  Überprüfen von Unternehmensfunktionen, die durch EDV-Systeme abgewickelt werden, auf inhaltlich korrekten Ablauf.

Die Grenze zwischen beiden Aufgaben ist fließend. In beiden Fällen müssen
Kontrolldaten erstellt, verglichen und die Ergebnisse bewertet werden. Der
Unterschied läßt sich lediglich aus der Bewertung der Ergebnisse ableiten.

Negative Ergebnisse aus einer Ablaufsicherungsprüfung verhindern einen Programmstart und führen zu einem Programmabbruch; negative Ergebnisse aus der
Abstimmkontrolle bewirken trotz programmtechnisch fehlerfreier Durchführung
der Anwendungsverarbeitung einen gezielten Programmabbruch und verhindert die
Freigabe der erstellten Output-Dateien und der Listen für die Fachabteilung.
Bearbeitete Datenbanken werden wieder auf alten Stand vor Programmstart gebracht.

Das Verfahren kann einheitlich für unterschiedliche Batch-Abläufe eingesetzt
werden und Systemgrenzen überschreiten. Dadurch können die Systemschnittstel-
len in die Kontrolle einbezogen werden und Abstimmkreise mehrere Systeme umfassen.

Die Ablaufsicherung wird aus der Anwendung herausgelöst, da die Steuerung und
Durchführung des Verfahrens außerhalb der Anwenderprogramme liegen. Veränderungen in der Ablaufsicherung (Änderungen von Prüfungen) wirken sich also
nicht notwendigerweise auf die Anwenderprogramme aus. Die Änderungsfreund-
lichkeit der Ablaufsicherung wird vor allem durch die Auslagerung der Prüfregeln auf eine externe Datei erreicht.

Die Steuerung des Verfahrens erfolgt on-line am Bildschirm, so daß Eingaben
unmittelbar kontrolliert und Änderungen sofort wirksam werden. Temporär sind
Prüfungen auch per Vorlaufkarte änderbar, um für Wiederholungsläufe flexibel
zu bleiben. Diese Änderungen werden natürlich protokolliert. Die Arbeitsnachbereitung kann anhand von zusammenhängenden Protokollen pro System eventuelle
Fehler im Systemablauf schnell erkennen und bearbeiten.

Parallelverarbeitung von Jobs innerhalb eines Systems bereitet der Ablaufsicherung keine Probleme. Während ungewollte Wiederholungsläufe durch die Definition entsprechender Prüfregeln erkannt werden, können auch gewollte Wiederholungsläufe durchgeführt werden, ohne daß Ablaufsicherungsmaßnahmen umgangen
werden müssen. Mit Kennsatzprüfungen wird der einwandfreie Zustand von Datenbanken gewährleistet. Durch das Bilden von arithmetischen Ausdrücken und
durch sogenannte Skalar- bzw. Vektorenvergleiche lassen sich bis zu zehn Datenwerte miteinander vergleichen, so daß auch komplizierte Abstimmkreise in
die Ablaufsicherung integriert werden können. Auf Anforderung erstellt das Sy-

stem selbsttätig eine maschinelle Dokumentation der bei der Ablaufsicherung
ausgeführten Maßnahmen.

3. Abhängigkeiten von Programmen

Für ein Programm können folgende Abhängigkeiten bestehen, die überprüft werden sollen:

- Die eingelesenen Datensätze müssen anzahlmäßig mit Datensätzen übereinstimmen, die ein oder mehrere Programme erstellt haben. Diese Abhängigkeit
  kann durch den Vergleich von Satzzählern überprüft werden.

- Eine Eingabedatei darf nur einmal pro Programm verareitet werden. Diese Abhängigkeit kann durch den Vergleich von eindeutigen Datei-Identifikationen
  überprüft werden, die entweder in einem besonderen Kennsatz stehen oder
  die aus dem Datei-Inhalt ermittelt werden müssen.

- Die zu verarbeitenden Datenbanken müssen einen erwarteten Status haben.
  Diese Abhängigkeit kann durch die Kontrolle der Kennsätze überprüft werden.

- Die zu verarbeitenden Daten müssen wertmäßig mit Daten übereinstimmen, die
  ein oder mehrere Programme verarbeitet haben. Die Abhängigkeit kann durch
  den Vergleich von Datenwerten überprüft werden.

- Vor dem Programmlauf müssen andere Programmfunktionen abgelaufen sein. Diese Abhängigkeit kann dadurch überprüft werden, daß die Programme die durchgeführten Programmfunktionen in Form von Paßwörtern weiterreichen und kontrollieren.

Nachdem diese verbalen Beziehungen für die in Frage kommenden Anwenderprogramme überprüft und festgelegt sind, müssen sie dem EDV-System formal mitge-
teilt werden.

4. Daten zur Ablaufsicherung und Abstimmkontrolle

Die Daten zur Ablaufsicherung und Abstimmkontrolle sind vom logischen Inhalt
her zu trennen von den Daten aus den vorliegenden Anwenderprogrammen; sie

werden daher auf separaten Dateien gespeichert. Die Anwenderprogramme bearbeiten ausschließlich Anwender-Dateien. Die Programme der Ablaufsicherung und Abstimmkontrolle greifen ebenso nur auf AS-Datenbestände zu. Dazu werden im Dialog definiert:

- Regeln zur Ablaufsicherung
- Kontrollfelder als Speicherfelder für die Ablaufsicherung
- Programmparameter als Übergabefelder vom Anwenderprogramm zur Ablaufsicherung
- Fehlercodetexte als Hinweise aus der Abstimmkontrolle

Das Ablaufsicherungssystem benutzt für jedes zu sichernde EDV-Batch-System die nachstehend genannten Datenbanken (DB):

- Regel-DB
  Für jedes Anwenderprogramm werden unter dessen Namen die entsprechenden Regeln zur Kontrolle des Ablaufs in die Regel-DB eingestellt.
- Kontroll-DB
  Auf der Kontroll-DB werden die in den Regeln benötigten Kontrollfelder und Programmparameter definiert und mit den in den aktuellen Batch-Läufen zugewiesenen Werten gespeichert.
  Gewisse Standardwerte (Erstellungsdatum der Input-Dateien für das jeweilige Anwenderprogramm; Startdatum und -zeit des Anwenderprogramms; Name von Job und Step, in dem das Anwenderprogramm läuft; Maschinendatum und -zeit) stellt das System aktuell automatisch zur Verfügung; sie müssen nicht in der Kontroll-DB definiert werden.
- Fehlercode-DB
  Auf der Fehlercode-DB werden zu den einzelnen Prüfregeln entsprechende Fehlertexte gespeichert, die bei negativen Ergebnissen der Prüfungen als Hinweistexte für die Arbeitsnachbereitung in das Ablaufprotokoll der Ablaufsicherung ergänzt werden.
- Änderungs-DB
  Auf der Änderungs-DB werden sämtliche Änderungen, Neuzugänge und Löschungen aus der Online-Pflege der drei obigen Datenbanken zur Protokollierung notiert.

5. Prüfungen aus der Sicht des Anwenders

Aus den Abhängigkeiten zwischen und innerhalb von Programmen ergeben sich zum Teil sehr unterschiedliche und komplexe Prüfungen. Um allen Anforderungen gerecht zu werden, stellt das EDV-System einzelne Prüfungsmöglichkeiten zur

Verfügung, aus denen nach dem Baukastenprinzip die Prüfungen für die benötigten Vergleiche durch Kombination erstellt werden können.

Ein Vergleich von Ausdrücken kann grundsätzlich mit den Operatoren "Größer als", "größer gleich", "gleich", "nicht gleich", "kleiner als" und "kleiner gleich" durchgeführt werden.

5.1 Überprüfen von Satzanzahlen

Zweck: Diese Prüfung soll sicherstellen, daß ein Programm mit den erwarteten Anzahlen von Datensätzen läuft. Bei Programmende soll festgestellt werden, ob das Programm dieselbe Anzahl von Datensätzen verarbeitet hat, die von den Vorprogrammen für diesen Lauf erstellt wurden.

Anwendung: Jedes Anwenderprogramm zählt während des Programmlaufs seine verarbeiteten Sätze. Mit den ermittelten Werten wird bei Programmende die Kontroll-DB fortgeschrieben. Die Fortschreibung kann durch Addition, Subtraktion, Multiplikation, Division oder Überschreibung erfolgen.

Die ermittelten und die auf der Kontroll-DB fortgeschriebenen Satzanzahlen können miteinander verglichen werden. Dabei können mehrere Satzanzahlen mit arithmetischen Operationen zu Ausdrücken zusammengefaßt werden.

5.2 Überprüfen von Eingabedateien

Zweck: Mit dieser Prüfung soll sichergestellt werden, daß die bestimmte Version einer Eingabedatei von einem bestimmten Programm nur einmal verarbeitet wird. Damit werden ungewollte Wiederholungsläufe erkannt.

Anwendung: Für jede verarbeitete Dateiversion wird auf der Kontroll-DB eine eindeutige Datei-Identifikation gespeichert. Datei-Identifikationen sind die Erstellungszeit aus dem Kennsatz der Datei oder Summen, die aus dem Datei-Inhalt gebildet werden.

Bei jedem Lauf wird die Datei-Identifikation der neuen Dateiversion mit den auf der Kontroll-DB gespeicherten Datei-Identifikationen für diese Eingabedatei verglichen. Wird keine Gleichheit festgestellt, wird die Datei verarbeitet und die neue Datei-Identifikation in die Kontroll-DB gestellt. Wenn

Gleichheit festgestellt wird, liegt ein Wiederholungslauf vor.

5.3 Überprüfen von Datei-Erstellungsdaten (creation-dates)

Zweck: Diese Prüfung soll sicherstellen, daß ein Programm mit den erwarteten Dateigenerationen läuft. Bei Programmstart soll festgestellt werden, ob die notwendigen Eingabedateien von den Vorprogrammen erstellt wurden bzw. die richtigen in dieses Programm eingehen.

Anwendung: Für jede erzeugte Output-Datei wird das Erstellungsdatum (creation-date) in der Kontroll-DB gespeichert. Das Anwenderprogramm, das diese Datei als Input verarbeiten will, kann das Erstellungsdatum der tatsächlich zu lesenden Datei mit dem erwarteten, auf der Kontroll-DB gespeicherten Datum vergleichen.

5.4 Überprüfen von Kennsätzen

Zweck: Mit dieser Prüfung soll festgestellt werden, ob Datenbanken einen erwarteten und korrekten Zustand haben. Im einzelnen kann geprüft werden, ob
- abhängige Datenbanken den gleichen Stand haben,
- die Datenbank einen erwarteten Stand (Datum/Zeit des letzten Update) hat,
- ein Sperrdatum abgelaufen ist, oder ob
- ein Update mit einer alten Programmvariante durchgeführt werden soll.

Anwendung: Die Kennsatzfelder der Datenbanken werden mit solchen anderer Datenbanken, Programmparametern, Werten aus Vorlaufkarten, Maschinendaten bzw. Regeldaten verglichen.

5.5 Überprüfen von Datenwerten

Zweck: Mit dieser Prüfung soll festgestellt werden, ob unterschiedliche Programme, die wertmäßig vergleichbare Daten verarbeiten, zu plausiblen Ergebnissen kommen. Vergleichbare Daten sind Beträge oder Mengen, die eindeutig zugeordnet werden können (z.B. Betrag pro Konto-Nr., Gesamt-Haben-Beträgen etc.).

Anwendung: Jedes Programm in einem Abstimmkreis ermittelt während des Programmlaufs die entsprechenden Abstimmwerte. Mit den ermittelten Werten wird bei Programmende die Kontroll-DB fortgeschrieben. Die ermittelten und die auf der Kontroll-DB fortgeschriebenen Werte können miteinander verglichen werden. Dabei können mehrere Werte mit arithmetischen Operatoren zu Ausdrücken zusammengefaßt werden.

5.6 Überprüfen von Programmfunktionen

Zweck: Diese Prüfung soll sicherstellen, daß ein Anwenderprogramm nur anläuft, wenn die Vorprogramme die erwarteten Funktionen durchgeführt haben.

Anwendung: Jedes Anwenderprogramm füllt während der Verarbeitung einer Funktion, die kontrolliert werden soll, ein Kontrollfeld mit einem Paßwort. Mit den ermittelten Paßworten wird bei Programmende die Kontroll-DB fortgeschrieben. Die auf der Kontroll-DB gespeicherten Paßworte können bei Programmstart von den folgenden Anwenderprogrammen abgefragt werden.

5.7 Überprüfen von Bedingungen

Zweck: Gewisse Prüfungen sollen nur unter bestimmten Bedingungen durchgeführt werden (z.B. nur beim Monats- und nicht beim Tageslauf).

Anwendung: Die Bedingung wird auf "wahr" oder "falsch" geprüft und entsprechend mit der angegebenen abhängigen Prüfregel fortgefahren. Auf die Art und Weise können Bedingungen beliebig weiter verschachtelt werden.

5.8 Skalar-Vergleich

Zweck: Diese Prüfung bietet die Möglichkeit, einen Wert in gleicher Weise mit mehreren anderen zu vergleichen. Auf diese Weise kann man bis zu fünf entsprechende Regeln, die alle gleichzeitig "wahr" sein müssen, zu einer zusammenfassen.

Anwendung: Beim Skalar-Vergleich wird ein Feld komponentenweise mit einem Vektor (Tupel mit bis zu fünf Komponenten) verglichen. Das Ergebnis ist positiv, wenn alle Einzelvergleiche jeweils "wahr" ergeben.

5.9 Vektoren-Vergleich

Zweck: Der Vektoren-Vergleich bietet die Möglichkeit, mehrere Prüfungen, die verschiedene Werte in gleicher Weise kontrollieren, zu einer Prüfung zusammenzufassen.

Anwendung: Beim Vektoren-Vergleich werden zwei Vektoren (Tupel mit bis zu fünf Komponenten) komponentenweise verglichen. Beide Vektoren müssen die gleiche Anzahl von Komponenten haben. Das Ergebnis ist positiv, wenn alle Einzelvergleiche jeweils "wahr" ergeben.

6. Ablaufsicherung und Abstimmkontrolle aus Sicht der Anwenderprogramme

Zur Durchführung der Maßnahmen zur Ablaufsicherung und Abstimmkontrolle ruft jedes Anwenderprogramm das AS-Unterprogramm zweimal auf.

Programmstart: Vor der eigentlichen Anwendungsverarbeitung werden die Integrität der zu verarbeitenden Daten (Anzahl Sätze, Kennsätze) und die abgeschlossenen Funktionen der Vorprogramme (Paßworte) überprüft. Das AS-Unterprogramm liest die für das aufrufende Programm durchzuführenden Regeln sequentiell von der Regel-DB und verfährt entsprechend Bild 6.1. Negative Ergebnisse einer dieser Prüfungen führen zum Setzen eines Returncode, der vom Anwendungsprogramm interpretiert wird. Das Anwendungsprogramm beendet sich selbst über einen Fehlerausgang.

Während des Programmablaufs ermittelt das Anwenderprogramm seine eigenen Kontrolldaten. Die verarbeiteten Daten werden gezählt (Anzahl Sätze, Betragssummen), die durchgeführten Funktionen in Form von Paßworten festgehalten und in Form von Programmparametern der Ablaufsicherung übergeben.

Programmende: Nach allen Abschlußarbeiten aus der Anwendung werden die Regeln, nach denen die vom Anwenderprogramm ermittelten Kontrolldaten geprüft werden, in der gleichen Weise wie beim ersten Aufruf abgearbeitet. In den Anwenderprogrammen sind für die Ablaufsicherungsmaßnahmen lediglich die benötigten Programmparameter (Kontrollwerte) bereitzustellen, zwei CALL's einzubauen und der AS-Returncode zu interpretieren. Das Lesen von DB-Kennsätzen, das Ermitteln der Erstellungsdaten von Input-Dateien sowie Job-, Step- und Maschinen-Informationen übernimmt das AS-Unterprogramm.

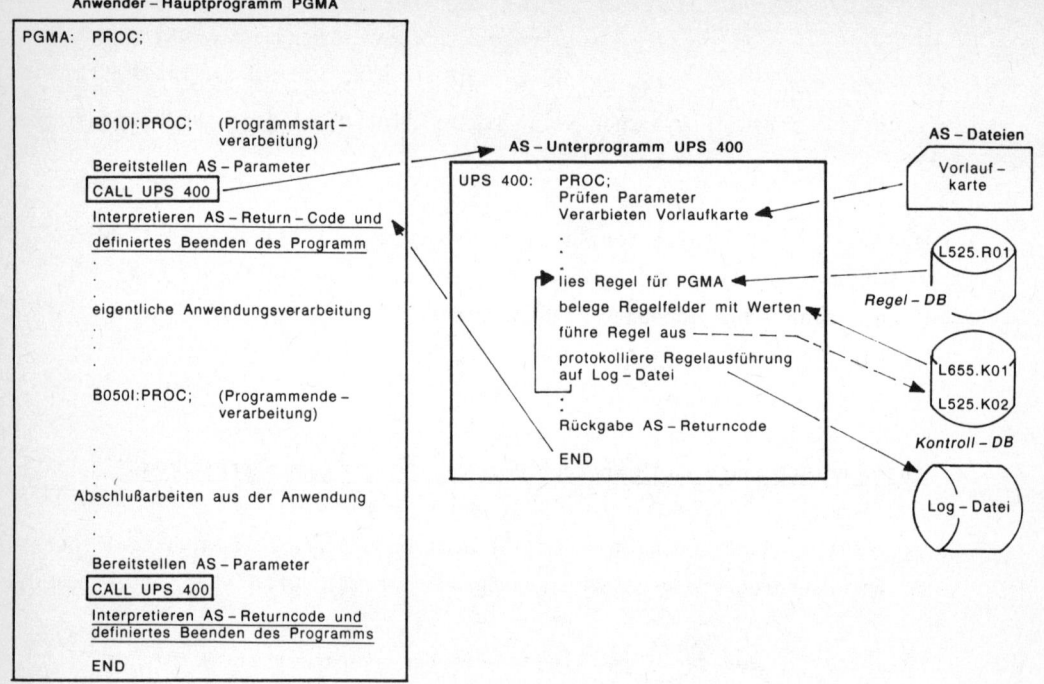

Bild 6.1 - AS aus der Sicht der Anwenderprogramme

7. Auswirkungen auf den Batch-Ablauf

<u>Vor dem Start des ersten Anwenderprogramms in einem Batch-Ablauf</u> ist das AS-Programm SYSTEMSTART einzufügen. Dieses Programm übernimmt Kontrollwerte aus anderen EDV-Systemen, führt auf Anforderungen Reorganisationsarbeiten der Kontroll-DB durch und gibt AS-Steuerdaten vor, die für das gesamte Batch-System gelten sollen (z.B. alle negativen Prüfergebnisse erzeugen nur Warnungen ohne Programmabbrüche).

Danach laufen alle Anwenderprogramme in der festgelegten Reihenfolge (Netzwerk) ohne manuelle Kontrolle bzw. Eingriff durch den Operator. Bricht dabei aus irgendeinem Grunde (z.B. Programm- oder Systemfehler bzw. negatives Prüfergebnis aus der Ablaufsicherung oder Abstimmkontrolle) ein Programm ab, dann laufen alle die Programme normal weiter, die von den Ergebnissen des abgebrochenen Programms unabhängig sind. Abhängige Programme brechen anhand entsprechender Regeln ebenfalls ab.

Nach Beendigung des letzten Anwenderprogramms in einem Batch-Ablauf sind die AS-Programme DOKUMENTATION und SYSTEMENDE zu starten. Das erstere aktualisiert die Dokumentation der Ablaufsicherungs- und Abstimmkontrollmaßnahmen, falls sich für den vorliegenden Tageslauf Änderungen ergeben haben.

Das Programm SYSTEMENDE übergibt Kontrollwerte aus dem vorliegenden Batch-System an andere EDV-Systeme und erzeugt die zusammenhängenden Abstimmprotokolle. Bei Abwicklung des gesamten Batch-Ablaufs ohne Abbruch werden die Kontrollfelder für den nächsten Lauf wieder initialisiert.

In dem Abschlußprotokoll als Übersichtsblatt erkennt der Arbeitsnachbereiter auf einen Blick, ob und in welchem Job bzw. Step ein Programmabbruch oder eine Warnung erzeugt wurden. Mit dieser Information kann er dann gezielt zur Fehleranalyse in das detaillierte Ablaufprotokoll einsteigen, in dem entsprechend dem zeitlichen Ablauf alle durchgeführten Prüfungen mit ihren aktuellen Kontrollwerten aufgezeichnet sind.

Prinzipiell werden Änderungen der Maßnahmen zur Ablaufsicherung und Abstimmkontrolle tagsüber im Dialog durchgeführt. Durch Programmsteuerkarten kann die Arbeitsvorbereitung temporär (nur für den einen Lauf) einzelne Regeln ändern bzw. außer Kraft setzen, um einen abgebrochenen Job kurzfristig - evtl. ohne Fehlerbehebung - normal verarbeiten und enden zu lassen. Diese außergewöhnlichen Eingriffe werden protokolliert im Ablaufprotokoll.

8. Beteiligte Organisationseinheiten im Unternehmen

Bild 8.1 zeigt die an der Ablaufsicherung und der Abstimmkontrolle beteiligten Organisationseinheiten. In der Konzeptionsphase legen Mitarbeiter der Ablauforganisation (aus Abteilung oder Projekt) die Abhängigkeiten zwischen einzelnen Funktionen, Programmen oder EDV-Systeme fest. Die daraus abgeleiteten Maßnahmen zur Ablaufsicherung und Abstimmkontrolle werden dem Anwendungsprogrammierer als Vorgabe zur Erfassung übergeben. Bei der Realisierung dienen die Prüfungen zum Programm- und Integrationstest.

Im laufenden Produktionsbetrieb überprüfen Mitarbeiter der Arbeitsnachbereitung den Batch-Lauf auf Abbrüche und Warnungen. Stoßen sie bei der Fehleranalyse jedoch auf Fehler, die sie selbst nicht beheben können (z.B. Programmfehler), so ist notfalls wieder die Ablauforganisation einzuschalten. Die Arbeitsvorbereitung startet dann eventuell notwendige Wiederholungsläufe und bewirkt temporäre Regeländerungen über AS-Steuerinformationen.

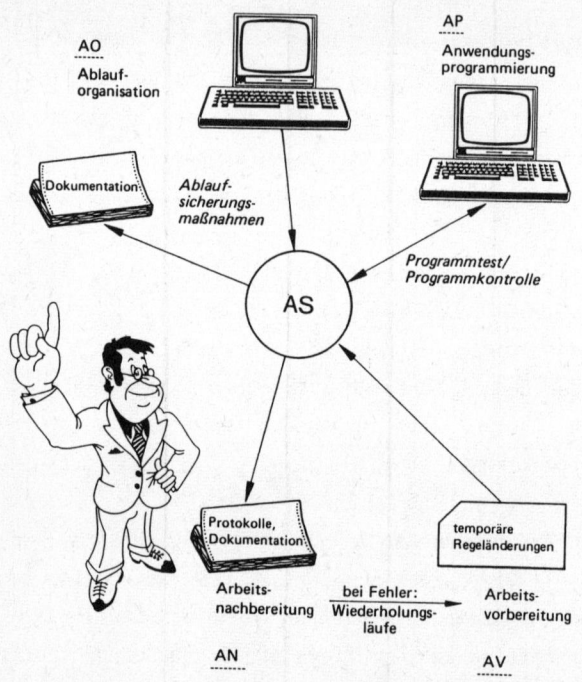

Bild 8.1 - Beteiligte Organisationseinheiten

9. Systemtechnische Eigenschaften

Das EDV-System Ablaufsicherung läuft zur Zeit in folgender Hard- und Soft-
ware-Umgebung:

RECHNER	:	IBM 30xx
BETRIEBSSYSTEM:		MVS
DB-SYSTEM	:	IMS-DB (bzw. VSAM)
TP-SYSTEM	:	IMS-DC
TERMINALS	:	IBM 3270 oder kompatible Bildschirme
		(SAAB, ITT) mit PF-Tasten
AS-PROGRAMM-		PL/I
SPRACHE	:	(mit Assembler-Unterroutinen)
ANZAHL		
AS-Programme	:	29 (10 Dialog / 19 Batch)

Die Ablaufsicherung kann sowohl von IMS- als auch von Nicht-IMS-Programmen aufgerufen werden, die in PLI oder COBOL codiert worden sind.

10. Nutzen der automatischen Ablaufsicherung und Abstimmkontrolle

Das System Ablaufsicherung (AS) bietet den RZ-Abteilungen die Möglichkeit, den Ablauf auch komplizierter Batch-Systeme on-line zu steuern und maschinell zu überwachen.

Als qualifizierbarer Nutzen durch AS sind in einer Wirtschaftlichkeitsrechnung folgende Faktoren zu bewerten:
- Vermeidung von Wiederholungsläufen/Korrekturläufen
- Verkürzung der Analysezeiten bei Systemabbrüchen
- Vermeidung von manuellen Abstimmungen
- Einsparung von Programmierungsaufwand bei Neuanlage, Änderung und Wegfall von Prüfregeln in Anwenderprogrammen

Die Kostenersparnis wird je nach Unternehmen unterschiedlich hoch ausfallen.

Als nicht-quantifizierbarer Nutzen durch AS läßt sich weiterhin anführen:
- Bei Programmabbruch laufen die folgenden Jobs soweit wie möglich weiter
- Steigerung der Übersichtlichkeit und Sicherheit der Systeme
- Schnellere Freigabe des (System-)Output durch die Arbeitsnachbereitung
- Qualifiziertere Auskünfte über durchgeführte Batch-Läufe

RECHNERUNTERSTÜTZTE PLANUNG UND STEUERUNG
DES PRODUKTIONSABLAUFES
IN DER STAPELVERARBEITUNG
MIT DEM PROGRAMMSYSTEM OPC

H.D. Hohmann

Kommunales Gebietsrechenzentrum Kassel

Problemstellung

Die heutigen Bedingungen der Arbeitsausführung in einem Rechenzentrum werden auf der einen Seite durch weiter steigende Stapelverarbeitung und auf der anderen Seite durch die Abhängigkeit zu umfangreichen Online-Systemen gekennzeichnet. Da in der Normalarbeitszeit die Betriebsmittel eines Rechenzentrums -RZ- für die Online-Systeme zur Verfügung gehalten werden müssen, bleibt zur Erledigung der Stapelverarbeitung die personell schwach besetzte Nachtzeit. Da ein ordentlicher Online-Betrieb aber eine vollständige und richtige Stapelverarbeitung voraussetzt, müssen Methoden zur Unterstützung der Stapelverarbeitung eingesetzt werden.

Das Programmsystem Operations Planning and Control -OPC ist ein Programmpaket, mit dem Stapelverarbeitung in einem Rechenzentrum geplant, gesteuert und überwacht wird.

Die Funktionen von OPC

OPC gliedert ein Rechenzentrum in Arbeitseinheiten. Diese Funktionsstellen sind logische zusammengehörende Arbeitsgruppen wie z.B. Arbeitsvorbereitung, CPU, Drucker usw..

In einer Kalenderdatei sind die Laufzyklen der einzelnen Verarbeitungen und die arbeitsfreien Tage gespeichert.

Die Auftragsdatei enthält die Beschreibung der Arbeiten mit Start- und Endzeit, den Weg über die Funktionsstellen, die Abhängigkeit zu anderen Aufträgen und den Verbrauch von Betriebsmitteln.

Über langfristige Planung, Tagesplanung und Jobüberwachung ist eine weitgehende Transparenz der Stapelverarbeitung sichergestellt.

Die Dateien werden online gepflegt.

Vorbereitung zum Einsatz von OPC

In der Vorlaufzeit zur Installation von OPC müssen für die einzelnen Dateien folgende Daten festgelegt werden:

- Kalenderdatei

 o Definition der arbeitsfreien Tage, z.B. Wochenende, gesetzliche Feiertage usw.

 o Setzen der Öffnungszeiten an den Arbeitstagen

 o Definitionen von Laufterminen, an denen die Aufträge ausgeführt werden

- Funktionsstellendatei

 o Beschreibung der Arbeitseinheiten mit Öffnungszeiten dieser Funktionsstelle

 o Kapazität, die im Normalfall zutrifft

 o Spezielle Betriebsmittel mit Auswirkung auf die Leistung dieser Funktionsstelle

- Auftragsdatei

 o Planbare Arbeiten

 o Verbrauch an Betriebsmitteln

 o Laufzeit vom Dateneingang bis zum Versand der Arbeitsergebnisse

 o Verarbeitungstermine (Laufzyklen)

 o Funktionsstellen, die der Auftrag durchlaufen muß

 o Abhängigkeit der Funktionsstellen untereinander

 o Abhängigkeit zu anderen Aufträgen

Eingabe der ermittelten Daten in das System

Alle Daten werden im Dialog unter dem Monitor TSO über einen OPC-eigenen Editor menügesteuert eingegeben oder verändert.

Einsatz von OPC

Nach vollständiger Erfassung der gesamten Daten wird aus der Kalenderdatei und der Auftragsdatei ein Langfristplan, der einen Zeitraum von mehreren Monaten bis zu

4 Jahren abdecken kann, erstellt. Dieser Plan listet alle Arbeiten mit Start- und Endtermin auf.

Gleichzeitig werden die Daten in eine Langfrist-Datei übernommen.

Mit der Funktion Tagesplanung wird unter Berücksichtigung der Funktionsstellen-Beschreibung und der im Langfrist-Plan abgelegten Termine ein detaillierter Tagesplan erstellt.

Nach Erstellung des Tagesplanes werden allen Funktionsstellen über einen Arbeitsplan die zu erledigenden Arbeiten online angezeigt. Der Arbeitsplan enthält die geplante Start- und Endzeit und die späteste Fertigstellungszeit, um eine ordnungsgemäße Erledigung sicherzustellen. Darüberhinaus wird die Bearbeitungsdauer, und über eine Hilfsfunktion, die Arbeitsanweisung zu diesem Auftrag angeboten.

Der Auftrag wird nun nach den Angaben in der Auftragsbeschreibung unter Berücksichtigung zeitlicher und sachlicher Abhängigkeiten abgearbeitet.

Die Funktionsstelle CPU und Drucker sind besonders zu erwähnen.

Beide Funktionsstellen prüfen während der Verarbeitung den fehlerfreien Durchlauf.

Im Fehlerfall wird die Verarbeitungsfolge angehalten und die Verarbeitung von falschen Daten verhindert.

Über ein Menü "Fehlerbehandlung" können diese Arbeiten nach definierten Restartvorgaben neu gestartet werden.

Der Stand der Verarbeitung kann online verfolgt werden.

Ein Soll-Ist-Vergleich weist am Tagesende alle erledigten Arbeiten mit den Abweichungen zum Plan aus. Damit ist eine umfangreiche Dokumentation aller regelmäßig wiederkehrenden Arbeiten im Rechenzentrum gegeben.

AVAS: Ein Auftragsverwaltungs- und -abwicklungssystem für das Betriebssystem BS2000

H. Will

SIEMENS AG München
Bereich Datentechnik

Inhalt

1.   Einleitung

2.   Zielsetzung

3.   Funktionen

3.1   Verwaltung von Jobnetzen

3.2   Auftragsvorbereitung und Ablaufplanung

3.3   Ablaufsteuerung und -überwachung

3.4   Mehrrechnerbetrieb

3.5   Protokollierung

1. Einleitung

In den vergangenen Jahren hat die Arbeitslast für den Betrieb eines Rechenzentrums erheblich an Komplexität und Umfang zugenommen. Um den dadurch
verursachten drastischen Personalkostenanstieg zu verringern, sind maschinelle
Verfahren zur Automatisierung von Aufgaben des Operatings und der
Arbeitsvorbereitung erforderlich.

Unter dem Arbeitstitel "AVAS" wird zur Zeit bei der SIEMENS AG ein Produkt
zur Verwaltung von Rechenzentrumsaufträgen für BS2000-Installationen
geplant, welches Anfang 1986 freigegeben werden soll. Ein Rechenzentrums-
auftrag wird zunächst ganz allgemein als eine Arbeitsanweisung an das Rechenzentrum verstanden (z.B.: BS2000-Job,Datenerfassung, Papiernachbehandlung,
u.s.w.).

Im folgenden Kapitel werden die wesentlichen Ziele des Produkts vorgestellt und
im Kapitel 3 werden die geplanten Funktionen beschrieben. Abb. 2 am Ende von
Kapitel 3 gibt einen Überblick über die Funktionen des Systems.

2. Zielsetzung

Mit Einsatz des Produktes AVAS in einer BS2000-Installation sollen folgende
wesentliche (teilweise nicht voneinander unabhängige Ziele) erreicht werden:

A) Produktivitätserhöhung bei der Auftragsverwaltung- und -abwicklung

Die pro Mitarbeiter in der Arbeitsvorbereitung (AV) und im Operating
verwaltbare und abwickelbare Auftragsmenge soll vergrößert werden.

B) Verbesserung der Termintreue

Die Abwicklung der Aufträge soll den Terminvorgaben der Auftraggeber (i.A. die Fachabteilungen) gerecht werden.

C) Verbesserung von Qualität und Sicherheit bei der Auftragsabwicklung

Fehlerquellen - z.B. komplexe Abhängigkeiten der Aufträge untereinander oder von anderen Ereignissen - sowie Folgelasten von Fehlern in Aufträgen oder in den benutzten Hardware/Software-Komponenten sollen reduziert werden.

D) Transparenzverbesserung

Ablauf und Ergebnis der Rechenzentrumsaufträge soll für Auftraggeber, Mitarbeiter in AV, Operating und Revision nachvollziehbar sein.

E) Organisationsneutralität

Das Produkt sollte möglichst unabhängig sein von der DV-Organisation des Anwenders. Insbesondere unterschiedliche Arbeitsaufteilungen bei Auftragsverwaltung und -abwicklung zwischen AV und Fachabteilung sollten möglich sein.

3. Funktionen

Da die Mehrzahl der Aufträge eines Rechenzentrums Jobs für das Betriebssystem
sind, ist vorgesehen, in der ersten Ausbaustufe von AVAS nur den Auftragstyp
"BS2000-Job" zu behandeln. Die folgende Beschreibung der geplanten AVAS-
Funktionen beschränkt sich daher auch auf diesen Auftragstyp.

Eine wesentliche Aufwandsursache und Fehlerquelle bei der Jobabwicklung sind
die Abhängigkeiten, d.h. die Vorgänger- bzw. Nachfolgerbeziehungen der Jobs
untereinander. Daher sollen mit AVAS voneinander abhängige Jobs in Form von
Jobnetzen verwaltet und in ihrem Ablauf überwacht werden können. Ein Jobnetz
ist also eine Menge von Jobs, für die eine Vorgänger/Nachfolger-Relation definiert
ist oder graphentheoretisch: ein gerichteter kreisfreier Graph, dessen Knoten die
Jobs und dessen Kanten die Vorgänger/Nachfolgerrelation darstellt (Abb. 1).

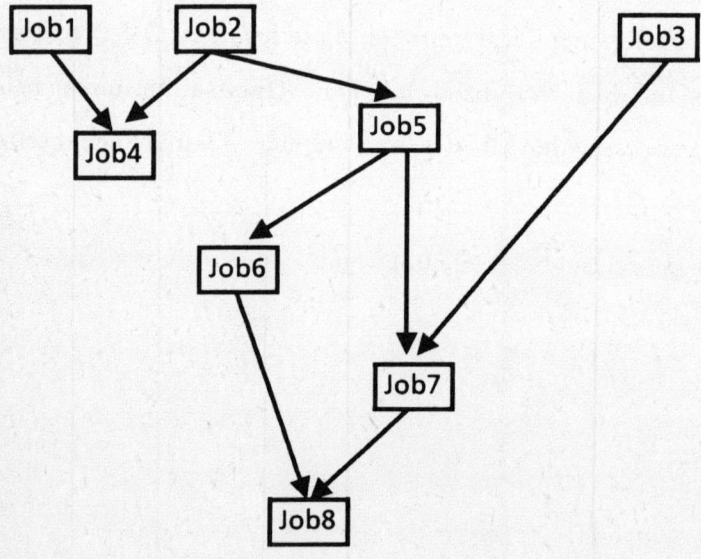

Abb.1: Beispiel eines Jobnetzes

3.1 Verwaltung von Jobnetzen

Die Daten zur Jobnetzbeschreibung werden in einer sog. Netzbibliothek abgespeichert. Zur Verwaltung dieser Daten sind DEFINE-, MODIFY-, COPY-, DELETE- und SHOW-Funktionen erforderlich. Die wesentlichen Netzbeschreibungsdaten sind:

- vorgesehene Startzeiten
- Abhängigkeiten von externen Ereignissen
- Ablaufrechner
- Zugriffsberechtigungen.

Externe Ereignisse können andere Netzläufe und über Jobvariable (BS2000-Objekte zum Austausch von Informationen) definierbare Ereignisse sein. Beim Einrichten (DEFINE) bzw. Ändern (MODIFY) eines Netzes wird vom System automatisch die Schleifenfreiheit überprüft.

3.2 Auftragsvorbereitung und Ablaufplanung

Zur Versorgung eines Netzes (genauer: der Jobs eines Netzes) mit aktuellen ablaufspezifischen Daten (z.B. Archivnummern, Dateinamen) wird eine Modifikationsfunktion angeboten, mit der jobinterne Variable über jobspezifische Masken mit aktuellen Werten versorgt werden können.

Die Planung der Netzläufe wird wesentlich unterstützt durch komfortable SHOW- bzw. MODIFY-Funktionen mit flexiblen Auswahlkriterien zur Planerstellung und -änderung sowie durch die Möglichkeit, in einem maschinell geführten Kalender symbolische Starttermine für Netze vorgeben zu können.

3.3 Ablaufsteuerung und -überwachung

Die Auswahl der Netze zum Start im BS2000 kann über flexible Auswahlkriterien - ein wesentliches ist das Planungsintervall - erfolgen. Diese Netzauswahl zum Start im BS2000 wird im Folgenden auch Netzfreigabe genannt.

Nach der Netzfreigabe werden bei Erreichen der vorgesehenen Startzeit die vorgegebenen Abhängigkeiten überpüft. Sind alle Startbedingungen erfüllt, so werden die Anfangsjobs (das sind die Jobs ohne Vorgänger) auf dem vorgegebenen BS2000-Rechner gestartet. Bei einer Verspätung der Startbedingungen über das vom Auftraggeber vorgebbare Zeitlimit hinaus werden von AVAS automatisch Maßnahmen eingeleitet, die bei Netzdefinition festgelegt werden (z.B. Meldung/ Warten, Abbruch).

Der Stand der Netzläufe und ihrer Abhängigkeiten kann über flexible Statusabfragen (Konsole oder AV-Terminal) überprüft werden. Neben diesen Überwachungs-Funktionen bietet AVAS auch Funktionen zur Steuerung der Netzläufe wie z.B. Abbrechen (CANCEL) oder Anhalten (HOLD) eines Netzlaufs.

Um evtl. falsche Parametervorgaben (z.B. Abhängigkeiten, Startzeiten) für Netzläufe auch nach Netzfreigabe noch korrigieren zu können, sind diese Parametervorgaben auch nach Netzfreigabe noch änderbar.

Für den Fall einer abnormalen Beendigung eines Jobs können job- und fehlerspezifische Maßnahmen für einen Wiederanlauf (RESTART) bei Netzdefinition vorgegeben werden. Die wesentlichen Restart-Maßnahmen sind: Einschub von Zusatzjobs und/oder Wiederholung des abgebrochenen Jobs. Der Wiederanlauf kann auf Anforderung oder optional auch automatisch durchgeführt werden.

3.4 Mehrrechnerbetrieb

Im Mehrrechnerbetrieb können mit den Funktionen der Ablaufsteuerung und - überwachung zentral von einem Rechner aus - dem "AVAS-Master" - alle über

diesen AVAS-Master gestarteten Netze angesprochen werden. Falls dieser
Rechner ausfällt, kann die Master-Funktion von einem anderen Rechner des
AVAS-Verbunds übernommen werden.
Der Restart eines abnormal beendeten Netzes ist auch auf einem vom
ursprünglichen Rechner verschiedenen Rechner möglich.

3.5 Protokollierung

Um Änderungen an den Netzbeschreibungsdaten, Netzmanipulationen nach
Freigabe sowie die Abläufe der Netze nachvollziehen zu können, werden alle unter
diesen Gesichtspunkten relevanten Aktivitäten, Ereignisse und Daten erfaßt.
Diese Protokollinformationen sind für einen einstellbaren Zeitraum "online" für
Auswertungen verfügbar. Wesentliche Daten und Ereignisse, die über diese
Protokollfunktion erfaßt werden, sind:

- Netzfreigabe
- Netzstart (= Startzeit erreicht und alle Startbedingungen
  erfüllt)
- Modifikationen an freigegebenen Netzen
- Restart-Fälle
- verbrauchte Ressourcen (z.B. CPU-Zeit)

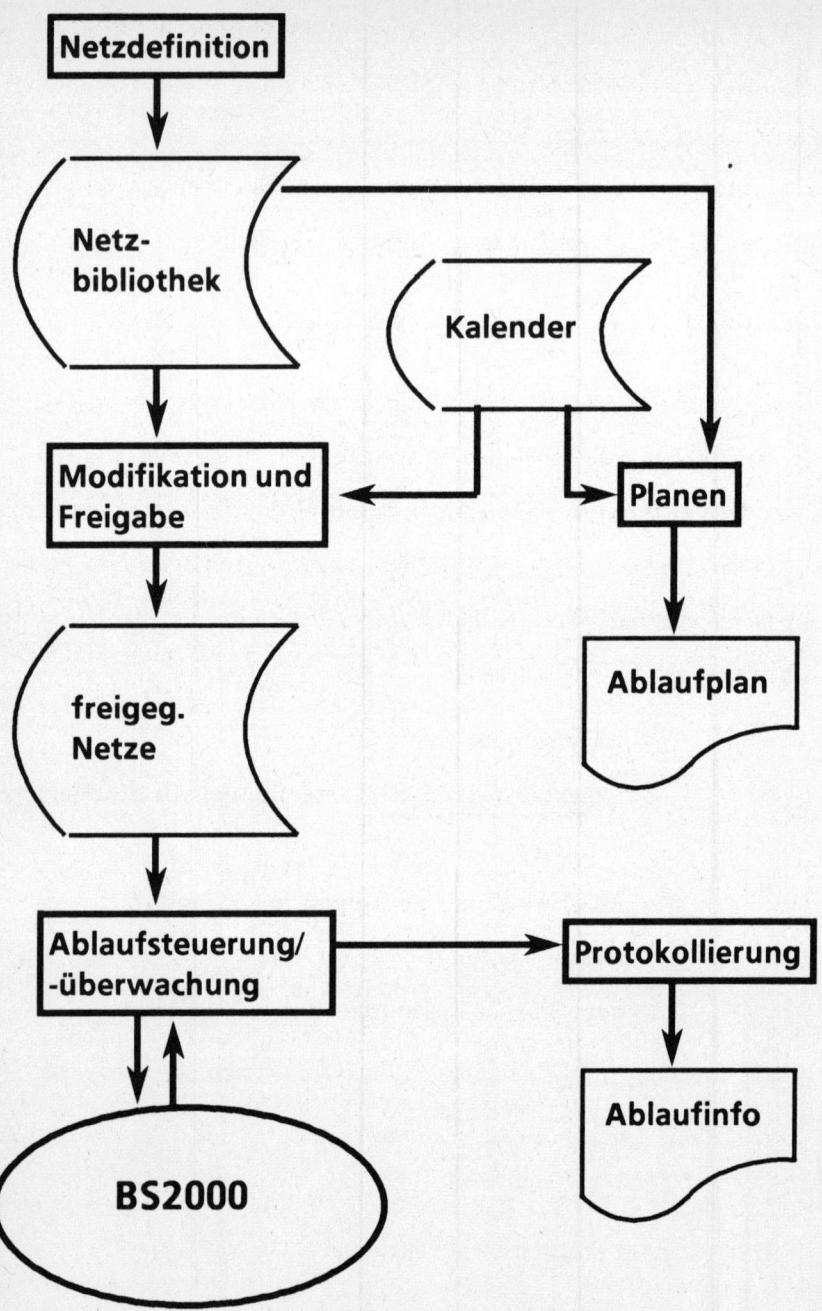

Abb2.: AVAS-Übersicht

RECHENZENTRUM DER ZUKUNFT

(Organisation und Betrieb eines BS2000-Softwareentwicklungs-
rechenzentrums)

GERHARD HÄMMELMANN

Rechenzentrum für Anwendersoftwareentwicklung der Siemens AG, Mch

1. Einleitung

Beim heutigen Betrieb von Rechenzentren ergibt sich durch die dynamische Fortentwicklung von Hard- und Software eine steigende Er-
wartungshaltung der Benutzer bzw. der Kunden an das Leistungsange-
bot der Rechenzentren.

Um die zur Bewältigung dieser Anforderungen permanente Anpassung der
Personalkapazität zu vermeiden, ist es erforderlich, bei der Organisation und beim Betrieb von Rechenzentren neue Wege zu suchen.

Mit dem Einsatz geeigneter Org- und Software kann dabei eine Rationalisierung und Automatisierung des RZ-Betriebes erzielt werden.
Darüber hinaus sollte die Qualifikation der RZ-Mitarbeiter den gestiegenen Anforderungen angepaßt werden.

Im folgenden Beitrag wird am Beispiel des Rechenzentrums für Anwendersoftwareentwicklung der Siemens AG in München-Perlach ein Gesamtkonzept für einen BS2000-Mehranlagenbetrieb dargestellt. Darin
wird ein mögliches Lösungsmodell für die zukünftigen Bedürfnisse
von Organisation und Betrieb eines Entwicklungs-Rechenzentrums
(ohne AVP- und Abwicklungsaufgaben) beschrieben.

Die Themenschwerpunkte umfassen:

    a) Optimierung der Peripheriebedienung
    b) Aufgabenteilung und -optimierung der Systembedienung
       und -steuerung
    c) Datenträgerverwaltung

d) Filemanagement

e) Strukturwandel des RZ-Personals

2. Optimierung der Peripheriebedienung

Im Gegensatz zum herkömmlichen Aufbau der Anlagenkonfiguration, bei
der jede Datenverarbeitungsanlage als eigene Bedienungseinheit ange-
ordnet ist, werden zur rationelleren Bedienung durch das Operating
und zur besseren Nutzung der installierten Hardware Gerätepools gebildet. Dabei werden die bedienungsintensiven Geräte (Magnetbänder,
Schnell- und LASER-Drucker) aller DVA zusammengefaßt (siehe Abbildung 1).

Abbildung 1: Symbolische Darstellung der Gerätepools

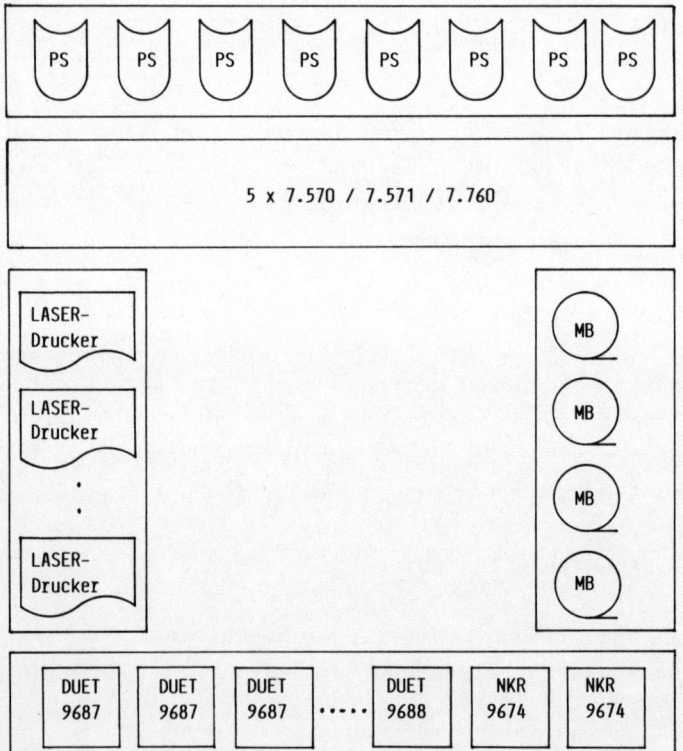

3. Aufgabenteilung und -optimierung in der Systembedienung und -steuerung

Die zunehmende Komplexität in der Bedienung und Steuerung der BS2000-
Systeme erfordert die Realisierung geeigneter Optimierungs- und Ratio-
nalisierungsmaßnahmen.

Entsprechend der Anforderungen unseres Mehranlagenbetriebes haben
wir dazu den Console-Dialog aller installierten Rechner konzentriert
und in folgende 4 Aufgabengebiete aufgeteilt:

- MCON (Master console)
  "Allgemeine Systemsteuerung"

- NCON (Net console)
  "Netzsteuerung"

- SCON (Spool console)
  "Spoolsteuerung"

- DCON (Device console)
  "Steuerung für Magnetbänder und -platten"

Als Nachrichten-Transportsystem für die Konsolmeldungen wird das
Programm "OMNIS" eingesetzt.

Zur Bewältigung des Meldungsaufkommens wird die Ausgabe verschiedener
Standardmeldungen (LOGON, LOGOFF etc.) unterdrückt.

Die Bedienung und Steuerung der 4 Aufgabengebiete erfolgt über Datensichtstationen in einem eigens dafür installierten "Zentralen Leitstand (siehe Abbildung 2).

Abbildung 2: Zentraler Leitstand mit dezentralen Anzeigeeinheiten

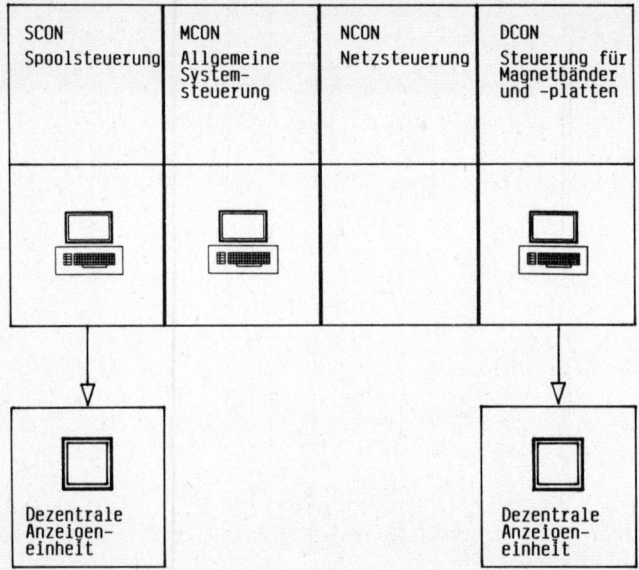

Neben den Datensichtstationen sind in diesem "Zentralen Leitstand"
alle erforderlichen Überwachungs- und Schalteinrichtungen für die
Hardware untergebracht.

Dezentral werden an den bedienungsintensiven Gerätepools Anzeigeeinheiten installiert, an denen alle erforderlichen Arbeitsanweisungen
für die Peripheriebedienung ausgegeben werden.

4. Datenträgerverwaltung

Als Voraussetzung für eine rationelle Verarbeitung von Datenträgern
besteht im RZ der Bedarf, die Verwaltung und Bereitstellung der Datenträger weitgehend zu automatisieren. Dabei darf der erforderliche
Datenschutz beim Zugriff jedoch nicht aufgegeben werden.

Unter Berücksichtigung dieser Aspekte haben wir eine Datenträgerverwaltung mit folgendem Funktionsumfang realisiert:

    a) Online-Datenträgerverwaltung (DIALOG oder BATCH) für
       mehrere Verarbeitungsrechner mit gemeinsamer Daten-
       träger-Organisation

b) Eindeutigkeit der Archivnummern durch ein spezielles
   Nummernsystem

c) Verwaltung aller Datenträger
   - TAPE
   - DISK
   - FLOPPY etc.

d) An allen Anlagen den Zugriff auf alle Datenträger

e) Verschiedene Archivformen

   - Anlagenarchiv
   - Zentralarchiv
   - Brandschutzarchiv

f) Zugriffsattribute für Datenträger zum Datenschutz

g) Automatisches Sperren von bereits angeforderten Datenträgern

h) Ausleihen von Datenträgern mit automatischer Erstellung
   eines Leihscheines über Hardcopy im Archiv

i) Verwendung von BS2000-EXIT's zum Abdecken der System-
   Schnittstellen (FILE und OPEN)

j) Verrechnung der Archivleistung an Benutzer bzw. Kunden
   über RAV

5. Filemanagement

Eine der wesentlichen Aufgaben für ein BS2000-Entwicklungs-Rechenzen-
trum besteht heute in der Sicherung der in den Systemen installierten
Dateien und in der Bereitstellung ausreichender PAM-Ressourcen.

Zur Reduzierung des dafür erforderlichen Personalaufwandes und zur
Optimierung der Verarbeitung haben wir ein umfangreiches Filemana-
gement-System eingesetzt, das folgende Funktionen umfaßt:

a) Rückgewinnung von Dateien aus der RZ-Sicherung durch
   die Benutzer bzw. Kunden

b) Automatisches Auslagern von Dateien auf DISK oder TAPE
wegen

- Bereinigen der Datenbestände
- Erreichen von Sättigungszuständen

c) Dateitransfermöglichkeiten für

- TAPE←→DISK
- DISK←→DISK

d) Bedienungslose Systemreorganisation (Fileconversion)

6. Strukturwandel des RZ-Personals

Zur Anpassung des RZ-Personals an die gestiegenen Anforderungen für
die Überwachung, Steuerung und Verwaltung der bei uns installierten
BS2000-Systeme werden wir eine Neustrukturierung der Aufgabengebiete
vornehmen (siehe Abbildung 3).

Abbildung 3 "Entwicklung der Aufgabengebiete"

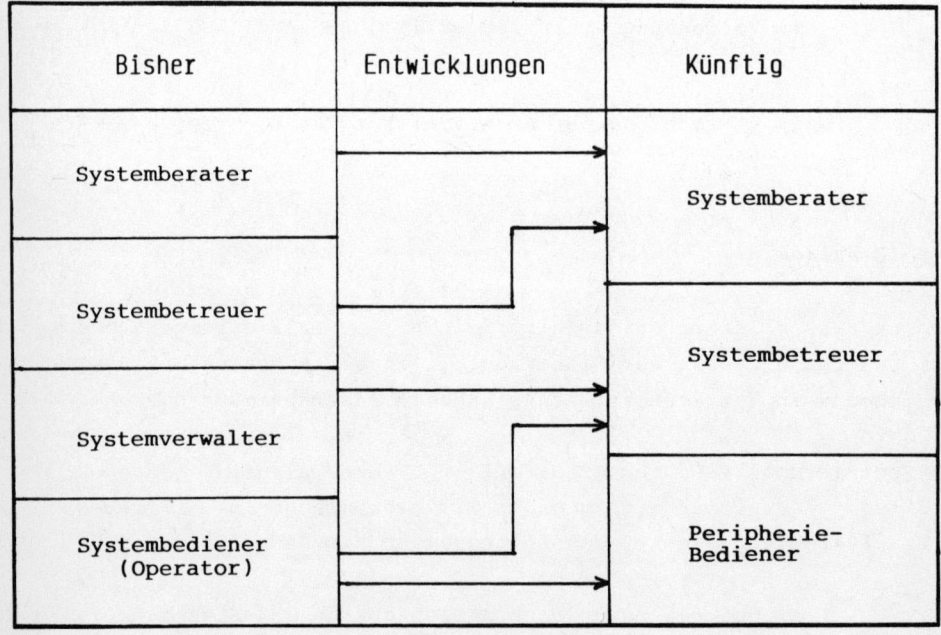

Die Peripheriebedienung (bisher teilweise durch die Systembedienung abgedeckt) übernimmt dabei die Durchführung der einfachen Arbeiten, wie z.B. die Bedienung der Magnetband-/Magnetplatten- und Drucker- peripherie und die Papiernachbearbeitung. Die Einarbeitung in diesem Aufgabenbereich wird durch einen erfahrenen RZ-Mitarbeiter vollzogen.

Die bisherige Aufgabentrennung für die Abwicklung des Tagesbetriebes durch Systemverwaltung und -bedienung wird mit der Installation des Zentralen Leitstandes (siehe 2. Aufgabenteilung und -optimierung der Systembedienung und -steuerung) aufgegeben.

Die daraus entstehenden künftigen Systembetreuer arbeiten in diesem "Zentralen Leitstand".

Die Aufgaben der Systemberatung (bisher teilweise durch die bisherige Systembetreuung abgedeckt) umfassen:

a) die Beratung und Unterstützung der Benutzer

b) Entwickeln von Automatisierungs- und Rationalisierungs- tools für den eigenen RZ-Betrieb

c) Systemplanung und Erprobung neuer Systemversionen

d) Erarbeiten von Empfehlungen und Konventionen für Be- nutzer und RZ

7. Literatur

1.   Graef, Martin; Greiler, Reinhold:
      Organisation und Betrieb eines Rechenzentrums
      Forkel, Stuttgart, 1975

2.   Jasper, Erich:
      Organisation und Betrieb japanischer Hochschulrechenzentren
      in "Das Rechenzentrum"
      Hauser, München 1982

3.   Rohrer, Fritz:
      Rechenzentrum-Planung von Bau und Einrichtung
      Siemens AG, München 1974

4.   Kauth, Komarnicki, Twiehaus, Wiemann, Siemens AG
      Schriftreihe data praxis
      "Anforderungsprofile für Tätigkeiten in der Daten- und
      Informationsverarbeitung", Best.-Nr.: U178-J-Z53-1

5.   Alteneder, Andreas:
      Welches Wissen für wen beim Betriebssystem?
      Aus- und Weiterbildung beim Siemens-Betriebssystem BS2000
      in "Das Rechenzentrum"
      Hauser, München 1984

Sicherheit der Datenverarbeitung

S. Kastenmüller

Siemens AG München

ZBO 21

Inhalt

1	Allgemeines
2	Eindringmethoden
2.1	Impersonation
2.2	Trojanische Methode
2.3	Trap-door Methode
2.4	Browsing Methode
3	Ursachen der Gefährdung
3.1	Zugangsmöglichkeiten
3.2	Typen von Sicherheitssystemen
3.2.1	Ungeschützte Systeme
3.2.2	Isolierende Systeme
3.2.3	Alles oder nichts-Systeme
3.2.4	Gesteuerte Mehrfachbenutzung
3.2.5	Datenspeicherung
3.2.6	Verfahrensspezifische Kontrollen
3.2.7	Protokollierung
3.3	Zugangskontrollen
3.3.1	Wissen
3.3.2	Besitz
3.3.3	Eigenschaften
4	Übrige Bereiche
5	Sicherheitsgrad
6	Literatur

1. Allgemeines

Die Anschläge auf verschiedene Rechenzentren haben gezeigt, daß DV-Anlagen (aber auch Kommunikationsanlagen), in denen für das Unternehmen wichtige Daten bearbeitet werden, nach wie vor Zielscheiben für gewalttätige/kriminelle Aktionen sind.

Neben dieser rein materiellen Bedrohung der Informationsverarbeitung (die hier nicht näher behandelt werden soll), ist durch den breiten Einsatz von Terminals oder Personalcomputer der Risikobereich "immaterielles Eindringen" hinzugekommen. Nach einem immateriellen Eindringen erfolgt in der Regel ein unberechtigter Zugriff auf oder eine Manipulation von Daten und Informationen in den jeweiligen Rechenanlagen.

Die Aktionen erstrecken sich dabei auf

den unberechtigten Zugriff,
die unberechtigte Eingabe, Veränderung oder Erzeugung,
die vorsätzliche oder fahrlässige Fehlleitung und
die vorsätzliche oder fahrlässige Zerstörung.

Schwerwiegende Auswirkungen haben unberechtigter Zugriff und Datenmanipulationen nicht nur bei Personaldaten, die unter das Datenschutzgesetz fallen, sondern auch z.B. bei Kalkulations- und Forschungsdaten.

Parallel steigt durch die zunehmende DV-Durchdringung die Abhängigkeit von der Datenverarbeitung. Der reibungslose Geschäftsbetrieb wird durch Ausfall oder Störung der Datenverarbeitung verwundbarer.

Gleichzeitig muß beachtet werden, daß immaterielles Eindringen bei ungenügender Protokollierung keine Spuren hinterläßt, so daß eine Rückverfolgung des Eindringweges oder eine Identifizierung des Täters äußerst schwierig ist. Ebenso kann eine geschickt versteckte Veränderung erst nach Wochen oder Monaten zur Wirkung kommen.

Aus diesem Grund müssen die Zugriffskontrollen zu Rechnern, Programmen und Daten verstärkt in die Sicherheitüberlegungen einbezogen werden.

2. Eindringmehoden

Die Gefährdung durch immaterielles Eindringen soll mit Hilfe der
in /1/ beschriebenen Methoden Impersonation, trojanische-, browsing-
und trap-door-Methode dargestellt werden.
Zu beachten ist, daß der Zugang über eine beliebige Kennung einen
Eindringling weitere Schritte im System ermöglichen, um an geschützte Daten zu gelangen.

2.1 Impersonation

Eine häufig geübte Methode ist das "Ausweisen als authorisierte Person". Hierzu gibt sich die Person als Techniker z.B. der Post (über
einen nicht rückverfolgbaren Telefonanruf) aus, der zur Prüfung einer Leitung das aktuelle Paßwort des Systemverwalters benötigt. Falls
keine Authentisierung durch das RZ-Personal (z.B. Rückruf auf einer
vorher festgelegten Leitung) erfolgt, können wichtige Paßworte in
unbefugte Hände gelangen.

2.2 Trojanische Methode

Eine Methode, sich Daten zugänglich zu machen, ist die trojanische
Methode. In Anlehnung an das hohle, hölzerne Pferd, mit dem die
Belagerer Trojas Krieger in die Stadt geschmuggelt haben, die die
Tore dann von innen öffneten.
In der Datenverarbeitung wird nach dieser Methode beispielsweise
einer Prozedur, die unter einer privilegierten Kennung abläuft,
eine Reihe von Kommandos untergeschoben und gewartet, bis die Pro-
zedur der Systemverwalter oder Operator aufruft.

Gefährdet sind alle Prozeduren, die eine uneingeschränkte, system-
weite Modifikationserlaubnis haben.

2.3 Trap-door Methode

Unter trap-doors sind Weichen in einem größeren Programmsystem zu
verstehen, die bei bestimmten Datenkonstellationen, eine nicht vorgesehene Aktion ausführen.
Während der Testphase kann es notwendig sein, für Fehlerfälle Sprung-
verfolger bzw. Fangpunkte einzubauen oder Speicherbereiche sicherzustellen. Diese Weichen werden normalerweise bei der Übergabe entfernt. Es kann jedoch vorkommen, daß nicht alle Weichen entfernt
und diese Funktionen im realem Ablauf für das unberechtigte Mitle-
sen oder Verändern von Daten genutzt werden.

Aus diesem Grund sollte bei jeder Übergabe eine Code-Inspektion
durchgeführt werden.

2.4 Browsing Methode

Mit Hilfe der browsing-Methode sucht der Eindringling zugängliche
Speicherbereiche (Hauptspeicher, Sekundärspeicher oder Datenspei-
cher) auf verwertbare Informationen von Vorbesitzern ab.
Es wird der Umstand genutzt, daß die Benutzer die Bereiche aus
Performance-Gründen vor Freigabe nicht physikalisch löschen. Der
Suchende muß die Struktur oder die Inhalte der Speicherbereiche
nicht kennen, sondern er sucht nach verwertbaren Teilstrings (z.B.
Paßworte oder Personalnummern).
Sensible Daten müssen in Systemen, die den Platz dynamisch verwal-
ten, vor Freigabe physikalisch gelöscht werden. Um Speicherbereiche
vor Freigabe zu löschen, bietet das BS2000 an der Benutzeroberflä-
che auf verschiedenen Kommandoebenen entsprechende Funktionen an.
Ebenso kann durch die "Paßwortencryption" die Gefahr von zufällig
gefundenen Paßworten entschärft werden.

3. Ursachen der Gefährdung

Die Gefahr eines immateriellen Eindringens ist um so größer,

    je mehr Personen rein technisch Zugang zu den Rechnern haben,
    je schwächer die Sicherungssysteme sind und
    je weniger Zugangskontrollen installiert sind.

Um wirksame Maßnahmen zur Abwehr von unberechtigten Zugriffen ergreifen zu können, ist die allgemeine Kenntnis von Sicherheitssystemen und Zugangskontrollen unbedingt erforderlich.

3.1 Zugangsmöglichkeiten

Durch die Zugangsmöglichkeiten über Wählleitungen,
    die Integration neuer Postdienste (z.B. Btx),
    die zunehmende Vernetzung der Rechner,
    die Öffnung der internen Netze zu Fremdfirmen
erhalten rein technisch immer mehr Personen Zugang zu vielen DV-Anlagen. Eine wesentliche Gefahrenquelle sind die nur schwer kontrolierbaren freien Zugänge über Wählleitungen oder Bildschirmtexteingänge. Diese sollten daher auf das absolut erforderliche Minimum reduziert werden.

Darüberhinaus werden die Kenntnisse im Umgang mit den Computern und deren Zugangsmöglichkeiten durch die Verbreitung von Heimcomputer und durch die Ausbildung an den Schulen und Universitäten zum Allgemeingut. An dieser Stelle sollen auch die sogenannten "Hacker" erwähnt werden, die systematisch versuchen, in DV-Systeme einzudringen.

Die potentielle Gefahr kann mit Hilfe eines Kegels verdeutlicht werden. Die Basis des Kegels bilden viele Leute mit geringen Kenntnissen, an der Spitze sind Leute mit ausgezeichneten Kenntnissen. Der Kegel ist nicht statisch starr, sondern seine Basis wird immer breiter, weil sich immer mehr Leute Computerkenntnisse aneignen. Auf der anderen Seite verkleinert sich der Kegel, da die Abwehrmaßnahmen immer besser gelingen und somit Zufallstäter keine Möglichkeit mehr haben.

3.2. Typen von Sicherheitssystemen

Sicherheitsformen sind in unterschiedlicher Ausprägung bei den einzelnen DV-Systemen realisiert. Im Nachfolgendem soll kurz gezeigt werden, wie die Sicherheitssysteme klassifiziert werden können.

Nach /2/ können folgende Sicherheitssysteme unterschieden werden

    Ungeschützte Systeme
    Isolierende Systeme
    Alles oder nichts-Systeme
    Gesteuerte Mehrfachbenutzung mit vordefinierten Sicherheitsformen
    Gesteuerte Mehrfachbenutzung mit definierbaren Sicherheitsformen

3.2.1 Ungeschützte Systeme

Ungeschützte Systeme kann jedermann in uneingeschränkter Weise benutzen, der überhaupt Zutritt zum System hat (oder sich diesen verschafft). Taschenrechner sowie der größte Teil der Personalcomputer fallen in der Regel in die Klasse der ungeschützten Systeme. Falls sensible Daten auf Personalcomputern gespeichert sind, die in Räumen ohne spezieller Zugangsberechtigung stehen, ist der Gefährdungsgrad gleich den Zutrittsmöglichkeiten zu setzen.

3.2.2 Isolierende Systeme

Bei den isolierenden Systemen werden die verschiedenen Subjekte
(z.B. Benutzer) vollständig voneinander geschützt. In der idealen
Form ist eine Kooperation etwa durch gemeinsame Benutzung von Daten oder Programmen nicht gegeben. Isolierende Systeme können je
nach zur Verfügung stehender Hardware auf unterschiedliche Arten
realisiert werden.

Ältere Betriebssysteme (wie z.B. BS1000) verwendeten die Speicher-
schutzschlüssel.
Neuere Betriebssysteme wie z.B. das BS2000 verwenden die virtuelle
Adressierung. Das heißt ein Adressraum ist nur gültig, wenn die entsprechenden Einträge aktiviert sind.
Virtuelle Maschinen (z.B. SIMBS1000) fallen ebenfalls in die Klasse
der isolierenden Systeme. Die einzelnen Betriebssysteme sind auf
der realen Maschine vollständig voneinander isoliert.

Grundsätzlich muß jedoch angemerkt werden, daß diese Systeme nicht
in der Idealform in den großen Betriebssystemen anzutreffen sind.
Durch die Erfordernisse der Praxis wurden innerhalb begrenzter Bereiche Übergabemechanismen eingeführt (z.B. Common Memory). Diese
zusätzlichen Funktionen können Einstiegspunkte für immaterielles
Eindringen sein.

Neben den rein technischen Lösungen können isolierende Systeme auch
organisatorisch realisiert werden. Als Musterbeispiel kann die Trennung von Softwareentwicklung und Abwicklung auf verschiedene DV-
Anlagen angeführt werden. Da jedoch fertige oder geänderte Produkte
auf die Abwicklungsmaschinen zu übergeben sind, kann keine vollständige Trennung erfolgen. Es muß daher eine Übergabeprozedur verein-
bart werden. Je schmäler diese Schnittstelle ist, desto besser kann
das isolierende System und damit der Schutz realisiert werden.

Die Isolaation kann auch auf der Datenbasis innerhalb eines DV-Sys-
tems erfolgen. Die Einführung des Multi-Public-Volume-Set-Konzepts
(MPVS) unter BS2000 (mit Version 8) unterstützt die Definition von
mehreren von einander isolierten Datenbeständen.

3.2.3 Alles oder nichts-Systeme

Alles oder nichts-Systeme kennen zwei Zustände: Mehrfachbenutzbar
Ja oder Nein. Das heißt, daß z.B. auf eine Datei nur der Eigentümer
oder alle Benutzer des Systems zugreifen dürfen. Die zusätzliche
Vergabe von Paßwörtern für den Dateischutz ändert das Prinzip nicht
ab, da bei einer Mehrfachbenutzbarkeit jeder Zugriff auf die Datei
hat, der das Paßwort kennt. Eine leichtfertige Vergabe des Attributs
Mehrfachbenutzbarkeit öffnet zusätzliche Möglichkeiten für unberechtigten Zugriff.

3.2.4 Gesteuerte Mehrfachbenutzung

Die nächst höhere Form der Sicherheitssysteme bildet die gesteuerte
Mehrfachbenutzung mit vordefinierten Sicherungsformen. Diese Systeme
führen Buch, wer welches Objekt in welcher Weise benutzen darf.
Wesentlich ist dabei, daß der Vorrat an Schutzformen (z.B. Lesen,
Schreiben, Verändern, Ausführen, etc.) fest implementiert ist. Das
heißt, der Anwender kann nur aus diesem Vorrat auswählen. Diese Informationen stehen in sogenannten Zugriffs- oder Befähigungslisten.
Die Listen sollten so aufgebaut sein, daß grundsätzlich alles verbo-
ten ist, was nicht explizit erlaubt ist (need to know Prinzip).

Der umgekehrte Weg "Es ist alles erlaubt, was nicht explizit verbo-
ten ist" eröffnet durch Unachtsamkeit oder nicht berücksichtigte Änderungen zusätzliche Möglichkeiten für unberechtigten Zugriff. Gesteuerte Mehrfachbenutzung mit vordefinierten Sicherungsformen ist
in allen gängigen Datenbanken realisiert.
Über File-bzw. LOGON-System-Exits in BS2000 kann eine gesteuerte
Mehrfachbenutzbarkeit auch für die Bereiche Teilnehmeranschluß und
Datenverwaltungssystem realisiert werden.

Gesteuerte Mehrfachbenutzbarkeit mit definierbaren Schutzformen existieren nur in Experimentalsystemen bzw. sind nur ansatzweise in Datenbanken realisiert. Eine wesentliche Anwendung ist die inhaltsge-
steuerte Sicherung von bestimmten Aspekten. Z.B. darf ein Feld, das

einen bestimmten Betrag übersteigt, nur von einer bestimmten Anwen-
dergruppe gelesen werden.

Die inhaltsbezogene Definition von Sicherheitsformen, kann in neue-
ren Datenbanken der Datenbankadministrator (mit Hilfe von Prozeduren
z.B. in UDS) für die gesamte Anwendung festlegen. Endanwender haben
keine Möglichkeit Schutzformen zu definieren.

3.2.5 Datenspeicherung

Neben den Funktionen, die das Betriebssystem und die entbündelten
Produkte anbieten, kann jeder Benutzer bei der Datenspeicherung in
den Dateien weitere Maßnahmen zur Erhöhung der Datensicherheit ergreifen. Einfache Maßnahmen, wie z.B. variable Satzkonzepte, Kom-
primierung von gleichartigen Zeichenfolgen oder Verteilen von Fel-
dern auf verschiedene Bereiche/Dateien schützen die Daten bei zu-
fälligem Finden. Der Schutz ist jedoch relativ gering, da ein geringer Analyseaufwand die Daten zugänglich macht.

Größeren Schutz bieten erst die kryptographischen Verfahren. Unter
die kryptographischen Verfahren sind die Substitution, die Permuta-
tion und die komplexen Verschlüsselungsverfahren zu rechnen. Die
einzelnen Methoden sind z.B. in /3/ beschrieben.

3.2.6 Verfahrensspezifische Kontrollen

Zusätzliche Sicherungsverfahren können auch in den einzelnen Verfahren, die einen exklusiven Zugriff auf die Datenbasis haben, installiert werden. Diese Methoden können nur an wenigen Beispielen aufgezeigt werden.

Eine Konsistenzprüfung kann darin bestehen, daß neben der Personalnummer auch die ersten Zeichen des Namens einzugeben sind. Kommt
ein Unberechtigter in den Besitz einer Personalnummer, dann kann er
mit diesem Wissen alleine noch nicht auf die Daten zugreifen.

Datenbereiche oder auch ganze Programmbereiche können mit Hilfe von
Prüfkennziffern gegen Manipulationen abgesichert werden. Diese Methode ist natürlich nur so lange sicher, wie der Algorithmus zur Errech-
nung der Prüfziffer geheim bleibt.

Auf der logischen Ebene können Gesamtrechnungen bzw. Abgleich des
neuen Wertes mit dem Durchschnitt der letzten Perioden gravierende
Abweichungen aufdecken. Falls Abweichungen auftreten, sollte dies
ein Anlaß für eine Kontrolle oder Revision sein.

Bei Gehaltsrechnungen sind Grenzprüfungen möglich (z.B. sollte ein
Nettogehalt, das abhängig von der Gehaltsstufe einen bestimmten Betrag überschreitet, Anlaß für eine Überprüfung sein).

3.2.7 Protokollierung

Die Protokollierung kann keinen unberechtigten Zugriff verhindern,
mit ihrer Hilfe kann jedoch ein unberechtigter Zugriff lokalisiert
und evtl. der Täter identifiziert werden. Wesentlich für die Protokollierung ist jedoch, daß die protokollierten Daten regelmäßig ausgewertet werden.
Der Umfang der Protokollierung kann sich von der Aufzeichnung des
letzten Zugriffstages bis zur Protokollierung aller Aktionen erstrek-
ken. Das Maß der Protokollierung kann nur individuell festgelegt werden. Technisch sollte die Protokollierung in die System-Exit-Routinen
integriert werden.

3.3 Zugangskontrollen

Der Zugang zu den Systemen wird über die Identifikation und Authentisierung geregelt.
Die Identifikation dient bei den meisten Systemen primär nicht zum
Schutz, sondern zur Zuordnung von Betriebsmitteln, Bereichen, Daten
und Transaktionen.

Durch die Authentisierung soll festgestellt werden, ob derjenige, der sich durch die Identifikation ausweist, auch derjenige ist, der er vorgibt zu sein. Die Authentisierung kann mit Hilfe von Wissen, Besitz oder Eigenschaften erfolgen.

3.3.1 Wissen

Das heute übliche Verfahren, die Authentisierung durchzuführen, erfolgt über das Abprüfen von Wissen. Den Anwendern werden z.B. außer der Identifikation (Kennung) geheimzuhaltende Paßwörter oder Transaktionscodes mitgegeben, deren Kenntnis als Beweis der korrekten Identifikation gilt.

Da, wie oben erwähnt, das Wissen von Paßworten u.U. einen breiten Zugang zu DV-Systemen eröffnet, muß im Umgang mit den Paßworten besondere Sorgfalt geübt werden. Darüberhinaus ist zu berücksichtigen, daß Paßworte aufgrund neuer Techniken (Einsatz von Personalcomputer) systematisch ausprobiert werden können. In /4/ ist detailliert dargestellt, welche Maßnahmen zur Paßwortsicherung ergriffen werden müssen. Im Nachfolgenden sollen die erforderlichen Maßnahmen nur stichpunktartig aufgezeigt werden:

Ein Paßwort für jeden Benutzer
Volle Länge der Paßworte nutzen
Keine sprechenden Namen verwenden
Vergabe über sichere Kanäle
Höchstfristen für die Geltungsdauer
Verdeckte Eingabe von Paßworten
Reaktion auf Fehlversuche
Anzeigen der letzten Nutzung

3.3.2 Besitz

Neben dem Wissen kann alternativ oder zusätzlich die Eingabe eines codierten Ausweises oder der Abgleich mit einer Chip-Karte verlangt werden. Der Einsatz der Chip-Karte ist in den kommerziellen Systemen noch nicht vorzufinden. Das Verfahren mit Hilfe von Ausweisen ist sicherer als z.B. die Paßwortmethode, da die auf Ausweisen verschlüsselten Informationen nicht ohne weiteres von Unbefugten gelesen werden können und weil sich Ausweise weit schwerer als Paßworte vervielfältigen lassen. Der Transaktionsmonitor UTM unterstützt z.B. die Eingabe von Ausweisen.

3.3.3 Eigenschaften

Die beste Form der Identifikation und Authentisierung ist die automatische Abprüfung von Eigenschaften wie z.B. Stimme, Fingerabdrücke oder Unterschrift etc.. Diese Verfahren sind jedoch technisch noch nicht ausgereift und daher in kommerziellen Anwendungen noch nicht vorzufinden.

4. Übrige Bereiche

Ein hohes Maß an Sicherheit ist nur zu erreichen, wenn alle Bereiche der Datenverarbeitung gleichgewichtig abgesichert werden.

Hierbei ist zu beachten, daß ein DV-System aus verschiedenen Schichten aufgebaut ist. Neben den Softwareschichten Datenverwaltungssystem, Datenbanksystem, TP-Monitor und Anwenderprogramme sind insbesondere die Geräte-/ Datenträgerebene und die Datenfernverarbeitungskomponenten in die Überlegungen einzubeziehen.

In der Datenfernverarbeitungsebene sind die Datenleitungen gegen mißbräuchliche Nutzung besonders zu schützen. Wie bereits unter dem Punkt Zugangsmöglichkeiten erwähnt, stellen die freien Zugänge über Wählleitungen oder Bildschirmtexteingänge eine besondere Gefahrenquelle dar. Neben der Reduzierung der Wählleitungen auf das absolut erforderliche Minimum, besteht innerhalb bestimmter Postdienste die

Möglichkeit z.B Teilnehmerbetriebsklassen (Datex-L und Datex-P-Netz)
bzw. geschlossen Benutzergruppen zu bilden, um nur ausgewählte Teilnehmer zur Kommunikation zuzulassen.

Bei verteilter Verarbeitung sind u.U. noch weitere Betriebssysteme
mit beteiligt.

Diese Maßnahmen sind gleichgewichtig mit dem Schutz der Hardware und
den organisatorischen Maßnahmen (z.B. keine sensitiven Informationen
auf Schreibtischen, Papierkörben, Notizen an Wänden oder unter Tasta-
turen bzw. in Terminalspeichern) einzuführen.

5. Sicherheitsgrad

Grundsätzlich muß jedoch angemerkt werden, daß es keine absolute Sicherheit gibt.
Wirksame Sicherheit läßt sich nicht beweisen, sondern läßt sich nur
durch "Durchbruch"-Versuche bestätigen.
Um das Optimum an Sicherheit zu erreichen, ist eine Risikoanalyse erforderlich. Durch die Festlegung der Eintrittswahrscheinlichkeit eines Schadenfalls und der Sensitivität der Daten können dann die Maßnahmen ausgewählt werden, die dem Schutzzweck amgemessen sind und
mit gegebenen Aufwand ein möglichst hohes Maß an Sicherheit bieten.

Maßnahmen zur Erhöhung der Sicherheit sind in der Regel nicht kosten-
neutral. Sie stehen u.U. auch im Zielkonflikt mit anderen Anforder-
rungen an den RZ-Betrieb. Neben evtl. Performance-Einbußen und Auf-
wendungen zur Realisierung von individueller Sicherheitssoftware, können auch Einschränkungen an der Benutzeroberfläche (Ausführlicher
Dialog während der LOGON-Phase, Einschränkung des Teilnehmerbetriebs
auf wenige Funktionen z.B. mit Hilfe der System-Dialog-Facility des
BS2000, etc.) auftreten.

6. Literatur

/1/ HEROLD JOSEPH HIGHLAND
Protecting your microcomputer system

/2/ KLAUS R. DITTRICH
Ein universelles Konzept zum flexiblen Informationschutz
in und mit Rechensystemen
Gesellschaft für Informatik

/3/ BETH/HESS/WIRL
Kryptographie, Eine Einführung
Leitfäden für angewandte Informatik

/4/ Sechster Tätigkeitsbericht des Bundesbeauftragten für
den Datenschutz

/5/ Siemens
BS2000-Manuale
Transdata-Manuale
UTM-Manuale
UDS-Manuale

/6/ MARTIN E. HELLMANN
Die Mathematik neuer Verschlüsselungssysteme
Spektrum der Wissenschaft, Heft 10

/7/ Datenschutz-Berater
Gesellschaft für Datenschutz und Datensicherung e.V.
Nr. 6/84 und Nr. 12/84

PRAKTISCHE BACK-UP-LÖSUNGEN
ZUR SICHERUNG
DER KONTINUITÄT DER DATENVERARBEITUNG

Dipl.-Kfm. W. Götze
ehem. Vorstandsmitglied der AHW Bausparkasse
Felsenkellerweg 8B, 3250 Hameln 1

Zusammenfassung:

Das Vordringen der Online-Anwendungen hat bei überwiegender Sachbearbeitung im Dialog mit dem Computer die Auswirkung, daß ohne funktionierenden Computer nicht mehr gearbeitet werden kann. In den Chef-
etagen der Unternehmen wird deshalb der Überlebensvorsorge im Sinne
der unterbrechungsfreien Fortsetzung des Geschäftsbetriebes jetzt
mehr Gewicht eingeräumt.

Als Risikoarten sind sowohl der indirekte Systemausfall durch Unter-
brechung der Stromversorgung als auch der direkte Systemausfall denkbar, der Naturereignisse wie Blitzschlag, Sturm und Hochwasser sowie
Vorfälle durch Sabotage und Terrorismus beinhaltet.

Die Möglichkeiten der Risikoverteilung beinhalten die sogenannten
kalten und warmen Rechenzentren. Letztere reichen von eigenen Test-
und Back-up-Systemen über Gemeinschafts-Back-up-Systeme bis zu den
kommerziellen Unternehmen, die den kompletten Back-up-Computer-
Service für mehrere vertraglich angeschlossene Unternehmen einschließlich der dazugehörigen Netzwerk-Infrastruktur gewährleisten.

Die Kosten für dieses Back-up sind in der Regel als reine Risikoprämie
anzusehen. Es gibt aber auch Lösungen, die durch Einbeziehen der Arbeiten für Testaufgaben und Batch-Läufe auf dem Back-up-Rechenzentrum
die Wirtschaftlichkeit der Absicherung des Back-up ermöglichen.

Zur Auswahl einer der Lösungen für die Risikoverteilung ist es zweckmäßig, eine Sicherheits- und Katastrophenplanung aufzustellen. Dabei
ist von der Aufstellung der Verfahren auszugehen, die nach Prioritäten
geordnet für das Überleben der Unternehmen keine langfristige Unter-
brechung vertragen.

Abschliessend gilt es, die Kriterien anzuführen, die zur Beurteilung
von Back-up-Systemen herangezogen werden können. Es handelt sich dabei
um die Funktionalität der Back-up-Systeme, wobei auf die Infrastruktur
der Netzwerkanschlüsse besonders geachtet werden muß. Es geht um den
Zeitaufwand, der bis zur Wiederingangsetzung benötigt wird. Außerdem

stellen die Kosten vor Eintritt und nach Eintritt des Back-up-Falles einen wichtigen Faktor dar. Das letzte Kriterium beschreibt die Faktoren, die den laufenden Anpassungsaufwand beim Nutzer verursachen.

I n h a l t s v e r z e i c h n i s

1.   Die Erhöhung der Abhängigkeit von der EDV verlangt
         eine verstärkte Überlebensvorsorge der Unternehmen

2.   Risikoarten durch Systemausfall

3.   Risikoverteilung
3.1   Interne Lösungen
3.1.1   Eigene zusätzliche Back-up-Systeme
3.1.2   Testsystem und Back-up System
3.2   Externe Lösungen
3.2.1   Kooperation von Partnern
3.2.2   Betriebsbereite kalte Rechenzentren
3.2.3   Betriebsbereite warme Back-up-Rechenzentren

4.   Die Kosten des Back-up
4.1   Back-up-Aufwand als Risikoprämie
4.2   Back-up-Aufwand in Kombination mit Test-Aufwand
4.3   Back-up-Aufwand in Kombination mit Abdeckung
         der Bedarfsspitzen

5.   Infrastruktur des Netzes zur Sicherung eines
         Kommunikationssystems

6.   Zweck und Aufstellung der Katastrophenplanung

7.   Wichtige Kriterien zur Beurteilung von Back-up-
         Systemen

         Literatur- und Anschriftenverzeichnis

1. Die Erhöhung der Abhängigkeit von der EDV verlangt eine verstärkte Überlebensvorsorge der Unternehmen

Anfang der 70-er Jahre begann das Vordringen der Online-Anwendungen und damit die Sachbearbeitung im Dialog mit dem Computer. In manchen Unternehmen ist diese Art der Sachbearbeitung so weit vorgedrungen, daß sie ohne (funktionierenden) Computer nicht mehr denkbar ist. Im Katastrophenfall kann dies sehr lange und gravierend sein, vielleicht sogar existenzgefährdend.

Eine kurzfristige Lieferung der EDV-Anlagen durch den Hersteller, d.h. in 2 - 4 Tagen, löst das Problem nicht. In Katastrophenfällen ist damit zu rechnen, daß die Baulichkeiten des Computer-Zentrums so in Mitleidenschaft gezogen worden sind, daß eine Wiederaufnahme des Betriebes erst nach Wochen oder Monaten möglich sein wird.

In Unternehmen, in denen die Datenverarbeitung eine dominierende Rolle eingenommen hat, hat sich bei den Verantwortlichen in jüngster Zeit unbewußt oder bewußt die Frage nach dem Back-up-Rechenzentrum bei der Aufstellung des Katastrophenplanes aufgedrängt. Sehr oft jedoch ist sie im gleichen Maße, wie sie sich aufgedrängt hat, wieder verdrängt worden, da die Lösung dieses Problems in der ersten Global-übersicht von den Kosten her nicht realisierbar erscheint.

2. Risikoarten durch Systemausfall

Die Stromversorgung der Rechenzentren ist durch umfangreiche Verbund-schaltungen der Versorgungsbetriebe sichergestellt. Dennoch können Naturereignisse wie Blitzschlag, Sturm und Hochwasser die Stromzufuhr zu einem Rechenzentrum unterbrechen und einen Systemausfall bewirken. Dem kann man durch eine unterbrechungsfreie Stromversorgung begegnen.

Der direkte Systemausfall kann durch die erwähnten Naturereignisse, durch Feuer sowie durch Terrorismus und Sabotage eintreten.

Sabotage und Terrorismus sind Formen des direkten Angriffs, die sehr nachhaltige System-Ausfälle nach sich ziehen können:

- böswillig von Mitarbeitern oder früheren Mitarbeitern zugefügte Schäden

- aufrührerische zivile Personengruppen und geplante Aktionen von professionellen Terroristen.

3. Risikoverteilung

Die Überlegungen nach Möglichkeiten von Back-up-Lösungen zur Risikoverteilung konzentrieren sich hier auf diejenigen Katastrophenfälle,
die neben dem EDV-System auch die baulichen und technischen Einrichtungen des Rechenzentrums unbrauchbar machen. Deren Wiederherstellung
nimmt Zeiträume in Anspruch, die sich über Wochen und Monate erstrecken.

3.1 Interne Lösungen

3.1.1 Eigene zusätzliche Back-up-EDV-Systeme

Hier ergibt sich ein zweifaches Problem.

- Wenn das Back-up-System im selben Rechenzentrum wie das Hauptsystem
  installiert ist, ist auch dieses EDV-System den Bedingungen des
  Ausfalls unterworfen und damit nicht verfügbar. Es gibt Lösungen,
  bei denen man ein Back-up-System oder die wichtigsten System-Kompo-
  nenten wie Magnetplatteneinheiten unter den bestehenden Rechenzentren bunkerartig einbetoniert. Abgesehen von der Frage nach der
  Effektivität dieser Maßnahmen kann ihre Durchführung in den meisten
  Fällen nur beim Neubau von Rechenzentren geschehen.

- Eine Back-up-EDV-Installation an einem anderen Ort ist wesentlich
  effektiver, wirft aber folgende Probleme auf:

  - zusätzliches Management
  - zusätzliches Personal für Operating und System-Unterstützung
  - Zusatzkosten für das EDV-System
  - dauernde ungenutzte Maschinenkapazität

3.1.2 Testsystem und Back-up-System

Große Unternehmen haben wegen der Engpässe, die sich bei einer zu
80 % im Sachbearbeiter-Dialog eingesetzten EDV-Anlage ergeben, bereits zusätzliche Testanlagen installiert. Wenn sie auch als Back-
up-Systeme dienen sollen, müssen Sie in einem von der Produktionsanlage entfernt liegendem Gebäude installiert sein, um bei der Zerstörung des Rechenzentrums mit der Produktionsanlage verschont zu
bleiben. Oft sind diese Test-Systeme im Hinblick auf Arbeitsspeicher
und Plattenperipherie kleiner ausgelegt als die eigentliche Verarbeitungsanlage. Daher ist es in Unternehmen mit einer Testanlage
zwar möglich, bei Ausfall der Hauptanlage den Praxisbetrieb im be-
schränkten Umfang über eine kürzere Zeitdauer hinweg fortzuführen;
die unbewältigte Arbeit muß dann aber zu einem späteren Zeitpunkt

unter sehr schwierigen Bedingungen nachgeholt werden.

3.2 Externe Lösungen

3.2.1 Kooperation von Partnern

Unternehmen, die EDV-Systeme der nicht marktbeherrschenden Hersteller betreiben, sind gezwungen, nach Kooperationslösungen für Back-up zu suchen. Abgesehen von der Notwendigkeit einer vergleichbaren Anlagen-Konfiguration ergibt sich die Schwierigkeit, daß die Kapazität der Produktionsanlagen bei dialogorientierter Sachbearbeitung nur die gegenseitige Zurverfügungstellung der Nachtschicht für den anderen Partner zuläßt. Da dies in keinem Fall die Kontinuität der Datenverarbeitung sicherstellen kann, werden bei diesen Unternehmen für Entwicklungs-, Test- und Batcharbeiten örtlich getrennte Systeme zu installieren sein, die über 75 % der Kapazität der Produktionsanlagen verfügen. Diese Anlagen sollten für die Test- und Batcharbeiten nur zur Hälfte ausgelastet sein, um eine gewisse Back-up-Kapazität laufend für den Partner freizuhalten. Außerdem erweist es sich als notwendig, daß die beiden Systeme über einen Front-End-Rechner verbunden sind. Dieser Front-End-Rechner erhält alle Leitungsanschlüsse für die inhouse und externen Terminals. Dabei sollte auf die Redundanz der Leitungen zu den Knotenrechnern der Post besonderes Augenmerk gerichtet werden. Abb. 1, Folgeseite
Wenn beide Partner sich an dieser Netzwerkauslegung orientieren, fällt die Umschaltung der jeweiligen Netze auf die Partner nicht schwer. Dennoch wird jeder Partner bei Ausfall der Produktionsanlage zuerst auf die Testanlage für die Durchführung der reduzierten Produktion umschalten. Er wird dann die Test- und Batcharbeiten auf die Testanlage des Partners verlagern.

3.2.2 Betriebsbereite kalte Rechenzentren

Es gibt Überlegungen in den eigenen Unternehmungen oder bei Dienstleistungsunternehmen Räumlichkeiten zur Aufstellung von EDV-Anlagen vorzuhalten. Sie sind mit den gesamten notwendigen technischen Einrichtungen und Aggregaten ausgestattet. Die Angebote beziehen sich auf regional angeordnete stationäre Möglichkeiten z.B. der GUF. Darüberhinaus gibt es Angebote von transportablen Computerräumen, die mit der notwendigen Infrastruktur versehen sind, z.B. des LUNA-Container Systems. Die stationären kalten Rechenzentren stellen auch Datenübermittlungsleitungen zur Verfügung. Bei den transportablen

NETZWERK - SCHALTUNG
bei Kooperation von Partnern

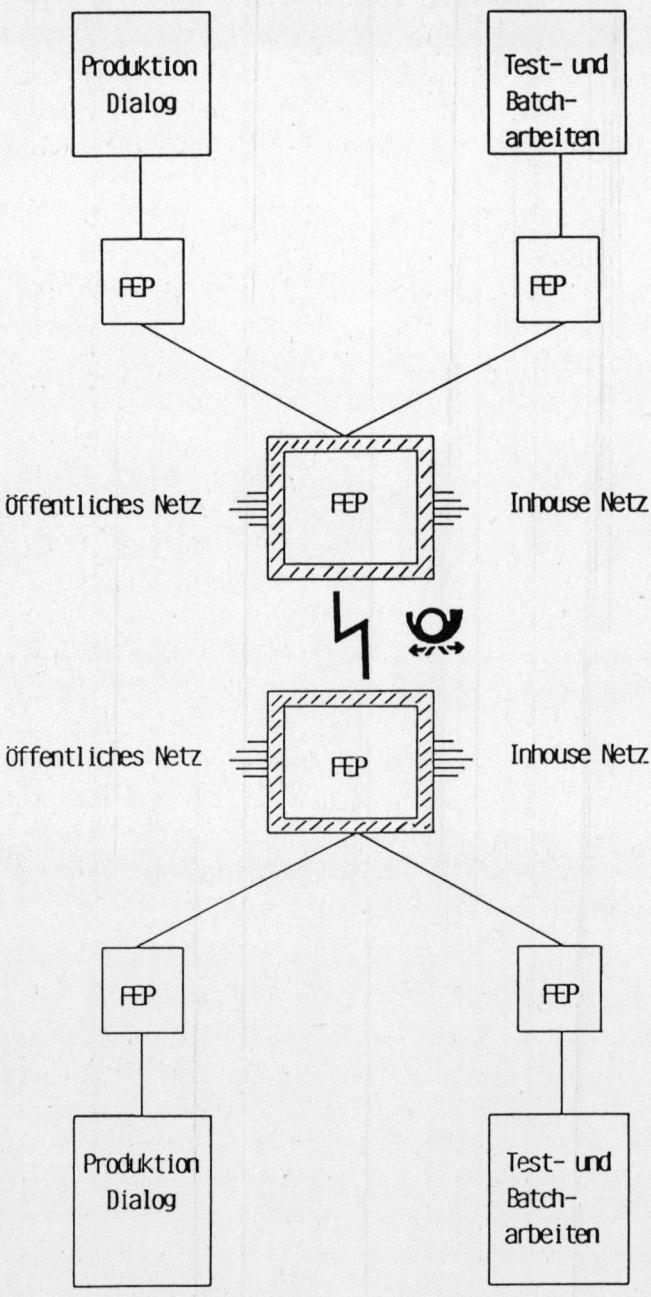

Abb.1

Containerlösungen entfällt dieses Angebot. Hier müssen auf der für
den Aufbau der Containerlösung vorgesehenen Stellfläche die Anschlüsse
für Strom, Wasser und das gesamte Netzwerk vom Benutzer selbst vorgehalten und für die permanente Betriebsbereitschaft gewartet werden.
Die Anbieter stellen wegen des hardwareneutralen Angebotes bei Ver-
tragsabschluß mit vielen Interessenten die Wirtschaftlichkeit der
Vorsorgekosten heraus. Neben der kurzfristigen Lieferzeit bedarf die
Installation der Anlagen, das Einlesen der gesicherten Datenbestände
und das Einrichten und Hochfahren der Betriebssysteme mit den benötigten TP-Anschlüssen weitere Tage. Abb. 2
Die Wiederinbetriebnahme wird je nach den Umständen ein bis drei
Wochen in Anspruch nehmen. Dabei erhebt sich abhängig vom Intervall
der Datensicherung die gravierende Frage, wie der liegengebliebene
Transaktionsstau abgebaut und die Datenbank wieder aktualisiert wird,
um im Dialog effektiver damit arbeiten zu können.

ORGANISATION DES LUNA –NRZ –SYSTEMS (ZU 13)

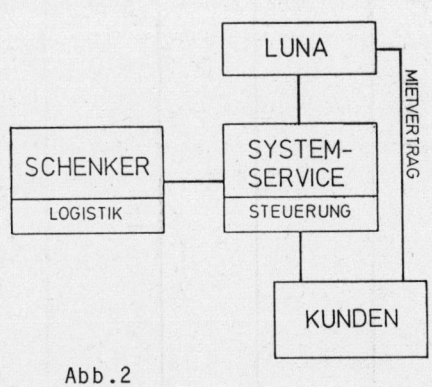

Abb.2

3.2.3 Betriebsbereite warme Back-up-Rechenzentren

Ein jederzeit betriebsbereites Back-up-Rechenzentrum, das nur für den
Notfall vorgesehen ist, ist die einzige Alternative für die Weiterführung eines ununterbrochenen EDV-Betriebes.
Dieses Back-up-Rechenzentrum muß von mehreren Unternehmen in Form
eines Dienstleistungsunternehmens getragen werden. Außerdem können
und sollten die Entwicklungs- und Testarbeiten aller beteiligten
Partner in diesem Back-up-Rechenzentrum durchgeführt werden.
Unter diesen Voraussetzungen ist es möglich, im Katastrophenfall die
gesamte Anlage dem betroffenen Unternehmen für die Durchführung der
dialogabhängigen komplexen Praxisarbeiten zur Verfügung zu stellen.

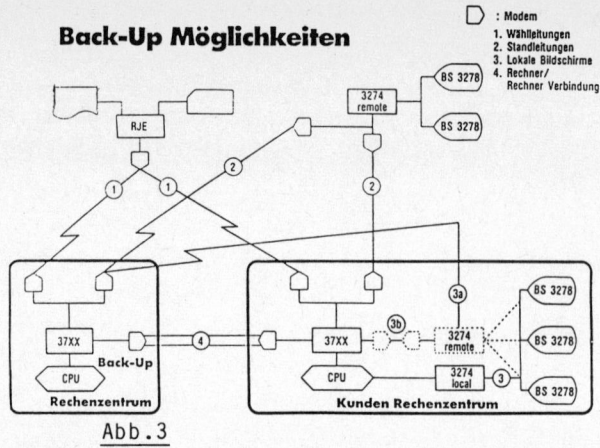

Back-Up Möglichkeiten

Abb.3

Die Entwicklungs- und Testarbeiten der übrigen Kooperationspartner
können in den Nacht- und Wochenendzeiten auf deren Anlagen vorüber-
gehend eingeschränkt durchgeführt werden. Abb. 3

Die Durchführung der Arbeiten im Back-up-Rechenzentrum muß mindestens
6 mal im Jahr vom eigenen Personal des Operating, der Arbeitsvorbereitung und der Systemprogrammierung getestet werden, um im Ernstfall
eine kurzfristige Übernahme und störungsfreie Durchführung sicherzustellen.

Diese Überlegungen haben ihren Niederschlag in der Errichtung von
Back-up-Rechenzentren als kommerzielle Dienstleistungsunternehmen
gefunden. Unternehmen dieser Art sind seit zwei Jahren in Betrieb
und zeigen damit, daß hier wirtschaftlich vertretbare Lösungen zu
finden sind.

Das Computer uitwijk centrum (cuc) wurde vor ca. 2 Jahren gegründet.
Der Geschäftszweck besteht in der Lieferung von Back-up-Service
einschließlich der Beratung für die Aufstellung von Katastrophen-
plänen. Kunden sind 15 IBM-Großanwender in den Bereichen Handel,
Industrie, Banken, Versicherungen und Luftfahrt.

Das Unternehmen bietet operationelles Computer-Back-up auf drei
Service-Ebenen an:

- Der Economy Service stellt die benötigte Hardware und die entsprechenden Netzwerk-Verbindungen zur Verfügung.

- Der Basic Service bietet zusätzlich die lauffähige Software für
  das operationelle Betriebssystem und die Datenkommunikation an.
- Der Full Service beinhaltet auch die Pflege und das Ingangsetzen
  der operationellen Datenbanken und der Benutzer-Software.

Darüber hinaus wird bis zu 12 Monaten die Benutzung von technisch
vollkommen ausgerüsteten stationären oder transportablen Computerräumen in der benötigten Größe ermöglicht. Es wird eine vollständige
Netzwerk-Kommunikation zur Verfügung gestellt, die die benötigten
Anschlußmöglichkeiten und Leitungen umfaßt.

Als Hardware ist eine IBM 3081 GX 24/24 mit insgesamt 74 Giga Byte
Plattenkapazität und den nötigen DFÜ-Anschlüssen installiert. Die
im Vertrag für den einzelnen Kunden spezifizierte Hardware-Konfi-
guration steht im Katastrophenfall bis zu 2 Monaten zur Nutzung in
drei verschiedenen Schichtintervallen zur Verfügung. Abb. 4
- prime shift   08.00 - 18.00 Uhr Montag - Freitag
- extendet prime shift   06.00 - 20.00 Uhr Montag - Samstag
- full time   00.00 - 24.00 Uhr 7 Tage in der Woche
Innerhalb der zweimonatigen Nutzungszeit kann auf der frei verfügbaren Installationsfläche der Computerräume das Ersatz-EDV-System
installiert werden.
Die Verträge regeln entsprechend den 3 Service-Stufen und der gewünschten Schicht-Nutzung die monatlich zu zahlenden Gebühren. Im
Falle von Full Service in full time betragen die Gebühren für eine
IBM 308X mit 60 Plattenlaufwerken und 10 Tape-units und Common i/o
hfl 111.900,-- monatlich. Für den Economy Service als niedrigste Ser-
vice-Stufe und kürzeste Schicht ermäßigt sich die Gebühr auf hfl
38.800,-- im Monat. Für eine IBM 4341-2 mit 10 Plattenlaufwerken und
5 Tape-units betragen die entsprechenden Gebühren hfl 14.400,-- und
hfl 5.000,--. In einer Reaktionszeit von 6 Stunden bis zu einigen
Tagen wird die Übernahme von spezifischen Arbeiten garantiert, wenn
die vorgeschriebenen Testläufe absolviert worden sind. Abb. 4 Folges.

Die Gesellschaft für Informationssysteme mbH hat vor 2 Jahren ihren
Geschäftsbetrieb eröffnet und Ende Oktober 1984 ein zweites Ausweich-
zentrum in Düsseldorf in Betrieb genommen. Als Geschäftszweck wird
Back-up-Service und zusätzliche Computerkapazität zur Verfügung ge-
stellt sowie DV-Beratung und Schulung betrieben. Kunden sind 20 IBM-
Großanwender in den Bereichen Handel, Industrie, Banken und
Versicherungen. Die Gesellschaft bietet Back-up-Service unter dem
Motto "Warmes Rechenzentrum - so heiß als möglich" an. Die Bereit-
stellung des Back-up-Rechenzentrums erfolgt innerhalb von spätestens

24 Stunden. Es sind jährliche Testläufe vorgeschrieben und es erfolgt
eine permanente organisatorische Überprüfung der Back-up-Maßnahmen.

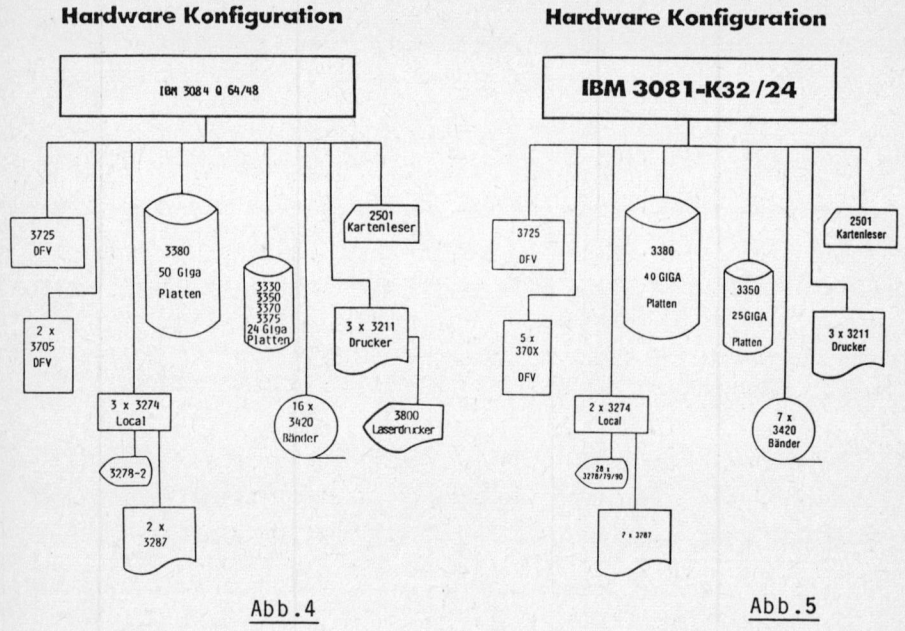

Hardware Konfiguration   **Hardware Konfiguration**

Abb.4   Abb.5

Die Gesellschaft bietet ihren Back-up-Service für eine Dauer von
längstens 5 Monaten an. In der monatlichen Gebühr ist ein fünfmaliger
Test pro Jahr vorgesehen. Außerdem besteht die Möglichkeit, auf der
Grundlage des Back-up-Vertrages das EDV-System zusätzlich für die
Durchführung von Testarbeiten und zur Abdeckung von Kapazitätsspitzen
zu nutzen. Die Gesellschaft erstellt Back-up-Studien mit der Aufstellung der entsprechenden Infrastruktur und als Grundlage des Katastrophenplanes eine Sicherheitsstudie, die den Back-up-Service im
Rechenzentrum einschließt. Es sind auch hier Räume für die Ersatzinstallation von EDV-Systemen vorhanden. Bei Eintritt von zwei Katastrophenfällen wird die Kapazität entsprechend der vertraglich spezifizierten Konfiguration zwischen den beiden Benutzern aufgeteilt.
Außerdem wird sofort eine Ersatzinstallation für einen der beiden
Benutzer in Angriff genommen, um die Zeit der eingeschränkten Benutzung möglichst kurz zu halten.

Die monatlichen Gebühren für eine IBM 3081/K mit 4 Mips und 15 Giga Bytes Plattenkapazität beträgt 14.000,-- DM. Die monatliche Gebühr für eine Installation mit 2 x IBM 3081/K mit 25 Mips und 30 Giga Bytes Plattenkapazität beträgt 85.000,-- DM. Bei Eintreten des Notfalls wird als Nutzungsgebühr die 10-fache monatliche Vorhaltegebühr berechnet. Diese Notfallnutzungsgebühr kann durch eine Mehrkostenversicherung abgedeckt werden. Abb. 5

Die zusätzliche Nutzung für Test-Arbeiten oder zur Abdeckung von Kapazitätsspitzen wird in nachgeordneter Priorität angeboten. Sie ist preislich so gestaltet, daß die Kosten eines Testbetriebes für eine Testanlage im eigenen Hause bei Durchführung der Arbeiten im Back-up-Rechenzentrum die Vorhaltegebühr für den Back-up-Service einschließt. Außerdem bietet es sich an, die Testarbeiten für die Umstellung auf andere Betriebssystem-Versionen im Rechenzentrum vorzunehmen und erst bei Erreichen der Stabilität auf das eigene System zu übernehmen. Die Benutzung des Back-up-Rechenzentrums als Ausweich-Rechenzentrum im oben aufgeführten Sinne stellt die Absicherung eines Notfalls auf wirtschaftlicher Grundlage dar.

Die Gesellschaft hat als Hardware eine IBM 3081/K 24/24 mit 45 Giga Bytes Plattenkapazität, 7 Magnetbändern und den notwendigen DFÜ-Anschlüssen installiert. Dabei wurde den Möglichkeiten der DFÜ-Anschlüsse und der entsprechenden Umschaltung des Kunden-Netzes auf das Back-up-Rechenzentrum größte Aufmerksamkeit gewidmet. Damit können die individuellen Bedürfnisse der einzelnen Kunden in jeder Beziehung abgedeckt werden.

4. Die Kosten des Back-up

4.1 Back-up-Aufwand als Risikoprämie

Der nicht unbeträchtliche Aufwand für die Absicherung durch Back-up ist als reine Risikoprämie anzusehen. Für die Ermittlung der Höhe einer vertretbaren Prämie gilt folgende Faustformel: 1 - 3 % des EDV-Budgets oder 8 - 10 % der Monatsmiete der EDV-Systeme.

Bei einem Jahres-EDV-Budget von 25,0 Mio DM beträgt also die Risikoprämie bei 2 % 500.000,-- DM. Im Hinblick darauf, daß bei überwiegend dialogorientierter Sachbearbeitung die Existenz des Unternehmens bei einem Ausfall von 5 - 10 Tagen gefährdet sein kann, ist die Höhe der Risikoprämie als vertretbar zu bewerten.

4.2 Back-up-Aufwand in Kombination mit Test-Aufwand

Zwei größere Kunden benutzen das Ausweich-Rechenzentrum auch für Test-
und andere Arbeiten und haben festgestellt, daß die Kosten für die
Testarbeiten und für Back-up im Ausweich-Rechenzentrum mit den Kosten
für ein EDV-System im eigenen Hause vergleichbar sind. Die Kosten
für ein Back-up sind in den Kosten für Testarbeiten eingeschlossen.
Dabei ist natürlich zu berücksichtigen, daß diese Testarbeiten in
nachrangiger Priorität durchgeführt und bei Eintreten eines Notfalls
auszusetzen oder auf die EDV-Systeme anderer Kunden in der Nachtschicht
zu verlegen sind.

4.3. Back-up-Aufwand in Kombination mit Abdeckung der Bedarfsspitzen

Die Erfahrungen der Benutzer größerer EDV-Systeme haben gezeigt, daß
der Kapazitätsbedarf innerhalb von 18 Monaten eine Kapazitätsanpas-
sung durch Modellaufstockung oder Modellwechsel als notwendig erweist.
Dabei ist die Anpassung meist nur in der Form möglich, daß ein Kapa-
zitätsblock hinzugenommen werden muß, der den eigentlichen Kapazitätsbedarf gegenwärtig übersteigt. Wenn es gelingt, die Bearbeitung von
Teilbereichen von Batch- und Auswertungsarbeiten auf das Back-up-
Rechenzentrum zu verlagern, können erhebliche Kosten für die Überka-
pazität eingespart werden.

5. Infrastruktur des Netzes zur Sicherung eines Kommunikationssystems

Ein Back-up-Rechenzentrum sollte über genügend Anschlußstellen für
X.22-Leitungen mit 64 kbit/s verfügen. Diese Leitungen lassen sich
jeweils in 5 Leitungen à 9.600, in 10 Leitungen à 2.400 bit/s unter-
teilen. Der Übertragungsmodus dafür kann DATEX-L, DATEX-P, HFD oder
IM (Internationale Mietleitungen) sein.

Die TP-Umschaltung sollte bei der Datenumsetzerstelle der Deutschen
Bundespost mittels ZD-A3 erfolgen. Damit lassen sich die gesamten
Außennetzverbindungen schnell vom Kunden-Rechenzentrum auf das Back-
up-Rechenzentrum umschalten. Abb. 6

Die Lösungsmöglichkeiten für den Back-up des Local-Netzes kann in
verschiedenen Varianten erfolgen. Sie reichen von dem tresorartig
gesicherten Koax-Verteiler bis zur Schaltung von gesonderten Inhouse-
und Post-Modem's, die den Front-End-Rechnern angeschlossen sind. Abb.7
Die Infrastruktur des Netzes muß den individuellen Anforderungen entsprechend so gestaltet werden, daß die Terminal-Benutzer außer der
eigentlichen Umschaltzeit keinerlei Einschränkung verspüren.

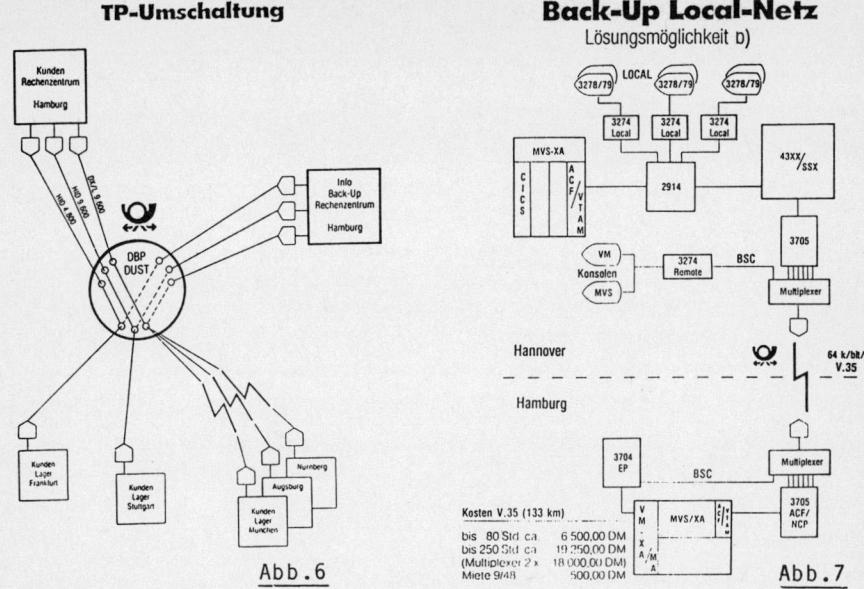

TP-Umschaltung

Back-Up Local-Netz
Lösungsmöglichkeit D)

Abb.6

Abb.7

6. Zweck und Aufstellung der Katastrophenplanung

Die Sicherheits- und Katastrophenplanung dient der Weiterführung
derjenigen EDV-Arbeitsabläufe, die auch nach eintretender Katastrophe
weiterlaufen müssen, damit die betroffene Gesellschaft im Wettbewerb
überleben kann. Dabei ist den "vorbeugenden Maßnahmen" besondere
Bedeutung beizumessen, da es in jedem Fall besser ist, einen EDV-
Ausfall zu vermeiden, als sich in eine defensive Position zu begeben.
Eine Katastrophenplanung muß vollständig durchführbar und daraufhin
getestet sein, um sicherzustellen, daß die überlebensnotwendigen
Arbeitsabläufe fortgesetzt werden können. Dies wird eine dauernde
Modifizierung nach sich ziehen.

Zur Untermauerung einer Entscheidung zu einer der aufgeführten
Lösungen ist die Aufstellung eines EDV-Katastrophenplanes notwendig.
Er muß die Aufstellung der Arbeiten nach Prioritäten unter dem Gesichtspunkt der Unabdingbarkeit der durchzuführenden Maßnahmen beinhalten.

Gegenstand der Erarbeitung des Sicherheits- und Katastrophenplanes einer Gesellschaft sind die folgenden Gebiete:

- Management
- EDV
- Prioritäten der Arbeitsgebiete
- Kapazität für Back-up-Rechenzentrum
- Back-up-Datenbestände
- Möglichkeiten, die Datenverarbeitungskapazität wieder herzustellen
- Netzwerk
- Andere Katastrophenmaßnahmen

7. Wichtige Kriterien zur Beurteilung von Back-up-Systemen

Als erstes ist das Kriterium der Funktionalität und der Netzwerk-infrastruktur zu beurteilen.

Ein dialogabhängiges EDV-System kann nur durch ein warmes Rechen-zentrum abgesichert werden, das in maximal 24 Stunden an seine Stelle treten kann.

Das zweite Kriterium zur Beurteilung besteht in dem Zeitaufwand, der bis zur Wiederingangsetzung benötigt wird.

Die Intervalle der Datensicherung, die maximal 24 Stunden be-tragen sollten, bestimmen den Wiederholungsaufwand der verloren-gegangenen Dialogbearbeitung. Vor allem aber diejenigen Tage, die bei den unterschiedlichen Lösungen vergehen, bis der Trans-aktionsstau aufgelöst und die Datenbank wieder up-to-date ist.

Als drittes Kriterium sind die Kosten vor Eintritt des Back-up-Falles zu bewerten.

Es kann sich dabei um die reine Risikoprämie und die Kosten für das Testen des Notfalls handeln. Oder sie werden im Zusammenhang mit den Kosten für Testarbeiten und die Abdeckung der Kapazitäts-spitzen betrachtet. Es kommen die Leitungskosten für die Kommuni-kation mit dem Back-up-Rechenzentrum hinzu.

Als weiteres Kriterium müssen die Kosten nach Eintritt des Back-up-
Falles herangezogen werden.

Je nach Angebot der Back-up-Rechenzentren sind die Kosten für die
Benutzung im Notfall sowie den dafür notwendigen Testaufwand in
der laufenden Gebühr enthalten oder sie müssen bei geringerer
laufender Gebühr im Notfall durch ein 10-faches dieser Gebühr
bezahlt und nach Möglichkeit durch eine Mehrkostenversicherung
abgedeckt werden.

Als letztes Kriterium ist der laufende Anpassungsaufwand beim Benutzer heranzuziehen.

Bei größeren Installationen fällt der Personalaufwand für ein
2-Mann-Team an, und zwar für die Wartung nachfolgender Aufgabengebiete in dauernder Abstimmung mit dem Back-up-Rechenzentrum:

- Fortschreiben des Katastrophenplanes
- Überwachung der Konfigurationsanforderungen
- Überwachung und Anpassung der Datensicherungsintervalle
- Fortschreibung der Betriebssystem-Version mit den ent-
  sprechenden TP-Anschlüssen
- Durchführung der laufenden Korrekturen für die Netzwerk-
  Anforderungen
- Überprüfung der vorgenannten Aufgabengebiete beim Design
  neuer Anwendungen.

Literatur- und Anschriftenverzeichnis

GÖTZE, Back-up-Rechenzentrum -
Spekulation oder Realität
in "Das Rechenzentrum", Heft 1/1983

GÖTZE, "Die geplante Katastrophe"
Konzepte zur Katastrophenplanung
Praktische Back-up-Lösungen
in CW-CSE Tagungsband über
Leistungsoptimierung und
Leistungssicherung im Rechenzentrum.
München 1984

GUF, Gesellschaft für Unternehmensführung mbH
Hamburg in BIFOA Seminar
Back-up-Systeme, Ausweichzentren
für den Katastrophenfall
31. Januar / 1. Februar 1985

LUNA- Container System, Hamburg in Gemeinschaft
mit Schenker u. Co. GmbH Frankfurt
in BIFOA Seminar wie vorstehend

GÖTZE, Eine Kooperationslösung mehrerer
Benutzer in BIFOA Seminar wie vorstehend

Supercomputer als Mehrprozessoranlage -
Erfahrungen und Ergebnisse

Dipl.-Math. Geerd-R. Hoffmann
Leiter des Rechenzentrums
Europäisches Zentrum für mittelfristige Wettervorhersage

Shinfield Park
Reading, Berks. RG29AX
England

1. Einführung

Die Erstellung von Wettervorhersagen mittels Rechenanlagen ist einerseits
gekennzeichnet durch die Größe des Problems, welches den Einsatz der jeweils
leistungsstärksten Anlage bisher rechtfertigte, und andererseits durch den
zeitkritischen Charakter der Ergebnisse, welche nur von Wert sind, wenn die Zeit
für die Vorhersage geringer ist als der Vorhersagezeitraum. Diese beiden
Aspekte der numerischen Wettervorhersage haben dazu geführt, daß die großen
meteorologischen Vorhersagezentren die jeweils leistungsstärkste, kommerziell
verfügbare Rechenanlage anschafften und dann größte Anstrengungen unternahmen,
die Rechenleistung für das eine Problem der Wettermodellrechnung auch optimal zu
nutzen. In der Regel bestand die Optimierung der Programme darin, wenigstens
die am häufigsten benutzten Routinen in Assembler zu implementieren und das
Ein-/ Ausgabeverhalten des Programmes der Rechengeschwindigkeit anzupassen, um
eine größtmögliche Überlappung von Ein-/Ausgabe und Verarbeitung zu erzielen.

Die Entwicklung der gegenwärtig als "Supercomputer" bezeichneten Rechenanlagen
wie der CRAY-1 oder der Control Data CYBER 205 hat jedoch eine Leistungsschwelle
erreicht, die wegen der endlichen Lichtgeschwindigkeit ohne grundlegende
Änderung der Maschinenarchitektur oder Technologie nur überschritten werden
kann, wenn Mehrprozessoranlagen eingesetzt werden. Die Firma Cray Research,
Inc. hat 1982 diesen Schritt mit der CRAY X-MP vollzogen, die zur Zeit mit bis
zu vier Prozessoren ausgerüstet werden kann. Jeder dieser Rechnerkerne
übertrifft die Leistung einer CRAY-1 bis zum 1.8-fachen.

Im folgenden werden die Erfahrungen beschrieben, die das Europäische Zentrum für mittelfristige Wettervorhersage mit dem ersten Mehrprozessorsupercomputer hat machen können.

2. Das Europäische Zentrum für mittelfristige Wettervorhersage (EZMW)

Das EZMW wurde 1975 von 17 europäischen Nationen gegründet, um folgende Ziele zu erreichen:

- Entwicklung dynamischer Modelle der Atmosphäre zur Erarbeitung mittelfristiger Wettervorhersagen mit Hilfe numerischer Methoden;
- regelmäßige Erstellung der für die Erarbeitung mittelfristiger Wettervorhersagen notwendigen Daten;
- Ausführung wissenschaftlicher und technischer Forschungsarbeiten zur Verbesserung der Qualität dieser Vorhersagen;
- Sammlung und Speicherung zweckdienlicher meteorologischer Daten;
- Bereitstellung eines Prozentsatzes seiner Rechenkapazität für Forschungsarbeiten der meteorologischen Zentren der Mitgliedsstaaten, vor allem auf dem Gebiet der numerischen Wettervorhersagen.

3. Gegenwärtige Rechnerkonfiguration

Neben einer CRAY X-MP/2200, d.h. einer Anlage mit zwei Prozessoren und zwei Mega (10^6) Worten Hauptspeicher zu je 64 bit, die Ende 1983 geliefert wurde und im März 1984 die seit 1978 installierte CRAY-1A ersetzte, betreibt das EZMW eine Control Data CYBER 180-855, eine CYBER 180-835, eine IBM 4341-M12, eine Digital Equipment VAX 11-750 und zwei Regnecentralen RC8000. Die Maschinen sind mit der für ein Rechenzentrum dieser Größe üblichen Peripherie ausgestattet, insbesondere ist an die CRAY X-MP ein Solid-State Storage Device (SSD) mit einer Speicherkapazität von 16 Mega Worten zu je 64 bit und mit einer Übertragungsrate von 640 Mega Bytes pro Sekunde angeschlossen. Einzelheiten sind in Hoffmann (1983) aufgeführt.

Verbunden sind die Rechenanlagen einerseits durch Kanalkopplungen zwischen CYBER und CRAY und zwischen CYBER und RC Rechnern und andererseits, mit Ausnahme der RC Anlagen, durch ein von Control Data hergestelltes Hochgeschwindigkeitsnetzwerk, dem Loosely Coupled Network (LCN). Abbildung 1

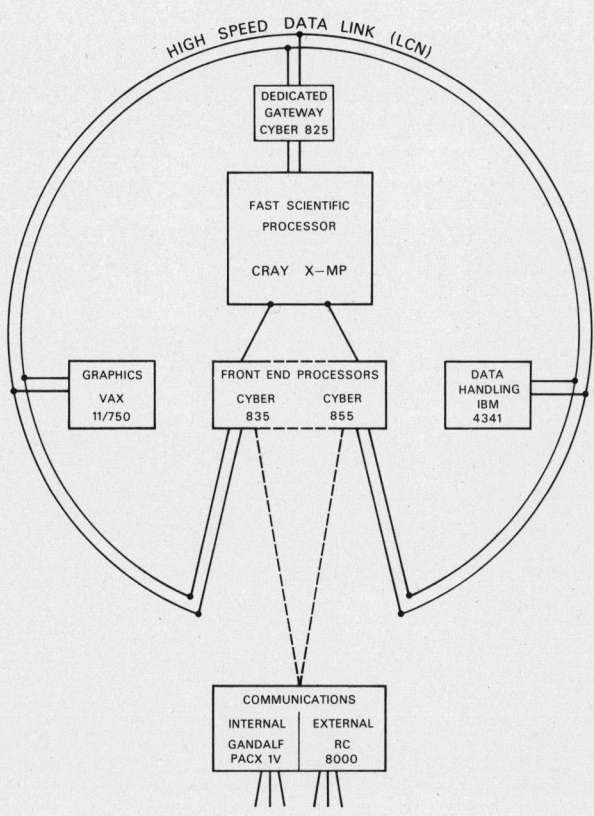

Abb. 1 Gegenwärtige Rechnerkonfiguration des EZMW

zeigt eine schematische Übersicht der Konfiguration.

4. Vergleich der CRAY X-MP mit der CRAY-1

4.1 Hardware

Wie Abbildung 2 zu entnehmen ist, besteht die CRAY X-MP/2200 aus zwei
identischen Prozessoren, die Zugriff auf einen gemeinsamen Hauptspeicher und
drei Synchronisationsregistersätze besitzen. Die gemeinsamen Register enthalten
jeweils 32 Semaphoren zu je einem bit, welche mittels "Test and Set"
Instruktionen zur Synchronisation der Prozessoren verwendet werden können. Auf
Grund der Verwendung von Basisadresse und Feldlänge zum Speicherschutz müssen
Hauptspeichergebiete, auf die von beiden Prozessoren zugegriffen werden soll,
zusammenhängend sein, und ein nur Lesezugriff ist nicht möglich.

Die Prozessoren entsprechen im Aufbau jeweils einer CRAY-1, jedoch ist die
Anzahl der Parallelzugriffe zum Hauptspeicher gegenüber der CRAY-1 vervierfacht
worden, um einem Engpaß der CRAY-1 Architektur abzuhelfen. Zudem ist die
Zykluszeit von $12.5*10^{-9}$ Sekunden (nsec) auf 9.5 nsec verringert und sind
geringfügige Änderungen bei den Rechenwerken vorgenommen worden. Einzelheiten
sind Cray (1982) zu entnehmen.

Testprogramme des EZMW haben für einen Prozessor eine Leistung zwischen dem 1.2
bis 1.8-fachen einer CRAY-1 gemessen.

Da sich gegenüber der CRAY-1 die möglichen Hauptspeicherzugriffe bei nahezu
gleichbleibender Speicherzykluszeit von 38 nsec verachtfacht haben, kommt bei
der CRAY X-MP/2200 der Anzahl der voneinander unabhängigen Speicherblöcke
verstärkte Bedeutung zu. Bei der im EZMW installierten Anlage mit zwei Mega
Worten Hauptspeicher in sechzehn Speicherblöcken wird bei voller Auslastung der
Hauptspeicherzugriffe alle zwei Maschinenzyklen bereits ein Speicherblock
angesprochen, was zu Wartezeiten von je 19 nsec führt und damit in einer
Verlangsamung der Maschine um bis zu 50% resultieren kann. Solche Fälle treten
jedoch äußerst selten auf, häufiger sind Verzögerungen in der Laufzeit von
Programmen in der Größenordnung von 10-15% beobachtet worden, wenn gleichzeitig

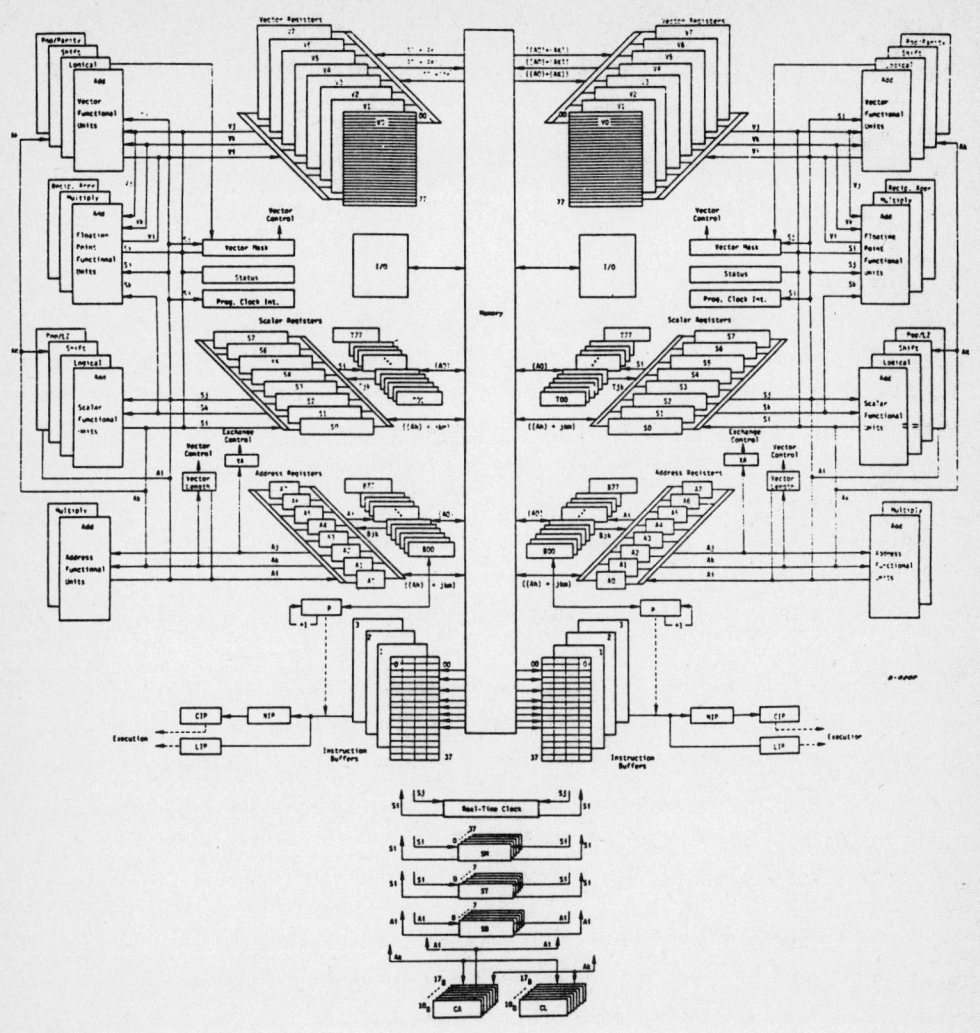

Abb. 2 Funktionales Schaubild einer CRAY X-MP mit zwei Prozessoren

parallel dazu ein sehr speicherintensives Programm bearbeitet wurde, d.h. im

Falle der CRAY ein Programm mit vielen Vektorinstruktionen. Dieses Problem ist durch eine Verdopplung des Hauptspeichers auf vier Mega Worte leicht zu lösen, jedoch erhöht sich dann auf Grund der verhältnismäßig hohen Hauptspeicherkosten der Systempreis beträchtlich.

4.2 Software

Um die Mehrprozessoranlage CRAY X-MP benutzen zu können, wurde das Betriebssystem COS der CRAY Serie derart geändert, daß

(a) zwei voneinander unabhängige Jobs parallel abgearbeitet werden können und die Betriebsmittel dabei dynamisch den Jobsteps zugeteilt werden oder

(b) in einem Jobstep eines einzelnen Jobs mehrere parallele Tasks zugelassen werden, die sich um die Zuteilung der Prozessoren bewerben. Hierbei ist unter einem "Task" ein in sich adreßmäßig abgeschlossenes Programm zu verstehen, welches jedoch gemeinsame Speicherbereiche mit parallelen Tasks besitzen kann. In diesem Fall ist die Synchronisation der Tasks dem Benutzer überlassen.

Die neue Version des Betriebssystems wurde ab Herbst 1983 ausgeliefert und wird gegenwärtig auf allen CRAY Systemen mit Ausnahme der CRAY-2 unterstützt.

Während (a) den Durchsatz der CRAY X-MP gegenüber der CRAY-1 erhöht, kann mittels (b) die gesamte Rechenleistung der Maschine für die Lösung eines einzigen Problems genutzt werden. Wie oben ausgeführt, ist diese Nutzung für die Wettervorhersage typisch und wird deshalb im folgenden ausführlicher behandelt.

5. Parallelverarbeitung mit der CRAY X-MP

Um parallele Tasks von FORTRAN Programmen aus verwalten zu können, wurden
Änderungen im FORTRAN Übersetzer CFT für die CRAY vorgenommen und spezielle
Unterprogramme bereitgestellt, die in Cray (1984) beschrieben sind. Da alle
parallelen Tasks, wie oben ausgeführt, Zugriff zu demgleichen
Hauptspeicherbereich haben und damit reentrante Programme naheliegen, wurde die
Parameterübergabe für FORTRAN Unterprogramme und der Speicherbedarf für lokale
Variable mittels Stackspeicherverwaltung gelöst. COMMON Bereiche werden
statisch zugeteilt und sind generell von allen parallelen Tasks eines Jobsteps
aus ansprechbar. Es ist Aufgabe des Programmierers sicherzustellen, daß COMMON
Variable nur kontrolliert verändert werden können.

5.1 Bibliotheksprogramme

5.2 Taskverwaltung

Dem Programmierer steht eine Routine TSKSTART zur Verfügung, um innerhalb eines
Programmes einen neuen Task zu starten. Als Parameter wird ein Kontrollbereich
und der Name eines Unterprogrammes mit eventuellen Aufrufparametern angegeben,
welches das Hauptprogramm für den neuen Task darstellt. Mittels TSKWAIT kann
auf die Beendigung eines einmal gestarteten Tasks gewartet werden. TSKTEST gibt
die Möglichkeit, den Status eines Tasks in Erfahrung zu bringen.

5.3 Synchronisation von Tasks

Neben der Möglichkeit mittels eines selbst zu entwickelnden Programmes in
Assembler die Semaphorenregister direkt zu verwenden, werden vom Betriebssystem
zwei verschiedene Arten der Synchronisation von Tasks bereitgestellt.

Die erste Methode verwendet "locks", d.h. es wird eine gemeinsame Variable mittels LOCKASGN definiert, die nur die Zustände "offen" und "geschlossen" annehmen kann, und dazu eine Operation LOCKTEST angeboten, die eine "Test and Set" Instruktion auf der Variablen simuliert. LOCKOFF setzt eine Variable auf den Zustand "offen", wohingegen LOCKON ein LOCKTEST nach einem eventuellen Warten auf den Zustand "offen" darstellt. Mittels dieser Bibliotheksprogramme können Synchronisation und gegenseitiger Ausschluß von Tasks programmiert werden.

Die zweite Methode verwendet mit EVASGN definierte gemeinsame "events" oder Signale, um Tasks zu synchronisieren. Man kann ein Signal setzen (EVPOST), auf eines warten (EVWAIT), es löschen (EVCLEAR) oder es testen (EVTEST). Mit diesen Hilfsmitteln können ebenfalls Synchronisation und gegenseitiger Ausschluß programmiert werden.

Es ist dem Benutzer überlassen, welche der beschriebenen Methoden er in seinem Programm verwenden will. Wie in Gibson (1984) ausgeführt, ist im EZMW eine Reihe von Versuchen durchgeführt worden, um für ein Wettervorhersagemodell mit hoher Auflösung die beste Verteilung auf die Prozessoren der CRAY X-MP zu finden und die Effizienz der von der Firma Cray Research, Inc. angebotenen Hilfsmittel zu ermitteln. Vorläufige Ergebnisse mit zwei Prozessoren haben eine Verminderung der Verweilzeit um den Faktor 1.76 gegenüber der Version mit einem Prozessor gezeigt, jedoch ist anzunehmen, daß dieser Wert noch auf 1.85 gesteigert werden kann. Dieses Resultat liegt innerhalb der auf Grund der Programmstruktur zu erwartenden Grenzen und zeigt, daß der zusätzliche Verwaltungsaufwand für die Tasksynchronisation gegenüber der Laufzeit des Programmes vernachlässigbar ist.

5.4 Beispiel

Das folgende Beispiel, das teilweise Cray (1984) entnommen wurde, soll einen Eindruck vermitteln, wie ein FORTRAN Programm mit Hilfe der zur Verfügung gestellten Bibliotheksprogramme in zwei parallelen Tasks ablaufen kann.

```fortran
      PROGRAM MULTI
      INTEGER TASKARY(3)
      EXTERNAL DOWORK
      SAVE ILEN
      REAL DATA(40000)
      COMMON IFLAG, NUMBER
C
C     SET UP LOCK VARIABLE
C
      CALL LOCKASGN(IFLAG)
C
C     SET UP DATA
C
      NUMBER = 0.0
      ILEN = 20000
C
C     CREATE PARALLEL TASK TO WORK ON FIRST HALF OF DATA
C
      TASKARY(1) = 3
      TASKARY(3) = 'TASK 1'
C
C     CALL TASK
C
      CALL TSKSTART(TASKARY,DOWORK,DATA(1),ILEN)
C
C     CALL ROUTINE TO WORK ON SECOND HALF OF DATA
C
      CALL DOWORK(DATA(20001),ILEN)
C
C     WAIT FOR FIRST TASK TO FINISH
C
      CALL TSKWAIT(TASKARY)
C
C     CONTINUE WITH OTHER WORK
C
      END
```

```
      SUBROUTINE DOWORK(DATA, LENGTH)
      REAL DATA(LENGTH)
      COMMON IFLAG, NUMBER
C
C     ENTER CRITICAL REGION
C
      CALL LOCKON(IFLAG)
C
C     UPDATE SHARED VARIABLE
C
      NUMBER = NUMBER + 1.0
C
C     EXIT FROM CRITICAL REGION
C
      CALL LOCKOFF(IFLAG)
C
C     PROCESS NON-SHARED DATA
C
      RETURN
      END
```

6. Erfahrungen beim Betrieb der CRAY X-MP

6.1 Ausfallsicherheit

Die CRAY X-MP/2200 des EZMW mit Seriennummer 105 wurde im Herbst 1983 geliefert und nach gründlichen Tests im März 1984 in vollen Betrieb genommen. Wie sich Abbildung 3 entnehmen läßt, ist die Ausfallsicherheit der Anlage sehr gut und entspricht den Werten, die mit der weniger komplexen CRAY-1A erreicht wurden. Im Jahresmittel wurde eine Systemverfügbarkeit von mehr als 159 Stunden pro

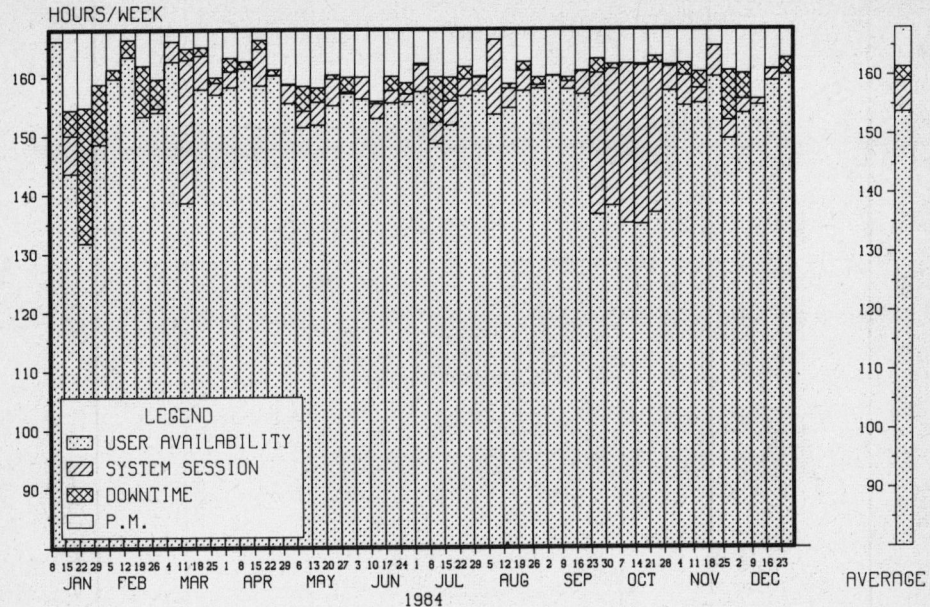

Abb. 3 Verfügbarkeit der CRAY X-MP im Jahr 1984

Woche erzielt. Etwas über 6 Stunden wurden für die Wartung und knapp 2.4 Stunden für Reparaturen benötigt.

6.2 Auslastung

Die Maschinenauslastung der CRAY X-MP für 1984 ist in Abbildung 4 widergegeben. Wie schon in Hoffmann (1982) für die CRAY-1A ausgeführt wurde, besteht das Problem bei Rechnern dieser Leistungsklasse darin, ein ausgewogenes Verhältnis zwischen Rechenleistung und Ein-/Ausgabe zu erhalten. Dieses Ziel ist mit der CRAY X-MP bisher noch nicht erreicht worden, obwohl eine deutliche Verbesserung der Auslastung gegen Ende des Jahres festzustellen ist. Der Grund für den hohen Anteil von "blocked" Zeit, d.h. daß beide Prozessoren auf die Beendigung von

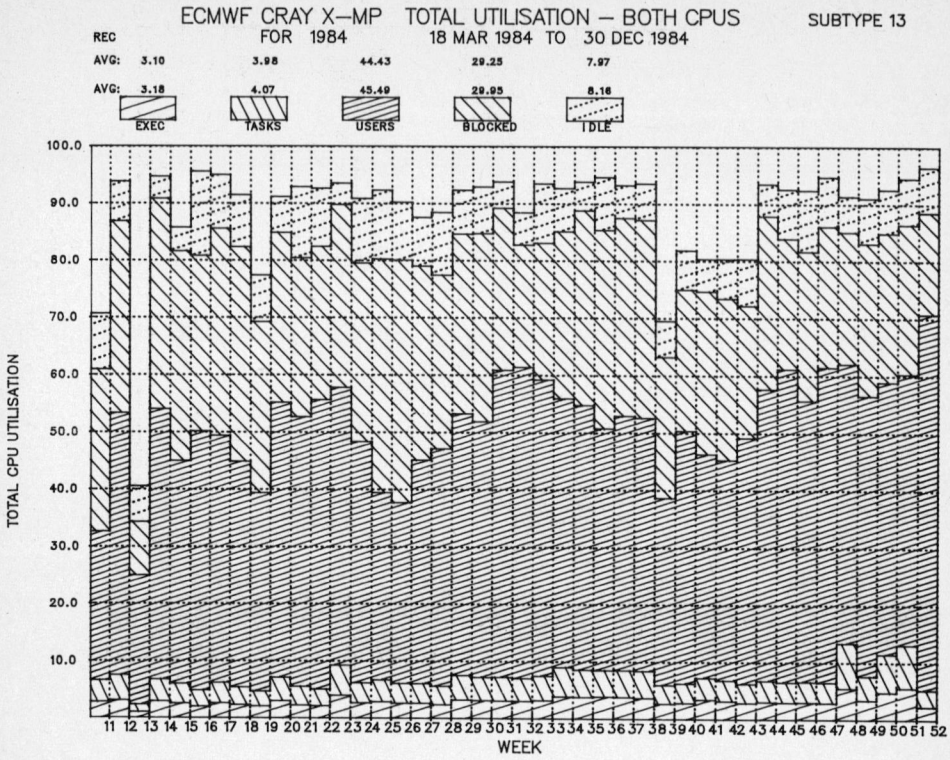

Abb. 4 Maschinenauslastung der CRAY X-MP im Jahr 1984

Ein-/Ausgabe warten und kein rechenwilliges Programm zur Verfügung steht, ist darin zu suchen, daß zum einen die automatische Verwaltung des SSD noch nicht von Cray Research, Inc. geliefert wurde und zum anderen ein zusätzlicher I/O-Rechner mit sechs Magnetplatten erst Anfang Novemver 1984 installiert werden konnte.

Dem detaillierten Auslastungsschaubild vom 6. August 1984 (s. Abbildung 5) ist das Ergebnis der Optimierung der Vorhersageprogramme zu entnehmen, denn in der Zeit von 00.30 Uhr bis 04.00 Uhr rechnete das Wettermodell mit hoher Auflösung, das in Gibson (1984) beschrieben wird, als Mehrprozessorversion, und zwischen

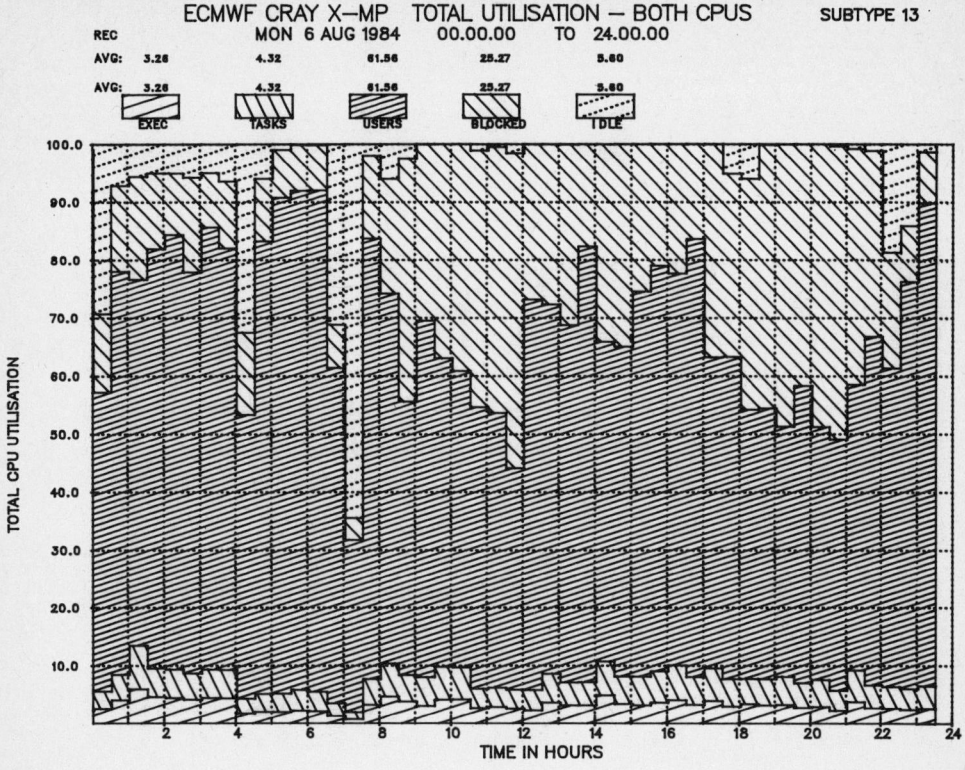

Abb. 5 Maschinenauslastung der CRAY X-MP am 6. August 1984

04.30 Uhr und 06.30 Uhr wurden zwei Vorhersageprogramme unabhängig voneinander parallel verarbeitet. In beiden Fällen lag die Maschinenauslastung bei über 80%. Im Vergleich dazu betrug die durchschnittliche Jahresauslastung nur etwas über 52%. Es ist zu erwarten, daß im laufenden Jahr eine Auslastung von etwa 70% erreicht werden kann.

6.3 Mehrprozessorbetrieb

Obwohl wie oben gezeigt, sich ein FORTRAN Programm verhältnismäßig leicht so schreiben läßt, daß es alle Prozessoren einer CRAY X-MP benutzt, haben sich in der Anwendung eine Anzahl von Problemen bemerkbar gemacht, die zur Zeit die Verwendung der Mehrprozessortechnik auf einzelne, sehr zeitkritische Aufgaben beschränkt. Im einzelnen sind folgende Schwierigkeiten aufgetreten:

(a) Zugriff zum gesamten Speicherbereich aller parallelen Tasks
Dieser globale Zugriff durch sämtliche Tasks eines Jobsteps kann sich bei Programmierfehlern wie falschen Arrayindices so auswirken, daß die Fehlerverfolgung fast unmöglich wird, da sich ein Ergebnis nicht mehr reproduzieren läßt, wenn Variable eines anderen Tasks irrtümlich überschrieben wurden. Es gibt zur Zeit keine Möglichkeit, diesen Fehler außer durch sehr genaue Programmanalyse zu lokalisieren. Die softwaremäßige Unterstützung der in der Hardware vorhandenen zwei Registerpaare pro Prozessor für den Speicherschutz könnte hier Abhilfe schaffen.

(b) Fehlen von Hilfsmitteln zur Kontrolle des Zugriffs auf gemeinsame Variable
Gegenwärtig gibt es noch kein Standardprogramm, welches prüft, ob gemeinsame COMMON Variable von Tasks nur innerhalb von kritischen Regionen angesprochen werden. Das EZMW hat in dieser Hinsicht Entwicklungsarbeiten geleistet (vgl. Gibson (1984)), jedoch steht noch ein von Cray Research, Inc. unterstütztes Programm aus, das auch die Fälle berücksichtigt, wenn gemeinsame Variable in Bereichen sind, welche mittels POINTER Anweisungen addressiert werden.

(c) Aufteilung eines FORTRAN Programmes in verschiedene Tasks
Die Aufteilung eines FORTRAN Programmes in verschiedene Tasks muß derart vorgenommen werden, daß alle Prozessoren gleichmäßig ausgelastet sind. Dazu bedarf es, daß Wartezeiten auf Tasksynchronisation so gering wie möglich gehalten werden. Es gibt zur Zeit jedoch noch keine Möglichkeit, nach Programmablauf festzustellen, wieviel Zeit im Wartezustand verbracht wurde. Globale Auslastungsstatistiken wie in Abbildung 5 können nur Auskunft über große Programmläufe geben, eine Aussage pro Job ist nicht möglich. Es bedarf deshalb einer Verfeinerung der vom Betriebssystem geführten Abrechnungstabellen.

7. Zusammenfassung und Ausblick

Für das EZMW haben sich bisher die Erwartungen erfüllt, die mit dem Austausch der CRAY-1A gegen eine CRAY X-MP/2200 verbunden waren. Es ist trotz der oben aufgeführten Schwierigkeiten gelungen, beide Prozessoren für ein Vorhersagemodell mit hoher Auflösung effizient zu nutzen und für diese Anwendung eine Leistungssteigerung gegenüber der CRAY-1A um den Faktor vier zu erzielen. Der Gesamtdurchsatz der Maschine hat sich gegen Ende 1984 gegenüber 1983, als noch die CRAY-1A in Betrieb war, verdreifacht, die Anforderungen an die Vorschaltrechner haben sich dabei in etwa verdoppelt.

In Blick auf die Zukunft kann davon ausgegangen werden, daß die Benutzung der CRAY X-MP im Mehrprozessorbetrieb zunehmen wird, jedoch ist eine Lösung der aufgeführten Schwierigkeiten Voraussetzung dafür, daß diese Programmtechnik allgemein Anwendung finden kann. Da Systeme mit mehr als zwei Prozessoren bereits vorhanden sind und eine weitere Zunahme der Anzahl von möglichen Prozessoren zu erwarten ist, ist es von größter Bedeutung, daß die notwendigen Hilfsmittel so schnell wie möglich zur Verfügung gestellt werden, da die Schwierigkeiten bei der Benutzung von mehreren Prozessoren vermutlich nicht nur linear mit der Anzahl der Prozessoren anwachsen werden.

8. Literatur

Cray Research, Inc.: CRAY X-MP Computer Systems. CRAY X-MP Series Mainframe Reference Manual. HR-0032. 1982.

Cray Research, Inc.: CRAY-1 and CRAY X-MP Computer Systems. Library Reference Manual. SR-0014. 1984.

Gibson, J.K.: A Production Multi-Tasking Numerical Weather Prediction Model. Technical Memorandum No. 91. European Centre for Medium Range Weather Forecasts. Reading, England. August 1984.

Hoffmann, G.-R.: Special Considerations for a CRAY Installation. Das Rechenzentrum 3(1982). Seite 164-170.

Hoffmann, G.-R.: Die Entwicklung der Rechnerkonfiguration im EZMW. in: Betrieb von DV-Systemen in der Zukunft. 5. GI-Fachgespräch über Rechenzentren. Tübingen, März 1983. M.A. Graef(Hrsg.). Berlin Heidelberg 1983. Seite 176-186.

ANSCHRIFTEN DER VERFASSER

Bittmann, P.   Leibniz-Rechenzentrum der Bayrischen
                  Akademie der Wissenschaften,
                  Barerstraße 21, 8000 München 2

Böhm, K.   Deutsches Krebsforschungszentrum,
                  Institut für Dokumentation, Information
                  und Statistik,
                  Im Neuenheimer Feld 280, 6900 Heidelberg 1

Breiholdt, K.   Organisationsgesellschaft für
                  Datenverarbeitung der schleswig-holsteinischen
                  Sparkassen,
                  Wellseedamm 12, 2300 Kiel 1

Götze, W.   ehem. AHW Bausparkasse,
                  Felsenkellerweg 8 B, 3250 Hameln 1

Haarmann, T.   Rechenzentrum der Universität Osnabrück,
                  Albrechtstraße 28, 4500 Osnabrück

Hämmelmann, G.   Siemens AG, Bereich Datentechnik,
                  Otto-Hahn-Ring 6, 8000 München 83

Hahn, F.   Siemens AG, Zentralbereich Betriebswirtschaft
                  und Organisation,
                  Wittelsbacherplatz 2, 8000 München 1

Hegering, H.-G.   Leibniz-Rechenzentrum der Bayrischen
                  Akademie der Wissenschaften,
                  Barerstraße 21, 8000 München 2

Hildebrandt, B.   Gesamthochschule (Universität) Paderborn,
                  Fachbereich Wirtschaftswissenschaft,
                  Warburgerstraße 100, 4790 Paderborn

Hoffmann, G.-R.   European Centre for Medium Range Weather
                  Forecasts, Rechenzentrum,
                  Shinfield Park, Reading, Berkshire RG29AX, England

Hohmann, H.D.   Kommunales Gebietsrechenzentrum Kassel,
                  Knorrstraße 30, 3500 Kassel

Kastenmüller, S. Siemens AG, Hauptbereich Organisation,
                  Wittelsbacherplatz 2, 8000 München 1

Kiel, D.   Niedersächsischer Landesrechnungshof,
                  Carlo-Mierendorffstr. 25, 3200 Hildesheim

Krüger, J.   Organisationsgesellschaft für
                  Datenverarbeitung der schleswig-holsteinischen
                  Sparkassen,
                  Wellseedamm 12, 2300 Kiel 1

Lohrmann, J.   Leibniz-Rechenzentrum der Bayrischen
                      Akademie der Wissenschaften,
                      Barerstraße 21, 8000 München 2

Lohse, H.-H.   SCS Organisationsberatung und
                      Informationstechnik GmbH,
                      Oehleckring 40, 2000 Hamburg 62

Müller, B.   IBM-Deutschland, IZ Benutzerservice,
                      Pascalstr. 100, 7000 Stuttgart 80

Nastanski, L.   Gesamthochschule (Universität) Paderborn,
                      Fachbereich Wirtschaftswissenschaft,
                      Warburgerstraße 100, 4790 Paderborn

Pée, A.   IBM-Deutschland, Systemberatung,
                      Vaihingerstraße 151, 7000 Stuttgart 80

Roithmayr, F.   Johannes Kepler Universität Linz, EDV-Zentrum,
                      Anhof, A-4040 Linz, Österreich

Roth, C.   Technische Universität München,
                      Institut für Informatik,
                      Arcisstraße 21, 8000 München 2

Schütt, T.E.   Technische Universität München,
                      Institut für Informatik,
                      Arcisstraße 21, 8000 München 2

Truöl, K.   Gesellschaft für Mathematik und Datenverarbeitung,
                      Institut für Systemtechnik,
                      Rheinstraße 75, 6100 Darmstadt

Vogel, P.   Technische Universität München,
                      Institut für Informatik,
                      Arcisstraße 21, 8000 München 2

Wagner, F.   Bertelsmann Datenverarbeitung,
                      Abt. Kundenbetreuung,
                      An der Autobahn, 4830 Gütersloh

Will, H.   Siemens AG, Bereich Datentechnik,
                      Otto-Hahn-Ring 6, 8000 München 83